U1069810

中国传统文化与当代教育研究

赵静 王婷婷 著

中国商业出版社

图书在版编目（CIP）数据

中国传统文化与当代教育研究 / 赵静，王婷婷著. -- 北京：中国商业出版社，2021.8
ISBN 978-7-5208-1739-4

Ⅰ. ①中… Ⅱ. ①赵… ②王… Ⅲ. ①中华文化－关系－教育－研究－中国 Ⅳ. ①K203②G52

中国版本图书馆CIP数据核字(2021)第163227号

责任编辑：王　静

中国商业出版社出版发行
010-63180647　www.c-cbook.com
（100053　北京广安门内报国寺 1 号）
新华书店经销
定州启航印刷有限公司印刷
*
710 毫米 ×1000 毫米　16 开　14.25 印张　250 千字
2021 年 8 月第 1 版　2021 年 8 月第 1 次印刷
定价：75.00 元
* * * *
（如有印装质量问题可更换）

前言 PREFACE

文化是世界人类共同的“精神财富”与“物质财富”，但每个民族都有其特有的文化。中国文化，即中华民族传统文化，它是华夏民族得以独秀于世界的“民族之魂”。古人认为，文化即“人文化成天下”，体现出中国古代思想家的远大志向与宽广胸襟。

中国传统文化源于我国独特的地理环境与以农业为主的生产方式，并受到儒家思想的长久影响，于是在民族精神上体现出重伦理、重血缘、重事功的特点，习惯把君臣、父子、夫妇、师生关系当作最重要的人际关系，把“爱人”与“修养”当作为人之本，这也是当代世界“人本主义”思想的雏形。

众所周知，中国传统文化素来以包罗万象与源远流长著称，这体现出它时间上的持续性与内容上的广博性，其中蕴含深刻的哲理与丰富的智慧，是千百年来中国劳动人民意识活动与实践活动的结晶，异常珍贵，涵盖思想、服饰、汉字、文学、书画、戏曲、工艺、医学等多个领域的方方面面。

本书旨在发掘中国传统文化的精髓，通过对传统文化的历史渊源、发展历程、思维方式的梳理，力图找到其对当代教育的时代意义，并期望通过教育过程赋予传统文化新的时代内涵。

本书共分为八章，由赵静、王婷婷共同撰写。其中，第一章至第四章由赵静撰写，合计 10 万字，第五章至第八章由王婷婷撰写，合计 10 万字。第一章对文化内涵与中国传统文化进行了较为细致、全面的论述，从历史发展的角度介绍传统文化的内容与特性；第二章分析传统文化与当代教育融合的问题，分析当代大学教育存在的问题，力图找到两者融合的路径；第三章与第四章是对中国思想文化的论述。中国虽自古各类思想众多，但一直视儒家思想为正统，注重教育，所以这两章主要论述儒家代表人物的思想；第五章、第六章、第七章分别论述中国传统文化的节日部分、戏曲部分、医学部分，它们共同构成“千面”的中国文化，同时从中发现值得当代教育借鉴的内容；第八章，也是本书最后一章，对弘扬与传承中国传统文化的途径做出构想，希望将来传统文化能发展得更好。在伟大民族精神的托举下，中华民族定如鲲鹏展翅扶摇而上，前程不可限量。

目录 CONTENTS

第一章　绪论

第二章　传统文化与当代大学教育的融合何以可能

第三章　中国古代传统思想文化

第四章　中国近现代传统思想文化

第五章　中国传统节日文化

第六章　中国传统戏曲文化

第七章　中国传统医学文化

第八章　当代继承发扬传统文化的途径

第一章　绪论

在任何研究开始之前，都应当从研究对象相关的“概念”着手。什么是概念？概念就是把具体感性事物的共同特征（共性）提取出来，归纳总结出它们的普遍性，这是感性认识到理性认识的飞跃。

因此，要研究中国传统文化与当代教育，就先要认清它们本来的概念。中国传统文化博大精深，涵盖极广，它产生于几千年前的黄河、长江流域，并且自古以来我国都是传统小农经济模式，这种发展模式的特点在于自给自足，以农业为主，所以我国有着农业大国特有的文化底蕴和思维价值。探究中华文化，结合当代教育、大学教育，具有鲜明的时代特征，有极大现实意义。

在研究传统文化内容之前，有必要先对文化的本质进行论述，原因如下：首先，传统文化属于文化的下辖概念，论述文化的本质有利于寻找其最恰当、最能体现其特征的普遍定义和规律；其次，文化是具有时代性、连续性、学科交叉性等特征的概念，不同时期的思想家、学者对文化的定义也不相同，针对这一问题，对于文化的内涵论述应当结合国内与国外、古代与现代进行研究。

第一节　文化的内涵

一、文化的本质

谈起“文化”二字，每个人都感觉分外熟悉。自人类社会产生，文化便已形成，它随着人类历史一起向前发展。在我们固有的印象中，文化是身边的事物，我们每天都接触各种文化，在生活中、在电视里、在电脑中，但是要给文化这个使用频率极高的词汇下一个准确的定义恐怕很难。文化究竟是什么？它代表了怎样的内涵？又被赋予了怎样的本质呢？学术界给出了不同的答案。

（一）词源学论“文化”历史

在古老的华夏民族，“文化”二字出现甚早，最早“文”与“化”是分开的，两个字单独使用，各自有各自的含义。“文”的本义为各色交错的纹理，兼有纹饰、文章的含义，之后引申出修养之意。东汉许慎在《说文解字》中写道：“文，错画也，象交文。”①“化”本来是“匕”，又有“匕，变也”以及“化”为生成、变易、化生之意。《易经》中所说“万物化生”即是此意。

而“文”与“化”二字对举使用首次见于《周易·贲卦》中的“观乎人文，以化成天下”②，意思是观察、了解人文，然后用来改变天下，使天下呈现一种文的状态，这时的“文”与“化”并不是像现代汉语中那样完全融为一体，而是一种机械地配合、拼凑，共同表示这样一种变易过程，动词，而非现在的名词形式。不过，其中也确实蕴含人类在有序社会中必要要素和规则的内容，如道德、法制、礼乐制度等。

不过值得注意的是，《周易·贲卦》中虽然“文”“化”二字并举，但仍有

① ［汉］许慎．说文解字［M］．汤可敬，译注．北京：中华书局，2018.

② ［西周］姬昌．周易［M］．杨天才，张善文，译注．北京：中华书局，2011.

间隔，虽具备了“以文教化”的倾向和动态过程，但与现在的文化的含义仍有明显区别。直到在孔子所说的“周监于二代，郁郁乎文哉”[①]中，“文”这一字眼已初步显现当今“文化”一词的含义。

到了西汉时期，著名思想家刘向在《说苑·指武》中写道：“文化不改，然后加诛。”[②]此处“文化”二字在大体上确立了一种与武相对立的概念，体现为“文治”与“教化”，与“武功威严”正好相反。魏晋时期，束皙说道：“文化内辑，武功外悠。”这更确立了“文化”与“武功”的对立关系，但仅仅是位置的对立，不是好与坏的对立，“文”与“武”在古代都属于技能。正如《论语》中所说：“智者不惑，仁者不忧，勇者不惧。”[③]可见，文化与勇武兼具正面色彩。南北朝时期王融也认为，文化应当明确凸显柔和与内在的特性。在古代中国，“文”一直都备受推崇。孔子云：“文质彬彬，然后君子。”[④]此处的“文”是指博学、儒雅之气，成为理想人格“君子”，先要学文，即“先礼后兵”。

到了唐代，孔颖达认为人类的文化指文学艺术、礼教思想之类上层、高雅的思想。明清之际顾炎武认为文化还应当涵盖个人自身的活动和国家整体的制度模式。

随着历史不断演进，“文化”二字的含义不断被加深、拓宽。中国的国学大师梁漱溟认为，“文化，就是吾人生活所依靠之一切”。庞朴也认为文化应当包含物质、制度、心理等三个层面。这与古时人们认为的单单存在于精神、内在的文化已有明显区别，这时的文化由单一性、内在性的概念转变为复杂性、包容性的复合概念。

西方的“文化”一词源于英语中的“culture”，它的本意为耕种、居住，指人改造外部自然界，使之更好地适应人们的生存与发展，满足人类吃住等需要，这种改造即文化过程。可见，西方“文化”这一词汇最初有物质性、实践性的含义。

古罗马时期，著名哲学家西塞罗曾认为文化相当于哲学或心灵的培养。此外，还有“智慧文化即哲学”的说法。可见，这是把文化与身为主体的人的内在品格品质以及智慧智力相联系起来了，与单纯把文化当成培养庄稼相比更进

---

① ［宋］朱熹．四书章句集注[M]．北京：中华书局，2019.

② ［汉］刘向．说苑[M]．叶陈刚，韩燕，胡咏华，译注．北京：中华书局，2019.

③ ［宋］朱熹．四书章句集注[M]．北京：中华书局，2019.

④ ［宋］朱熹．四书章句集注[M]．北京：中华书局，2019.

了一步，这种将文化当作改造、完善内心世界的过程的表述包含更多思辨与反思性的内容。

但到了中世纪，哲学与宗教互相争斗，文化作为哲学中的重要概念，自然受到神学打压与制约。经过漫长发展，到了1690年，在安托万所著《通用词典》中，“culture”被定义成人类为使土地肥沃以便于种植树木和栽培植物而采取的耕耘和改良措施。18世纪，欧洲启蒙思想家们赋予了文化更深刻的内涵，他们普遍认为文化是人的培养过程。19世纪初，文化的含义又有所转变，变成指心灵的状态或习惯，可见西方国家逐渐赋予了“culture”更全面的内涵。大概在19世纪中叶，马克思和恩格斯在《德意志意识形态》一书中表达出文化起源与人类物质生产活动。1876年，恩格斯又在《劳动在从猿到人转变过程中的作用》一书中表明文化是一种意识形态，还提到文化就是人化。1871年人类学之父泰勒认为文化包括知识、信仰、艺术、道德、法律、习俗以及作为一个社会成员的人所习得的其他一切能力和习惯。

可见，无论中国的“文化”，还是西方的“culture”，起初它们的内涵都是单指某一方面。在中国，文化本来代表精神或改变精神的过程，后来摇身一变，成为物质、制度、心理的综合体；西方的文化从指代耕种变为全部的生产活动和人类创造物的统称，同样包含了观念精神、意识形态、物质实体。不得不说，不同地域关于文化含义的发展具有一种殊途同归之感。

（二）学科发展史中文化的多重定义

随着学科的发展与融合，学者从不同领域、不同国度，以不同思维方式对文化做出了丰富而深刻的论述。

在英国，文学批评家马修·阿诺德认为文化指求知的完美，是获取世界上最好思想的渠道，所以文化具有激情。

在美国，人类学家克莱德·克鲁克洪在《文化的概念》中认为，文化是人类群体独特的生活方式，它包含了显性和隐性两种，并且文化由所有个体共同享有。哈维兰认为，文化是一种规范与准则，人们应当按照这种规范来做事，并且此规范所限制的行为是所有成员共同认可的。沙因认为，文化是众多假设组成的，是由团体成员在探索事物内外环境中创造的。肯尼克认为，文化的定义过于宽广，每个人都可以指出文化所寓于的事物，如诗文化、音乐文化、建筑文化，但文化本身是什么？它的意义在于什么？这对文化的含义提出了新的思考。

在法国，启蒙思想家卢梭在《社会契约论》中指出文化是风俗、习惯，特别是舆论。因为当时正处于法国大革命的前夕，欧洲大陆的思想风暴影响越来越大，在他看来，文化铭刻于人们的内心，而且一直处于进步状态，它每天都能比之前更强大，逐渐可以取代旧有的权威，维系人们的法律意识。这一定义影响深远。在维克多·埃尔看来，文化是对人类智力、审美、道德的培养，并不包含外在行为表现和物质存在，仅针对人类的内在精神。大卫·克雷认为，文化包含两层概念：第一，它是古代以来神话、象征得以维持、维系的内在价值观念、思想基础；第二，它代表存在于一个国家或一些其他大型政治组织中的以价值观念为基础所构成的共同团体。

在德国，夏埃尔·兰德曼认为，文化是由人自身的自由的首创性所创造的。综合德国其他学者的看法，认可度最高的定义为，文化是人类在特定阶段、特定地域根据自身能力与周围环境斗争中，以及在其他理论、实践过程中产生的成果，并且包含日常生活的方方面面，如宗教、伦理、技术、哲学等。

西班牙学者认为，文化指某一社会中，人们在生活实践中共同获得的后天的观念、价值结合体。荷兰的皮尔森认为，文化是一种动词，他的看法具有中国古人所说的“师古”意味，他还指出，人类应该自己做自己的导师，要用超越性战胜固有性。文化最早更偏向于动词，无论在中国还是西方，都具有“改造”的思想，这也揭示了深刻的哲理，即人类不应永远往前看，时不时回头看看人类的发展历程或许会有新的启示。

综上所述，在经过古老时代从词源为文化定义的阶段，又经过近现代世界各学科专家、学者对文化深入的研究，人们研究出了文化的多种定义，这有了极大进步性，但始终没有一种关于文化的定义是人们所公认的，因为毕竟每个人都是独立的个体，而个体的思想具有主观性，个体的生活环境、人生经历具有特殊性，对同一问题的思索往往有不同的出发点、利益、目的等。到了当代社会，文化更体现出一种兼容并蓄、海纳百川的时代特性。

（三）当代文化的本质

当代社会，学界于文化本质的定义已经超过 161 种。从古至今，文化似乎离我们越来越近，又似乎越来越远，近是因为我们经过长久发展，总结出文化的各种定义、文化的各种所指；远是因为越想要探究文化的本质，越想用一句话来概括文化的含义，就越发迷茫。《词源》认为文化指文治和教化，今指人类社会历史发展过程中所创造的全部物质财富和精神财富。任继愈认为文化分为广义和狭义，广义的文化包含文艺创作、哲学著作、宗教信仰、风俗习惯、饮食器服之用等，而狭义的文化指代表民族特点的精神成果。钱穆认为文化只是人生，只是人类的生活。《辞海》中认为文化有三种含义：第一，是物质财富和精神财富的总和；第二，指知识，知识程度即文化水平；第三，指中国封建时代的文治和教化。《中国大百科全书》中这样记载："文化即人类在社会实践过程中所获得的能力和创造的成果。"① 这突出了人的主体和实践地位。《中华文化史》中认为文化的实质是人类化，也就是为一切外在事物和内在思想打上人类的烙印。杨适教授在《中西人论的冲突》中认为文化的重心是人本身。可见，文化研究中心越来越注重人的中心和主体地位。

本书认为，文化一词历史悠久，它的内涵一直处于变动之中，虽然它不稳定，但是从未间断，历代学者对文化的思索都作为当代文化体现形式的素材。所以，文化的定义愈来愈多。文化即人化，人化即文化，可以说是文化发展和过程的根本原则。有人的地方才有文化，文化与人的作用是相互的，它们互相影响、互相促进、不可分割。文化总是有所指的，如茶文化、戏曲文化、书画文化、思想文化等。所以，特殊的文化具有更加明晰、实在的特性，对于它们，只需沿着其专业领域研究即可，但人类欲求其根本内涵，寻找文化本身，则需要更多反思意识，在抛开文化的一切所指、一切寓所之后才能得到。另外，不同时期、不同地域文化的本质仍然不同，所以对文化的定义难以统一。正如"哲学无定论"一样，文化同样也无定论。

我们处于现代社会，文化的定义应该着眼于当下。当下的文化内容涵盖深广，在多名学者前辈的研究成果的基础上，结合时代特征，文化指人类创造的精神财富及依据此种精神改造后的客观实在较为贴切。

二、文化的分类

（一）文化分类方法

对文化有了定义后，要对整个世界繁复的文化进行分类，文化分类最重要的任务和目标是构建严密的文化分类体系。多角度、多维度地构建文化谱系，对我们形成更加科学、系统的文化体系，分门别类地研究文化大有裨益。这最终使我们对文化的认识从无序、混乱走向有序、统一。

---

① 《中国大百科全书》总编辑委员会．中国大百科全书（第二版）[M]．北京：中国大百科全书出版社，2011．

当前，学界对文化的分类方式有多种。

（1）广义：物质文化、精神文化、行为文化、制度文化。

（2）狭义：精神文化。

（3）范围：民族文化、世界文化。

（4）时间：史前文化、历史文化、现代文化、未来文化。

（5）整体：综合文化、宏观文化、多元文化。

（6）局部：专题文化、微观文化、一元文化。

此外，还有多种分类方法，在此不一一列举。可见，学界对文化的分类方式有多种，世界上有 200 多个国家，2 000 多个民族，这使文化分类工作变得细密而繁杂。

斯宾格勒曾在《西方的没落》一书中把文化分为八种，分别是西欧文化、埃及文化、西亚与北非伊斯兰文化、巴比伦文化、印度文化、墨西哥玛雅文化、中国文化、希腊罗马古典文化。

本书针对学界认可度最高、讨论最普遍、涵盖面较广的分类方式进行说明，即广义狭义分类法。

（二）广义狭义分类法

按照广义与狭义来划分文化，或者说按照物质文化与精神文化来划分，是当前学界比较普遍使用的分类方法。《苏联大百科全书》一书中认为，文化是社会和人在历史上一定时期的发展水平，它表现为人们进行生活和活动的种种类型和形式，以及人们所创造的物质财富和精神财富。这是广义的文化，而狭义的文化仅仅是指精神文化，包括精神层面的思维方式、意识形态、民俗民风等。

广义文化着眼于人类与一般动物、人类社会与自然界的本质区别。物质文化指的是一切物质存在作为素材在被产生的活动中的体现，作为精神文化的载体，它以物质的客观实在性反映了文化所蕴含的深层内涵，是精神和心理在具象化层次的明确体现。制度文化是精神文化的标准化和规范化，是精神文化与物质文化的连接点。精神文化也可以叫作观念文化，是以心理形态、心理观念形式存在的文化。

狭义的文化与多数人头脑中认为的文化较为贴近，举例而言，张三是个有文化的人。这种说话方式是常人的固有思维，文化就相当于有学识、有底蕴、有内涵而已，这与前文所说的中国古代文化的意义是相似的，仅指代精神层面的教化。根据考证，中国古代社会的统治阶层通常通过对人思想文化的控制，实现对黎民百姓的全体教化，这样一种方式就是以文教化，通过宗法礼制的精神进行传播。

但是，当前很多学者用狭义的文化来定义文化的全部内涵，未免有失偏颇，就文化现代意义而言，它不单纯只是一种精神现象。假如真的按照狭义文化来定义，那么将建筑文化、饮食文化等概念全部除去，我们人类社会所剩的文化又有多少呢？按照马克思的科学文化观来看，文化，究其本质是建立在实践基础之上的，人类在日常生活中通过实践活动不断深化对世界的认识；不断改造世界并使之为自己服务；不断证明自身创造物的价值。马克思认为，全部社会生活从本质上讲是实践的，所以文化必然是寓于实践活动之中的，单纯精神化的文化是不存在的，如果习惯脱离现实的实践过程去解释文化，把文化视为虚无缥缈的意识，那终将把文化的源头诉诸神明，导致唯心主义。根据文化是人化的思想，人类的一切文化都凝结着人类实践活动的创造性于主体能动性，也正是这种主体能动性通过外化、实在化，才创造了真切的文化实体。文化离不开人，人同样离不开文化。所以，在文化分类中，不能以狭义文化论代表文化的本质，在现代化新时代，应当综合物质、精神、制度等多层维度共同构建文化的新内涵。

第二节　中国传统文化的内涵

在我国，普遍认为中国传统文化由夏朝开端。中国传统文化终究属于文化，这实际是给文化加入了两重限定，即中国和传统。

如上文所述，中国传统文化属于文化的一种所指，所以它的内涵与文化的内涵部分具有重合性、一致性，下面对中国传统文化内涵及根源进行论述。

一、中国传统文化的内涵

中国传统文化具体可分为三部分，即“中国”“传统”“文化”，它是中国古代思想家们在历史长河中发现的精神与物质精华。

“中国”二字，首见于春秋时期，起初指处于中央的地域，在那一时期，范围大致为东周王朝以及黄河中下游的部分诸侯国。经过秦汉发展，“中国”的范围有了明显扩大，包括了渭河平原的关中地区。元代时，统治者将其统治区域全部命名为“中国”，此后则沿用这种名称。“传统”二字释义为世代传承的具有自身特点的社会历史因素。这些历史因素中的精华，具有重要保存价值和生命力的文化就是“传统文化”。

将它们组合到一起，中国传统文化就是在中华大地上演化形成的反映中国民族风貌和民族特质的文化，是中国思想文化、科技文化、艺术文化、行业文化、建筑文化、民俗文化、宗教文化，等等。

再将中国传统文化的各大领域细致划分，可分为以下几种。

（1）思想文化：儒家、道家、法家、墨家、名家、阴阳家、纵横家等。

（2）艺术文化：丝竹管弦与名乐名曲、文学佳作、棋类文化、书法、画作等。

（3）节日文化：春节、上元节、寒食节、清明节、端午节、中秋节、重阳节、除夕等。

（4）中医文化:《黄帝内经》《本草纲目》《神农本草经》《千金方》等。

本书主要从传统思想文化、传统节日文化、传统戏曲文化、传统医学文化四个维度进行论述，并对各具体的传统文化与文化之间的关系做简要介绍。此外，中国传统文化还包含多种内容，此处不再赘述。总的来看，中国传统文化应是在中国地域产生，具有历史性、生命力的中国特色文化。那么，这种中国特色文化是怎样产生的呢？它的根源又何在呢？

二、中国传统文化的根源

（一）地理环境

曾经盛行一时的“地理环境决定论”认为，任何历史现象、社会现象的出现都可以在地理环境中找到原因，并且这种原因是其主要原因。虽然我们不是“一点论”和“决定论者”，但是可以将地理环境作为研究的基本出发点。

在地理层面，中国传统文化具有大陆农耕文化的特点。中国自然灾害较少，地震率、洪水灾害均少于海洋型国家，这也使中国人多了一份保守，不像海洋民族那样具有向外拓展的冒险精神。例如，古希腊、英吉利都属于海洋文化，他们靠海吃海，用大海的资源发展生产，经常出海，这种行为模式使他们形成较为开放、拼搏、进取的冒险精神。

而中国与之形成极大反差。中国处于亚洲东部，三面均是大陆，只有东面临海，西部是古人口中的葱岭，阻断了西方的交流，北方是阴山和寒冷的西伯利亚，南边是崎岖纵横的云贵川高原与山地。所以总体来看，中国的环境相对是比较安全、稳定、宜居的，在古代交通闭塞的情况下，中国也很难与其他国家发生联系或战争。

具体来讲，一方面，半封闭的环境使中国保持文化的独立性和完整性，不容易受到外来文化侵入，不会因为异族人、异国人入侵而导致文化出现断层或改变，而且由于中国人只受到自己国度文化的熏陶和滋养，对于这种文化有更深切、更饱满的感情，因而十分重视它；另一方面，中华民族发源地在黄河流域、长江流域，这些地域相对来说地势平坦、开阔，在政治、军事、农耕、生产等层面都比较便利，也更容易使国内统一和稳定，而国内统一有利于正统的文化进行传播，国外隔绝也避免了文化渗透。

此外，中国大部分地区是北温带气候，这种四季分明、降水均衡的气候对于农业社会的发展、文明文化的发展十分有利，加上土地富饶、物产丰富，这更使得中华民族发展过程从未中断，在文化层面上有极大连续性和一贯性。

（二）生产方式

中国地域宽广，平原众多，适宜种植五谷杂粮。一方水土养一方人，在源远流长的中国历史中，一直是自给自足的小农经济占据主导，长期的耕作与劳动养成了中国人民踏实肯干、勤俭朴实的性格特征。现代社会的国民命脉是经济，中国古代的国民经济命脉则是农业。在6 000年前的古代就出现了这种农耕的痕迹，如仰韶文化的半坡地窖就有人类适应、改造自然环境的痕迹，考古专家在地窖中发现小米，在华县和山西万全县均发现过小米的痕迹，这正是农耕文明的体现。仰韶文化主要分布于西北黄土高坡，黄土高坡由戈壁吹来的黄沙覆盖，渗水性强，水分在地底下还能够长期保存，在干旱时节仍然可以给农作物提供充足的养料，劳动人民利用这一点种植耐旱的谷物。在略晚于仰韶文化的大汶口文化遗址，人们也发现大量典型的农业用具，如石制的铲子、斧子、锄头等。

由此可以了解到，中国大陆农耕的生活方式使中国人自古产生农耕文化，而这种农耕文化滋养了中华民族几千年，这种生产方式和生活方式使中国古代劳动人民形成了热爱故乡、热爱农耕的情感，所以古诗词中常以思乡、农业为题。这种文章在中国大地更具有普适性，寄托了大家共同的情感。

这种生产方式培养了中国人民个体和群体的双重精神。就个人而言，农业耕作培养了中国人踏实肯干、勤俭持家、吃苦耐劳的品德。中国人的目光一直注视着脚下的土地，认为“一分耕耘，一分收获”，面朝黄土背朝天地创造财富和自己的幸福。与西方不同，西方的目光放在遥远大海之外，他们渴望探索，渴望冒险。这也导致了中国哲学更注重求善、求用，而西方哲学注重求知、求真的特征。

就中华民族而言，广大农民固守在自己的一亩三分地里，这里就是他们的“战场”，把庄稼种好，把孩子养好就是他们所有的任务。他们爱好和平，人与人之间的交往也注重和气生财。在历史上，中国也有一些盛世，如文景之治、贞观之治、开元盛世、康乾盛世，但是中国很少主动去侵略他国，一般都是运用强大的军队威慑对方，或是驻守长城，维护国门安全。中国主张安贫乐道、安分守己、安于现状，这是中国特殊环境和生产方式下形成的民族文化。

（三）政治结构

任何思想都有供其生长的“土壤”和“养分”，中国思想文化的“养分”就是中国的政治结构。

中国社会重视以血缘为纽带的宗法制，即通过血缘亲疏来判别人与人交往的远近关系，并且有阶层的划分。由于统治阶级维护既得利益的需要和农业生产的需要，政治关系不仅没有向地缘关系转变，反而延续着中国特有的宗法制度，这种制度极大地影响了中国传统文化的发展脉络。

由于外界交往、民族迁徙较少，中国的家庭伦理和血缘纽带比较被看重。宗法制主张族人共同祭祀祖先、尊重祖先，在同一宗族内要有稳固的联系，并且有家谱记载宗族关系。这种制度是由父系氏族家长制逐渐演化而成的，在这种社会，父系家长具有最高的权力。其主要特点为把宗族和国家两者合二为一。

这种制度影响下，中国文化出现了家国同构的特点，家庭与国家在结构、阶级、组织等方面都极为相似。换句话说，不管在任何组织、家庭中，都是以父亲为尊，其具有最大权力。根据考古发现，在大汶口遗址的墓葬中发现了男子仰卧、女子跪在旁边的墓葬形式，男子的随葬品也普遍多于女子，这大大证明了父系社会的真实性。这样一来，中国传统文化极大注重父权，父亲就是一国之主在家庭中的缩影。这也导致中国千年来男性地位普遍高于女性，父系单系世系原则广为实行，任何家庭的后代均随父姓，不随母姓。

中国古代的宗法制具体来讲主要有以下几点内容。

第一，嫡长子继承制，即国王的地位、财产均由嫡长子继承。嫡长子是正妻生的长子，其他妻子生的孩子都是庶子，他们被分封到国家的诸侯国。这样一来，便于稳固国家的社稷，也便于维护嫡长子统治的稳定，这种继承方式对中国的影响无比深远。

第二，疆域分封制。《史记》说黄帝时代已有分封制，但这种制度具体起源于何时，学界众说纷纭难以考证。分封即天子把土地分给王室子弟，被分封的称为“诸侯”或“藩王”。他们的义务是服从天子的命令、为天子保卫疆土、随从出战、上交贡赋、定期朝觐。

第三，宗庙祭祀制。宗庙是古代中国祭祀祖先的重要场地。人类最原始的信仰有两种，一是天地信仰，二是祖先信仰。中国两者并重，祭祀祖先祈求风调雨顺，在《周礼》《礼记》《礼记正义》均有所记载，不过祭天活动只能是天子才能做，这体现了一种天地共生的原始思想。

三、中国传统思想与文化的发展历程

本书将中国传统思想与文化的发展历程简要分成六个阶段，分别是商周时期、春秋战国时期、秦汉时期、魏晋南北朝时期、隋唐至元朝、元末至民国。这六个时期分别代表了中国传统思想与文化在不同历史发展阶段的不同特征。

（一）商朝到西周：萌芽期

从公元前 16 世纪商朝建立到西周灭亡是中国传统文化的萌芽期。这时的奴隶制社会步入空前繁荣的阶段，中国独有的文明开始逐步显现出来，但是由于生产力不够发达，人们对很多自然事件无法解释，习惯诉诸神秘性的宗教，对鬼神谈论甚多，认为上天的世界是客观世界的反映，所以有天帝，而不同的自然事物也有其神灵，如山神、水神、月神等。人要听从神的旨意，因此占卜术非常普遍。甲骨文就是记载占卜相关内容的，它们又被称作卜辞。这时的传统思想表现出强烈的自然崇拜、祖先崇拜、灵魂崇拜等迷信色彩。

总的来看，在周王朝，统治阶级注重论证自己统治的合理性，强调天赋君权，出现了阴阳、五行文化，开始认识到“德”“礼”“乐”，开始讲求人本与人的主体地位，具体来讲内容如下。

首先，西周初年，周人将殷人打败，为了说明商纣王的暴虐无道以及周王朝天子的合理性，首要任务就是合理解释朝代更替的问题，于是开始有了“天命”与“人事”紧密相连的说法。这时的中国文化具有鲜明的神秘性和宗教性。周朝主张“敬天保民”，天是有意志的人格神，天子需“以德配位”。天子只有将自己本位之事做好才是有德，上天才会保佑黎民。

其次，“忠”的思想形成。“中”本有“中央”之意，逐渐演化成中正、公平，又逐渐演化为“忠”。先秦时期，“各设中于乃心”已经具有“忠”的意味。这是在封建统治下维系和稳固阶层关系的基础。

最后，已经发展出了“孝道”思想。这种“孝”不单单指对父母孝顺，也指对祖先虔诚的敬意，如“高宗谅阴”。在《论语》中有关于此事的论述，说高宗居丧，三年不参与政事，孔子表示古之人皆然，这大大体现了三年之丧的孝亲原则的普遍性。

这段时期的主要特点为天子与上天浑然一体，注重阴阳五行八卦，崇拜祖先、神明、天地，注重人内在道德，出现朴素的辩证法。

（二）春秋战国：初步形成期

从公元前 722 年开始，历史进入春秋战国时期，这一时期也正是雅思贝尔斯所说的“轴心时代”，是各地思想文化大放异彩、思想巨人“井喷”的时代。这一时期的显著特点是“礼崩乐坏”秋春战国时期是分封制逐渐崩溃、中央集权制逐渐确立的过渡时期，大小战争共计 200 多次。在这种动荡不安的环境下，中国文化迎来了重大转变和发展。

首先，“圣王”观念开始萌发并逐渐成熟。“圣王”一词最早出现于《左传》，在各诸侯国冲突频发的时代，“圣王观”带有浓重的民本思想，人们希望在人与天之间寻求一个媒介，以满足自己对美好生活的需要。孔、孟、荀是“圣王”思想的代表，三者既有相似，又有不同，但不管怎样，三者都呼吁“圣王”对国家进行等级分明、稳定有序的统治，使社会恢复礼制，都推崇权力属于统治阶级。其次，德性与修养较之商周时期更受到人们的重视。众所周知，“礼”是春秋战国时期思想家共同的追求。孔子认为“克己复礼为仁”，要强化内在修养，能做到“克己”。再次，除“圣王”以外，“君子”思想也逐渐发展起来，这是因为理想的“圣王”只是人们对理想统治者的向往与梦想，想要真正达到治世之目的，必须有现实性的统治者对凋敝社会进行思想理论与现实社会的重构，“君子”便愈来愈清晰地呈现在人们面前。“君子”最早只是代表统治阶级的人，后来被赋予了德行高尚、技能全面的时代楷模的内涵，它最早见于《尚书》，表述对王臣的尊称。在《诗经》中，“君子”已经开始有德性崇高的色彩，到了孔子时代基本成为人们理想的道德典范。最后，哲学家普遍认为人与天是合一的，如“观其会通”已经非常明确地表现出了这种整体性思想。另外，《黄帝内经》同样把人体和四时结合起来，如寒性与热性的病症应在不同的季节来调养，认为人应该直接对认识的众多对象加以全面地综合。此时的先贤和学者们，大多喜用“一体”一词，有时又称为“统体”，而“一体”最早出于惠施之口。惠施说：“泛爱万物，天地一体也。”庄子也说：“孰知死生存亡之一体者吾与之友矣！”这段时期主要的特点为淡化天的人格神意味，突出人的主体地位；注重仁义、道德；法的思想逐渐凸显；追求恬淡无为与顺其自然。

（三）秦汉：蓬勃发展期

公元前221年，经历了“秦王扫六合”的残酷战争，秦朝中央集权的统治得以确立，这一时期必须统一全国的文化、制度、货币和度量衡。由于秦朝仅存在十几年便覆灭，在此将其略过主要总结汉朝的主要思想。有学者曾把这一阶段作为封建社会的开端，此种说法在学术界造成广泛影响，极大地提高了人们对秦汉史的重视程度。首先，这一时期的“黄老”思想蓬勃发展。随着秦王朝的崩溃，统治阶级清楚地意识到一味劳民伤财只会加速王朝衰败，于是他们将黄帝与老子思想结合起来，主张顺势、无为。事实上，“黄老”思想的实质与核心应当依旧是老子思想，这种思想类似于“霸王道杂之”的权谋统治术。其次，发扬了春秋战国时期阴阳家思想。顾颉刚先生曾说过“汉代人的思想骨干，是阴阳五行”，此言表明阴阳五行对于汉朝的重要性。在董仲舒这里，天变得尤为神秘，在这之外又有阴阳五行来阐述万物生长发展的规律，注重“五德终始”“三统”“天人感应”等思想。究其根本，这些都是为封建统治阶层寻找可靠统治依据，并稳固其统治服务的。这一时期思想特色为黄老学说蓬勃发展；而后儒学被抬到至高地位；天与人、天与帝的联系被拉近，被赋予神秘主义色彩。

（四）魏晋南北朝：逐渐完善，走向融合

自汉朝后，中国的思想变得更加丰富，这也是诸子百家之后的又一重要时期。魏晋南北朝新兴的玄学对后世文化有极大影响，从少数民族而来的民族特色文化、从西域而来的宗教文化都影响了中国人民的思想文化。首先，魏晋时期出现何晏、王弼的贵无派和欧阳建、裴頠的崇有派，注重探求幽远、探寻神秘，以《周易》《老子》《庄子》为理论基础，统称“三玄”。其次，在东汉初步孕育的道教的基础上，将其发展为多重完整的体系，如葛洪的《抱朴子》，主张自然的本源是“玄”“道”“一”。其中“玄”来自西汉扬雄的《太玄》，他认为万物有灵，人类可以通过炼丹进行修行，并创立了一套中国神仙体系，这种视野下的自然观和神仙观是魏晋的代表。再次，南北朝时期佛教思想本土

化。佛教自东汉初年传入中国，并未产生重大影响，直到魏晋南北朝时期，儒学正统地位受到威胁，魏晋玄学逐渐流行。这时人们追求清谈与高雅，而玄学之追求与佛教有相似之处，这便为佛教的发展提供了广阔的精神土壤。这一时期极具代表性的文化遗产有山西大同云冈石窟以及敦煌石窟开凿较早的部分。这一时期思想特色主要为重虚无、清谈淡雅、消极避世、宗教思想影响扩大并加深、民族大融合促进文化交流与改变。

（五）隋唐至元朝：思想多元化

世界格局有了极大变化，无论是东方的高丽王朝、中亚的阿拉伯帝国，还是西域及南亚的诸多王朝，都对中华文化有着深远影响。这一时代是文化融合，传统文化走向多元的时代。

公元 618 年，唐王朝正式建立。在基本的政治制度上，唐王朝沿袭隋制，统治阶级采取“重振儒术”“三教并尊”等文化政策。不过，在唐高宗至武则天时期，尤其武则天时期，儒学有所衰退。这是因为唐王朝是李姓，大力推崇道教，武则天时期不可能再次推行道教，而儒家思想与她的统治政策也不相符，于是便大力发展佛教，在河南洛阳的龙门石窟就有武则天的造像。在唐朝开放包容的环境下，佛教僧人根据佛学的典籍，创造出中国本土化的佛教体系，其中禅宗的影响最大。

这一时期的唐王朝兵强马壮、经济发达、政通人和、氛围活跃，在世界的舞台上上演了一出出波澜壮阔的篇章，具体内容如下。

在教育上，确立中央与地方分级管理的体制，形成教育、教学管理制度，扩大专业教育的范围，不仅教授四书五经，还向学子传授诗词歌赋。此外，将天文、算学等学问也纳入教育中来。

在文学上，则达到亘古未有的顶峰，这时的诗歌创作可谓气象万千、异彩纷呈，其中的代表人物有诗仙李白、诗圣杜甫、香山居士白居易、樊川居士杜牧、摩诘居士王维等。此时的书画与雕塑艺术也是一绝，有张旭、怀素的狂草，颜真卿的楷体，可谓争奇斗艳。唐代后，中华民族传统文化大致上已经形成，包含儒释道三足鼎立，包含医学、农学、天文学的各项经典著作，此后的文化多是在这一基础上发展而衍生的。

宋朝长期遭受北方民族的侵扰，国力逐渐衰弱，但可贵的是，宋朝在思想与文化上承接唐朝，濂溪先生周敦颐、横渠先生张载、程伊川、程明道都潜心研读儒家经典，如传承传统儒学与“道统”，为儒学拨乱反正，为近现代新儒学开辟路径。他们以儒家思想为主，吸收了佛教、道家的思想，开创出以孔孟为主的新型理论体系，即宋明理学。理学思想成为南宋至清王朝统治阶层的主要思想体系，主张“存天理、灭人欲”，每物都有一个理，人要认清理，便要“内省”与“修身”。中国这种重内在、重仁义的传统思想文化也由此更加稳固，其对中华民族人民性格的塑造至关重要。另外，宋代的其他艺术也十分繁荣，宋朝诗词不同于唐朝的豪迈奔放，转而走上婉约抒情的道路，所蕴含的人生哲理，也别具一番韵味，宋朝造像艺术也更加细腻逼真，而由于理学主张求理，这时期的科学也得到飞速发展，如毕昇发明了活字印刷术，在天文、算数、农学、医学方面也都超越唐代，居世界前列。

此后，理学逐渐深入到宋朝生活的各个领域，理学家们以书院作为研学的场地，这种方式也促进了教育的发展，而书院作为一种富有承载力的文化机构受到广泛关注，其发展受到统治阶级的大力支持。

到了元朝，国家实力强盛，社会局势比较安稳，蒙古国子学与回回国子学开设，阴阳学、社会教育、民族教育都得到普遍发展。这一时期具有强烈的时代特色的艺术是元曲，王实甫、关汉卿都是一代大师。在科技方面，郭守敬列出恒星表，并与王恂共同完成中国传统历法巨作《授时历》，取得重大成就。

（六）元末至民国：传统文化的转型与近代化

元朝末年，起义将领朱元璋带领军队推翻了元朝的统治，建立明朝。朱元璋为了统治的稳固，主张文化专制，大兴文字狱，用以钳制社会中读书人的思想。对国子学和其他教学场所的教师与学子均实行较为严苛的管理制度，如果触犯管理规范，轻则杖刑、充军，重则直接砍头示众。明朝曾下令毁掉全国的书院，这对教育的发展、文化的传承都造成了很大不良影响。朱元璋还创立“八股取士”制度，从四书五经选取题目，用八股作为形式、朱熹的著作内容作为答案，于是这时期的传统文化一改之前的蓬勃发展之势，呈现衰退迹象。

清朝步明朝的后尘，依然大兴文字狱，禁锢学子的思想。与此同时，欧洲在文艺复兴之下，取得了震古烁今的思想、艺术成就，出现了资本主义制度。值得注意的是，随着经济的不断发展，市民阶层兴起，出现了一批启蒙思想家，如王阳明、李贽、黄宗羲、顾炎武、王夫之、章学诚等人，在学术上取得不小的成绩。

直到近代，中国传统思想开始实现重大转型，开始意识到西学的重要性，出现了洋务运动、改良主义、戊戌变法、民主主义、天赋人权、三民主义、新文化运动，此时的口号为救亡图存。学子越来越认识到民族的重要性，认识到民族是个人的保障，爱国意识逐渐被激发出来，开始形成以爱国主义为核心的民族精神，书写时代的新篇章。

第三节 中国传统文化与古代思维方式探析

在中国特殊地理环境、政治制度、生产方式等客观要素的共同作用下，产生了广大中国人民普遍共有的思维方式，中国传统文化应运而生，而传统文化又在一定程度上反映、影响着中国人的思维方式，两者在时代变化中相互影响，不断改变，构建了中华民族的精神之根。所以，谈及传统文化，不得不说思维方式。

一、中国古代思维方式

在世界文明文化发展史中，以中国为代表的东方思维方式，与古希腊为代表的西方思维方式一直存在着显著差异，这种差异同时是学者们津津乐道、广为研究的一个重要话题。这种比较研究的方式相比于单一对象的研究方式具有更多意义。首先，横向时空比较能够使人们对空间中同时存在的事物的既定形态有更深刻的了解，能够更深刻地揭示事物背后发展规律；其次，针对被研究对象双方的特性，可科学地对其精华与糟粕进行区分和筛选；最后，在比较研究中，力求达到思维方式的融合，这不仅对思想研究领域，还对当代社会发展、当代教育模式以及大学教育有着深远意义。

（一）整体性思维方式

中国的思维方式非常注重整体性，那么何为整体性思维方式呢？一般来讲，整体性思维的首要原则是要从研究对象的总体入手，进行系统性研究，直接针对繁复的客观存在和诸多现象进行综合整理。但是，过于注重整体性容易导致对事物局部认知的模糊性。古代的一些哲学家能认识到主体与客体的区分，但是他们并不重视主体与客体之间的对立等问题，而是强调将其合为一个整体。模糊思维是中国传统哲学思维方式的主要特点。事实上，注重整体固然有不足之处，但由此产生顾全大局、考虑周全的文化特性或许对于人口众多的中国来说也是一种优势。

这种整体性思维的倾向早在中国创世神话中就有所体现。盘古以自己的身体化为世间的生灵和山河森林；女娲抟土造人，表现出人与自然是在一个巨大的关系网之中的。例如，阴阳家邹衍等人将五行、八卦分别与自然事物对应起来，构成世界的本原，认为一切事物都是互相联系的有机整体，强调这种整体性的同时，可以通过抓住事物的一个点，而扩大至对整体的把握。中国注重合一，把拥有诸多优秀品格的“君子”现实化、实际化，使其与世俗社会联系起来，甚至融入其中，率领普通百姓都朝着理想人格的方向靠拢。此后，中国哲学“天人合一”的思想根深蒂固，人处于天地之间，顶天立地，三者相互贯通。

而西方国家与中国相反，早在创世神话中就体现了他们的分析性思维的特点，他们认为人和神是不相关的，是互相对立的，关注点在于分离和对抗。这样的思维方式追求更抽象的终极本质，明确区分了人与世界、精神与物质、思维与存在等范畴。古希腊自哲学产生到柏拉图的思想，都是西方传统的哲学思维专注于寻找整体性中的差异性的体现。西方分析性思维的代表就是柏拉图将事物二分，把感性事物与概念相区分的理念论，他们注重把握个体，注重把握事物之中的差别与对抗性的成分。例如，柏拉图认为“哲学王”是充满虚拟性、充满理想化的理念性存在，其与现实社会相割裂，不像孔子所说的“君子”一样切实。

简而言之，西方传统的思维往往是在寻找和世界的对立，把统一的世界区分成具体的多种层次，思维的产物总是遥远孤立于可知世界。中国注重整体性的思维方式，将社会看成一个不可分割的整体。这种处世之道需要做到左右逢源，防止过犹不及。可以说，“中庸”是中国哲学的思想底色，而整体性思维则是“中庸”思想产生的根本原因。

（二）伦理性思维方式

中西方思维的这一点差异仍然要从神话时代提起，女娲炼石补天，耗尽最后一口气，伏羲氏创立八卦、教民渔猎等，一直受世人崇拜，他们都被称为中国人的始祖。这样德高望重的人必定超凡脱俗，不能有丝毫的生活作风问题，反映了中国古代从一开始就极其重视人伦道德、高尚品格和社会责任。

中国的伦理性和西方的认知性都是立足于人类的认识活动和生命现象才得以体现的，中国古代圣贤把目光放在伦理层面，在人与人交往生活之中，注重人的责任和义务；在国家的治理上，强调德治，偶有法治，也只是起辅助作用或者昙花一现。他们始终认为以儒家上行下效的思想和手段来治国为上策。儒家所说“万物皆备于我，反身而诚，乐莫大焉”正是此意。

西方哲学是一种认知性的思维，这种思维方式不同于中国哲学的伦理性思维方式，它重智，注重个体生命价值的外延，追求的是关于事物的知识和真理，偏重对认识上的真伪性的辨别，而“德性即知识”充分证明了这种认知性。换一种角度来看，西方哲学体系的建构是遵从“知”的逻辑范式的，是出于“求知”“求是”的目的的，着重探寻人精神世界和生活世界的知识。

（三）内向性思维方式

华夏民族起源于长江与黄河流域，河水既造就了人类，又带来了威胁。此外，中国还是典型的大陆型地理环境，这种环境使中国人的思维局限在领土之内，局限在中国的土壤里，并逐渐产生较大的依赖性，主张知足常乐，对未知事物缺乏探索的精神。西北是一望无际的大漠，虽然曾经打通了横跨中亚到西欧的丝绸之路，但是因为路线曲折最后消失殆尽。西南是连天之势的青藏高原，东边是汪洋大海，这让中国文明与其他民族的交流变得更加困难起来。所以，中国自古以来就缺乏与外界的联系，思维与视野都不够开阔，不够宽广，重乡土观念，重“叶落归根”，视中原为本土，视中国为“天下之中”。

这种大陆文化性格导致了中国人以自我保存为宗旨，形成了维持常态、不思进取的保守型的思维方式，这样的思维特点固然可以保持社会安定，但同时也成为进步的阻力。因此，中国传统思维注重向内自求，认为价值之源在于一己之心，重“心术”，重身心修养、伦理道德、三纲五常，“内圣外王”是修身内省的最高目标，因此中国人在性格上较为内敛。

西方的思维方式更倾向于去探索、认识外在世界，重视对自然的利用，用八个字来概括就是改造自然、征服自然。他们的着眼于外部世界最有价值的事物，使其为自己所用，很容易接受新鲜事物，所以西方整体的思维是比较开放的。外向性思维导致西方人产生一种求变的心态和好动的性格。“好动”“好变”“好强”“好争”成为西方人思维和性格的显著特征，而修养、心术、内敛等特性则不是其思维和性格特征。

二、思维方式与传统文化的关系

个体思维方式与传统文化有着不可避免的交集，两者都涵盖精神层面的内容，都是一种隐性、渐进的影响，它们互相交织，构成中国屹立于世界民族之林的独特魅力。总的来讲，中国传统思维主要为注重整体、注重伦理、注重内求。这些，共同形成了中国人独特的传统文化。

首先，注重整体的思维方式告诉我们，要在统一与和谐思维方式主导之下处理一切事务，因此产生“和而不同”与“执两用中”的观念。强调道德义务和责任，在中国文化中，强调人与人之间的相处之道。这反映出来一种十分浓郁的以“纲常”为中心的求同性，人们要善于“推己及人”“己欲立而立人，己欲达而达人”，将你、我和彼、此放在一个更大的社会整体之内。但是，这种思维很容易陷入一种知合而不知分的弊端，产生一种追求安稳、不变的思维定式。这种思维定式表现为笼统的综合，放到社会层面，则更多地表现为强调群体和社会的和谐。

其次，注重伦理的思维方式告诉我们，中国在人格修养过程中要偏重伦理性，这种传统文化对实现人的全面发展有极大影响，使人们少了浮躁、激进，多了一些保守和含蓄。孔子说：“君子讷言敏行。”这正是价值之源头在于一己之心的真实写照。古代社会倡导听天由命，顺应自然，体认天道，以天道为人道，以立己为起点，以平天下为归宿。重伦理纲常，重道德修养，重人际关系，重社会秩序，重安定和谐，重现实，重致用。轻自然，轻功利，对探索自然奥秘缺乏兴趣。所以，中国传统文化是培养“君子”的文化，是明确等级的思想，它区分和确立君臣、父子、夫妇、长幼等关系，使政治、伦理合二为一，并主张以“德”为先，“君子”要传承“仁”“义”“礼”“智”“信”。

最后，在历史上，注重内求的思维方式告诉人们要具备一种唯上唯贤和内敛性的伦理思维方式，统治者的权威是不容侵犯的，这对社会等级的动态平衡有着重要意义，有助于社会稳定和发展，并且产生了注重“反省”，注重“反求诸己”的内向型文化。这种传统文化范式使中国人的思维聚焦于人的内在，而不是自然界，通过自身的不变应对外部的万变。在这样天人协调的认识前提下，社会秩序就是道德秩序，道德秩序也就是社会秩序，而以道德为中心是孔子及其之后哲学家的理论核心，“子绝四”是绝对的规则，“恭、宽、信、敏、惠”是绝对的美德，“立己、立人”是上至君王、下至布衣的追求。

任何民族的文化都受其思维方式的影响。一方面，中国的思维方式影响中华文化和具体实践的方方面面，它有助于我们深入了解和把握中华文化的内在联系；另一方面，中国传统文化领域的诸多问题也可以从思维方式入手进行审视，找到新的途径。我们可以扬长避短，取其精华，去其糟粕，对传统思维的合理性进行辩证分析，这对弘扬和继承传统文化，建设新时代特色中国社会意义重大。

第二章　传统文化与当代大学教育的融合何以可能

将传统文化与大学教育进行深度融合是当今时代的主题，中华民族传统教育思想具有普遍的指导意义。而当代教育模式缺乏中国自古已有的传统文化的精髓，仅仅注重知识教育，而忽略传统美德的弘扬，这对道德人格的塑造是一种缺憾。试想，只有知识而没有品德的人是我们所需要的吗？

从大学生的角度来看：第一，当代大学生普遍文化素质较高，具有一定的学习能力和理解能力，他们学习传统文化是可行的；第二，部分大学生由于家长的宠爱以及家境的优越，缺乏道德观念，有一种“唯我独尊”的心态，他们有学习传统文化的必要性，传统文化能够让他们以谦虚谨慎的态度面对以后的人生，百利而无一害。

从社会的角度来看：对大学生进行传统文化教育对中国的发展影响深远。众所周知，现在“90”后已经快要成为社会的主力军，“00”后也开始步入大学的校门，此时对他们进行传统文化教育，若干年后，他们会在各自岗位发挥传统教育带来的优势，对各行业都有一定的积极意义。

从文化的角度来看：传统文化年代久远，有些理论和思想已经过时，而当代大学生具有一定的创新能力，他们能够赋予传统文化新的内涵，让传统文化焕发新的生机，这对传统文化的保护、传承、发扬都至关重要。

总而言之，无论从施行大学传统文化教育的必要性、紧迫性来看，还是从大学生的自我特性，抑或是传统文化发展的自身要求来看，传统文化与当代大学教育都应该且可以融合。

第一节　当代教育概况

自中华人民共和国成立至今，已有70余年，中华民族从站起来、强起来到富起来，已经有了质的飞跃，并在深入贯彻落实党的教育方针的过程中，努力培养数以亿计的高素质人才。

一、中国当代教育取得的成就

纵观我国的教育事业发展，经过长期不懈的努力，我们已经实现了一系列重要转变，取得了举世瞩目的辉煌成果，保障了亿万中国人民受教育的权利，极大提高了全民族的素质，推动了经济社会高速发展，实现了传统经济向知识经济的转变。中华人民共和国成立初期，有大约80%的文盲，1949年的高等教育在校生仅为11.7万，现在小学学龄儿童入学率几乎达到100%，高等教育入学率约为50%，短短几十年就有如此成绩，简直不可思议。

（一）培养了数量巨大的高素质人才

从中华人民共和国成立至2010年，我国高等学历毕业人数已经超8 000万人，本科毕业生约为2 000万人。截至2019年，高等学校毕业生已将近1亿人，本科在校生约4 000万人，高等教育的毛入学率为51.6%，全国高等学校2 688所，比2018年增加了25所，其中本科院校为1 265所，比2018年增加了20所，研究生培养机构约800个，对比往年实现重大突破。另外，近三年全国的研究生报名人数明显增长，2018为230万人，2019年为290万人，2020年为327万人，这说明我国高等教育蓬勃发展，有充足的研究机构，能够对越来越多的人进行研究生高素质教育。

我国高校院系也有了重大调整，从以往注重理工科实用型人才向理工人才与高素质社科人才并重转变，推进了“四有”新人培养，从致力打造“专门人才”向“一专多能”人才转变，培养了大批现代化建设的有生力量。

这完全得益于我国教育体系规模的扩大。目前，我国拥有将近3亿的在校学生，将近2 000万的在校教师，如此规模的师资团队在世界范围来看也是绝无仅有的。在教育规模扩大的同时，兼顾了教育质量的提高，如在OECD开展的PISA项目中，上海学生取得第一名的好成绩，我国在全球高等教育系统实力排名中位列世界第八、亚洲第一。

（二）加快了传统教育观念的转变

先进的教育理念是国家事业得以稳步发展的不竭动力。中国自成立以来，对“培养什么人”“怎么培养人”“为谁培养人”等问题进行了广泛探讨，国内外专家、学者有着深入的见解，他们不断拓宽、加深我们对新时代教育的认识。一开始，人们仅仅把教育当作一种吃饭的工具，当作养家糊口的一项技能，简单来说就是“教育工具论”，但1985年国家发布了《中共中央关于教育体制改革的决定》，确立了教育的基本目标、基本理念，使人们不再用老眼光去看待教育，能够真正把教育当作为国家服务的事业，而不仅仅是工具。

现在，教育目标又发生了转变，从为社会主义事业服务转变为“以人民为中心”，教育必须“以人为本”，结合人的全面发展与教育学进行立论，要“坚持扎根中国大地办教育”，这既体现了我们的文化自信，又体现了新时代教育观念的科学性和特色化。

（三）在教育事业拥有国际地位

随着我国国力的不断增强，教育国际化的水平稳步攀升，教育事业的影响力也逐渐加大，经历了从规模发展到传播中国文化的新阶段。据统计，2017年来华留学学生人数达到60余万，成为世界上最大的留学生输入国。另外，我国还是世界上最大的留学生输出国。我国在世界各地开办的孔子学院也形成了很大规模，共开办约512所，拥有学员约210万人；中小学孔子私塾约1 074个，遍及世界140个国家。到2019年，我国教务对外开放稳定呈现全方位、多层次、宽领域的崭新局面，人文交流、政治互信、经贸合作成为我国外交的三大支柱。而这一切的一切都来自党中央、国务院的正确领导，是中国人民不懈努力所获得的成果。

不过，我们也应全面看待我国的教育，不应被一时的成就冲昏头脑，要认识到当代教育仍旧存在一些客观问题。

二、中国当代教育存在的问题

（一）教育公平的问题

教育公平，是指国家对教育资源进行配置时所依据的合理性的规范或原则。它产生于古代社会。孔子、柏拉图都提出过类似于教育公平的思想。孔子认为“有教无类”，而柏拉图创立一种“理想国”的平等教育体系。近代，西方社会立法致力于保障教育公平，中华人民共和国成立时确定的《共同纲领》也体现了教育公平的基本方针。经过归纳与总结，教育公平基本有三个内涵：第一，人人都有受教育的权利和义务；第二，受教育的机会和条件是相对比较平等的；第三，教育的成功机会和教育效果是相对均等的。

当代社会，教育公平是教育能否稳步发展，能否实现新时代改革的重中之重，同时也是构建和谐社会的题中之义。只有确保教育公平，在教育现代化和民主化上才能迈上一个新的台阶，但是教育公平问题始终存在，不容忽视。实现教育公平也不是说绝对公平，在一定程度上允许有差别，因为绝对公平是不存在的，所以如何协调公平与差别的关系是一个深刻的命题。在现实中，教育公平存在的问题主要有以下两个方面。

第一，区域因素。由于我国处于快速发展期，社会中存在区域经济发展不平衡的问题，尤其是农村地区、偏远地区、高山地区，这些地区的地理环境导致其整体发展受限，与现代化大都市形成了鲜明的对比。很多偏远地区虽然已经实现了九年义务教育，但是仍然存在“教不好”“学不会”“留不住”等客观问题。这种教学质量低下、办学结构简单、教学条件简陋、学习氛围淡薄等问题需要引起重视，这种情况若不能完全解决，就不能实现教育公平，而教育差别过于明显，对教育改革是十分不利的。

第二，经济因素。随着部分地区经济发展速度空前飞快，近年来出现了较多利用金钱获得更好教育权利的问题，通过经济打破人人接受平等教育的规则，部分学生家长利用金钱进入高质量的院校，而没钱的家庭的孩子只能去各项条件相对较差的学校。可事实上，很多没钱的家庭的孩子更刻苦、成绩更好，他们更应当享有高质量的教育和公平受教育的权利。更有甚者，通过暗箱操作把竞争对手的名额挤掉，让本该落榜的学生获得上学的资格，这是亟待解决的问题。

（二）应试教育的问题

总的来看，应试教育作为一种考查学生学习状况和结果的方式具有其优势，在无形之中具有促进学习、监督学习的作用，但是应试教育的弊端也日益显现。

应试教育把成绩、升学率作为评价学习成绩、教育效果的唯一依据，以这种方法为指导原则，使教育变得应付性较强，学生的学习由主动变为被动，学习积极性降低。很多学生在应试教育的高压之下，失去对学习的热情，不再发自内心爱好学习，仅仅是为了考出好成绩，不再挨骂，或者获得表扬而已。这样一来，学习效率会逐渐变低，从而形成教师一包到底的“填鸭式”教学。这种教育方式由于学生缺乏主动性，极容易造成拖堂、减少休息时间的状况，而这种状况会使学生学习主动性、积极性变得更低，甚至产生厌学心理，形成恶性循环。

具体来看，第一，应试教育忽视了学生的全面发展。就教育学而言，德智体美劳应当是五位一体，相辅相成，不可分割的，每个学生都应当德智体美劳共同发展。但是，应试教育割裂了这五个方面，片面重视智力发育而忽视了其他方面。教育部门重视智力培养，从思想到方针一直在加大这方面的培养力度，对其他方面却没有具体管理措施，也缺乏宏观调控，甚至相关课程还被文化课程挤掉，这不仅会造成学生的片面发展，还会造成学生视力下降、身体素质下降、神经衰弱，使学生缺乏道德意识、公德意识、理想信念等。

第二，在应试教育模式下，学生在临近考试的阶段会有繁重的课业负担，难以喘息。当前社会高速发展，知识经济全面到来，社会急需知识型人才。培养科技人才固然重要，父母对孩子满怀期望可以理解，但是在考试面前，成绩大于一切的思想与以“题海战术”应对一切的做法并不可取。无论是教师还是学校，通过这种违反教育规律的方式教育学生，只能让学生压力越来越大，反而事倍功半。重灌输，轻启发，重背诵，轻理解，重理论，轻实践，会让学生无法真正理解所学知识。

第三，在教育对象上具有片面性和不公平性。应试教育模式下学校为了提高升学率，必然把全部精力放在了成绩优异的学生身上，如毕业班班级里的前几名，这就导致其他同学被教师、学校忽视。他们有同等受教育的权利，但是受到不公平的待遇，这忽视了全体学生的均衡发展，把培养优秀学生和提高最广大受教育群体的素质完全对立，使教育成为少数人的教育，这也在一个侧面反映了教育公平存在的问题。因此，想要实现教育公平，在一定程度上也应当改变应试教育的局限性。

第二节　当代大学生教育问题分析

当代大学生教育存在一些时代性的问题，即缺乏德行教育、忽视人文教育、缺乏实践活动。总的来看，当代大学教育缺乏的正是古代传统文化所提倡的内容。可见，中国传统文化对当代大学教育具有极其重要的借鉴意义。

一、当代大学教育缺乏德育，偏重智育

大学是成年后最重要的受教育时期，这一阶段除了对学生进行智育，更重要的是对其进行道德教育。中国传统文化注重道德教育，儒家认为“仁”是人之本，“格物致知”是认识之源，“中庸”是处世之道，“涤除玄览”使内心真正的“空虚”，才能俯瞰大千世界。

当前，大学教育缺乏德育，缺乏传统文化滋养，仅注重智育的情况引人深思。大学真正的特点可能在于它能够使学生在一段时期内获得个人道德与精神上的升华，这一点要重于学到精确的知识，是人之为人的道德本质。大学的德育过程相当于人的“灵魂”走向完善的过程，就像柏拉图认为的那样，实现灵魂的转向，它有利于我们的大学教育并使大学生在大学毕业后都保持正确的方向。然而，当代大学教育在德育层面却陷入困境。

随着生产力快速发展，出现了精神文明发展跟不上社会发展脚步的问题，这一现象存在于很多领域，如大学校园。由于几十年改革开放，国人可接受的新思维越来越多，而作为年轻的主力军——大学生，通过信息化的手段每天都能获得各方面的资讯、多样的思想和生活方式容易给其一种“乱花渐欲迷人眼”之感，不免带来价值观不稳定、道德观念不牢固等影响。所以，很多大学生价值观呈现出世俗化、多元化的特点。有些学生喜欢攀比，崇尚享乐主义与拜金主义；有些学生在思想中认为应当勤劳节俭、踏实生活，在生活中却过度消费、超前消费；有些学生明白应当自立自强、自尊自爱，在生活中却没有底线，爱慕虚荣；还有些学生认为美好品德和自身修养是一个人最大的魅力，在生活中却崇拜有钱人。这些复杂的心理表现出了大学生思想与行为的差异、矛盾，更体现出当代大学在教育中缺乏德育这一问题。

事实上，我国在 20 世纪 90 年代就印发了《中国普通高等学校德育大纲》，

认为大学生应当热爱祖国、拥护党的领导、学习马列主义、具有艰苦奋斗的精神、具备良好心理素质和道德品质。可见，国家早已对道德修养提升有清晰的认识，但是为何一些地区德育仍普遍出现滑坡？原因是：一方面，很多学校在开展德育工作的时候仅仅停留在口头上，没有真正把德育落到实处，重视智育课程，德育往往一周只有一节课，最多也就两节课；另一方面，部分学校虽然重视德育，但仅仅是单方面强制灌输，在课堂上由教师讲几句话，或者讲几个小故事作为案例，没有真正使学生内心的道德体验得以强化。这种方法过于简单、陈旧，最后使德育课程仍然起不到相应的作用。

在这种情况下，强化大学生德育，并对德育进行转型是一项紧迫的工作。社会是普遍联系和发展的，德育也必须与现实社会紧密联系、与时俱进。在生活中强化德育，在德育中感悟生活，这才是德育最好的方式。反观其他国家，尤以西方发达国家为例，他们在大学重点培养大学生的爱国之情与民族精神，他们不采用课堂讲授的方式，而是将德育包含的内容循序渐进地融入大学生每日生活之中，让学生与美德为伴，促使其道德、人格、修养全方位提升。这种方式的优点在于认识到德育的特殊性。德育强调内在体验，如果只是照本宣科，那必然造成之前的局面，即有对的观念，却出现错的行为。在实践德育观的指导下，我国大学生德育必须紧紧围绕大学生应当具备的基本素养进行教育，培养大学生的爱国情怀、民族精神、责任感、公德心、自信心等。同时，要重视德育思想的先进性，要富有时代特色，在新媒体、信息化时代变革的传统教育方式上，增强德育的影响力，促进大学生知行合一。

二、当代大学教育忽视人文，偏重科学

当代大学教育功利性严重，注重科学，学校关注的是考研率、就业率，学生关注的是能否找到好工作，拿到高薪，开好车，住洋房，这就导致大学教育越来越迎合这种需要，经济、金融、信息方面的课程越来越多，人文专业（如文史哲）的课程越来越少，这已经成为一个普遍现象。在这种背景下，社会上出现了一些不正确的导向，如唯科学主义，由此衍生的单纯注重科学的教育制度存在诸多问题。它崇尚事物的规律性和实证性，主张用准确的数据度量一切，夸大科学的效用，使其完全凌驾于人文学科之上，最终导致人文教育的缺失。

其实，中国古代传统文化早已经告诉人们正确的“义利观”，即人可以追求“利”，但是要求其有度，不可唯利是图，更应“以义为先”，无论儒家、

道家还是法家都注重人文道德和内在修养。这告诉我们，在当代社会，虽然科学和功利的作用日益凸显，但传统的人文与道德更是不容忽视，它们使人的内心排除杂念，达到心灵纯净的情境。

所以，人文与科学应当并重，它们是教育过程的一体两面，两者具有相通性。首先，科学精神与人文精神互相包含、互相渗透。科学是以人为主体的创造性学科体系，体现着人的人文情怀，不能完全从人的精神中剥离开来，或者说，科学是人文的另一种形式；科学要求人一步一步认知世界，并在这个过程中反过来完善自身；科学中的宝贵经验和精神也是人文学科中所具有的财富，人类历史上的科学家都有一些共同点，那就是不求名利、倾力研究、具有献身精神，他们在科研中体现出来的精神正与人文精神相通。可以看出，科学精神实质上也代表对非功利性人文知识与生活的追求。

其次，人文与科学都主张多元与自由。人文并不是人们旧有思想中的“酸秀才”的咬文嚼字。相反，人文并不与现代化进程相矛盾，它与现代化工业文明、现代化物质水平提升的方向相一致，与欧洲文艺复兴时期所产生的人文主义精神相似，现代人文始终关注人的现实幸福，同时追求对人内心世界的启蒙。所以，没有人文的精神养料，科学的发展会显得迟缓，21世纪也不会在科技革命下发生如此巨变。

因此，当下的大学教育应当实现人文与科学的转向。大学的教育工作者应当清楚地认识到人文学科的重要意义，认识到人文学科对传统文化的承载作用，认识到人文学科独有的严谨治学规范，认识到它自身的理论构架。要实现以上转变，需要做到以下几点工作。

第一，人文教育应当注重精神关照。让学生进行人文知识积累，帮助大学生思考、探讨关于人生意义、价值方面的问题，发现形而上的理性世界与形而下感性世界的连接点，去学习诗意生活、哲学思维等，构建学生的精神世界。

第二，人文教育要帮助大学生确立生活中的目标，这种目标不是单纯的功利主义目标，也不是单纯的虚无缥缈的哲思，而是既包含崇高、永恒的特性，又结合现实生活的目标。通过各类人文课程对学术意义的阐发，使学生对各领域学问都有所涉猎，在宽广的知识海洋中寻找最适合自己发展的方向，在潜移默化中提升自我，从而正确选择信仰体系，提升各项能力。

第三，要将中国传统文化精华融入人文教育之中。中国传统文化博大精深、范围甚广，将传统文化与人文学科相结合，既能改变科学主义盛行的常态，又有利于民族自信的确立。①要培养忧患意识。中华文明经历几千年，是从风霜雪雨中走过来的，中华人民“先天下之忧而忧”的忘我精神体现了个人对热爱祖国、报效国家的博大情怀。②要有“和而不同”的和谐观。人生在世，不可能与任何人都合得来，发生冲突在所难免，而传统文化讲究尊重差别，在差别中能够保持和谐才是“君子”之达德。当代大学生人数众多，大学教育学科庞杂，在这种情况下，每个人都尊重他人，允许不同学科的爱好者存在，取长补短，共同进步，形成一种良性、动态、和谐的局面是人文精神的价值体现。

三、当代大学教育缺乏实践，偏重理论

重理论、轻实践是我国高校教育的“通病”，这导致我国当代大学生在枯燥乏味的传统教学方式下的学习兴趣不高，缺乏学习的主动性和创新性。另外，教学使用的教材也常有过时或陈旧的现象。据相关杂志报道，曾在历史教材中出现多处错误的地图，这些地图与真实历史中的地图是完全不符的。面对与老旧教材和片面理论教学法差异巨大的现代化社会，高校必须真正把发展实践教学重视起来，否则这将是发展现代大学教育的一种隐形阻力。

中国古代先哲就提出“纸上得来终觉浅，绝知此事要躬行”，这说明凡事不能脱离实践。理论固然重要，它是认识得以发展的前提，但是实践是认识的来源，更是检验其真实性的唯一标准。大学教育过程在实践、实验方面的要求非常高，比义务教育阶段极大凸显了实践的价值。但是，大学实践仍以理论教育为常态，实践具体实施过程也呈现一种“半实践”的情形。可见，当代大学教育在教学活动中普遍缺乏实践，课堂上注重照本宣科和理论灌输，这种教学方式可以加快教学进度，符合应试教育特性，但是究其根本，对学生自我完善和全面发展的益处如斗升之水，作用微小。

学者们针对目前存在的实践方面的问题进行研究，总结出国外大学实践教育路径，但是在我国开展得并不顺利，主要是由于对具体实践环节的认知不足、实践教学的硬件设施不足、实践教育评价与考察不真实、实践教育敬业精神不充分等原因。

针对以上问题，当代大学实践教育需要做到以下几点。

第一，保证经费与师资的投入。大学校方要注重资金的筹措，注重实践教学质量的提高，了解政策导向，并在政策的指引下，保证实践教学顺利完成。

第二，注重产学研结合。让学生在大学提前接触社会，进入企业实践，熟悉工作流程。高校应当充分利用自身的影响力，坚持教育与市场相结合，按照

校企双赢的原则，在企事业单位建立实践教学基地。反过来，企业也应充分认识到人才的重要性，广泛加强与高校大学生的交流，真正搞好校外实践基地建设活动。

第三节　发展大学生传统文化教育的必要性

中国优秀传统文化是中华民族的精神命脉，是中国人民的精神家园，学习和研究传统文化，可以使人明智、明德。当代大学生是较高层次的受教育者，因此对当代大学生开展传统文化教育，对社会发展有着举足轻重的作用。但是，当代一些青年人对国外各种文化盲目推崇，如圣诞节、万圣节等节日文化，甚至很多人不知道中国传统的七夕节，却知道西方的情人节。这说明对大学生进行传统文化教育已经刻不容缓。

一、培养爱国主义精神和民族自豪感的需要

古往今来，我国一直存在爱国主义这种民族精神，这是华夏民族得以延续并越发强盛的活力源泉，这种精神根深蒂固，代代相传。新时代的年轻人绝不能忘记这种民族精神，“知之深”才能“爱之切”，所以要使学生真正了解国家的历史，就要通过传统文化教育，让爱国主义精神扎根于每个人的心中。

在中国五千年的历史长河中，华夏大地留下太多可歌可泣的爱国诗篇。我们从纸上、从墨中似乎就能感受到他们高大巍峨的身影。他们如一座座丰碑，伫立在历史长河之中，指引我们前进。例如，商代妇好开疆拓土，不惧畏难，挺身而出；南宋岳飞留下朱仙镇大捷、威震敌胆的佳话，虽受“莫须有”罪名，但宁死不屈，写下“天日昭昭”几个大字；楚国屈原有报国之心，却无卫国之力，为国投江而死；西汉帝国使臣苏武在匈奴地区独自生活十九个年头，仍留着手中汉朝的旌节；明朝将领戚继光留下抗倭的壮丽诗篇；文天祥留下千古名诗《过零丁洋》，表现出对国家的大爱；范仲淹说“先天下之忧而忧，后天下之乐而乐”，体现了忧国忧民、为天下人谋福利的精神；“戊戌六君子”之一谭嗣同留下“去留肝胆两昆仑”的绝唱。此外，还有很多爱国人士没有留下自己的姓名，但是他们为国家、为黎民百姓无私奉献、舍生取义。正因为有他们，才形成和弘扬了中华民族的爱国主义精神，正因为有他们，才有这样的民族气节，中国才能巍然屹立于民族之林。用以爱国主义为核心的民族精神来培

养大学生的品格，引导他们内心自然而然地产生民族自豪感尤为重要，这是使个人和国家联系起来最直接且牢靠的“绳索”。

中华传统文化是先民的智慧结晶，是世界的瑰宝。注重传统文化是培养民族自豪感的重要途径和需要。历史上诸多先哲、先贤都是我们应当学习的典范，如孔子、孟子、韩非子、朱熹、王阳明等人，他们的伦理观念、辩证思想、处世哲学无论到何时，对我们都具有极大的指导意义。在面对西方观念挑战的时候，我们要加强爱国主义教育，缅怀先烈，回首历史，激励自己以历代抛头颅、洒热血的民族英雄为榜样，用自己的青春和热血为振兴中华出一份力，肩负起祖国富强、民族振兴的光荣使命而不是崇洋媚外，效仿别国。

二、改善社会和校园风气的需要

学生的人生观、价值观、世界观都是在大学时期形成的，但是由于学生接受新事物较快，好高骛远，很容易受到功利主义的影响，从而形成攀比、虚荣等不良思想。针对这种情况，可以开展大学生传统文化教育，利用传统文化中的和谐精神、团结协作精神、重义轻利和舍己为人的精神来引导、帮助学生，让他们反观自己的内心，不再一味地追求感官的快乐，而能认识到心灵之美，找到正确的价值取向，真正认识到人生的真正意义。

（一）大学生形成“公而忘私”责任意识的需要

《尚书》中的“以公灭私，民其允怀”；《诗经》中的“夙夜在公”，历史上有大禹三过家门而不入、包公铁面无私的事迹，都体现了传统文化中“大公无私”的美好品德。当代大学生群体中确实有很多班干部非常有责任感，对待班级十分负责，保质保量完成课业、任务，但同时也存在部分同学喜欢偷懒耍滑，平时不认真学，考试之前随便背背知识点，或者打打小抄就糊弄过去，或者通过班干部的职务之便为自己谋私利，如奖学金评比过程中偷偷给自己加分。

所以，大学生要学习传统文化，学习“公而忘私”的精神，这种彰显家国情怀的伟大精神对整个社会的发展都有至关重要的作用。只有心怀天下，才能勇担社会职责，无私奉献。

（二）大学生形成“人无信不立”诚信品格的需要

孔子认为“民无信不立”，“信则人任焉”。孟子认为“诚者，天之道也；

思诚者，人之道也”①。管子认为“诚信者，天下之结也”②。此外，“曾子杀猪”的故事也体现了诚信的重要性。有一次，曾子的妻子要出去买菜，但是孩子吵吵闹闹，一心想要跟着去，曾子之妻便说：“孩子乖，回来杀猪给你吃。”当曾子与妻子回来后，妻子却不杀猪了。曾子说：“一定要言出必行，跟孩子说的话也要兑现。他们学大人，如果大人不遵守诺言，孩子也将成为不守信用的人。”可见，追求诚信是我国自古以来的传统美德，诚实守信被视为“立身之本”。这种言行一致、言出必行的诚信品格对大学生有极大引领和示范作用。

当代部分大学生诚信缺失，究其根本主要有两个方面的原因：一是社会方面，当前社会中存在很多失信人员，他们缺乏诚信，把这种不良风气在各行各业进行传播。大学难免受其影响，久而久之，部分大学生也丧失诚信；第二是自身层面，也是主要层面。大学生内在思想对诚信没有提起重视，他们认为偶尔的失信无伤大雅，毕竟事情的发展总是难以预料，人本来也是充满自由意志的个体。但是传统文化告诉我们，明礼诚信才是立身之本，讲诚信是走向社会的“通行证”。

（三）大学生形成“重义轻利”高洁思想的需要

重义轻利是中华民族的核心价值观。我国历史上有数不清的仁人志士，他们视金钱如粪土，认为只有符合“义”的事才是最有意义的。例如，张良为五世韩相之后，才智超群，想出的计策每每都被刘邦采纳，于是刘邦赏赐张良很多金银财宝，但是张良认为，自己用不到这些东西，把金银财宝全部用于帮助刘邦开创大汉的伟大基业。又如，战国时期著名思想家孟子，他的“义利之辨”广为流传。

我们希望通过进行传统文化教育，使大学生了解这些传统文化中蕴含的深刻道理，学会去认识、追求更深层、更具思辨性的精神，学会反思的思维方式，而不是把目光停留在物质层面的利益。荀子曾说“君子养心莫善于诚”“君子耻不修”，这都说明真正具有高尚道德情操的人必须能够修养内心，而不修己，就会成为一个人最大的缺点。诸葛孔明认为“君子之行，静以修身，俭以养德”，这无疑对当下世俗化的价值观、人生观产生了强烈冲击。如果每个大学生都受到传统文化的长久的熏陶，整个社会的风气也会朝着更为良性的方向发展。

---

① ［宋］朱熹．四书章句集注［M］．北京：中华书局，2019.

② ［战国］墨翟．墨子［M］．张永祥，肖霞，译注．上海：上海古籍出版社，2016.

三、继承和弘扬传统文化的需要

传统文化具有独特的生命力，但是这种生命力是有条件的，它需要代代传承，不能间断，因此新时代大学生有责任、有义务继承和弘扬传统文化。这种继承和弘扬不是对传统文化的全盘接受，而是对它的传承与再造，并赋予新时代的新内涵。另外，文化传承也是大学教育的一种特殊职能。弘扬和传承传统文化任重而道远，这是传统文化融入新时代的永久命题，必须要厘清当代大学教育与中国传统文化的内在关系，这将影响未来中国社会和教育事业的发展模式。

在继承和弘扬传统文化的过程中，要坚持以下几项原则。

第一，传统文化在特定条件下可以被赋予新的时代内涵，不要故步自封，止步不前，但根本内涵、本质属性不可改变，如“中庸”的处事原则，在一定条件下不用“持中”，可以根据时宜有所权变。具体而言，适用于前几年的政策，现在不一定适用，适用于中国的日常交往文化不一定适用于西方，如见面就问“你吃了吗？”这在其他国家会令人感觉怪异。但是这并不意味我们可以“狂”或“狷”，即不守分寸。

第二，传统文化必须要有文本依据，根据文本学谨慎的原则，对传统文化进行最真实、最清晰的还原，而不是模棱两可，穿凿附会，呈现一种“假文化”。笔者认为，没有系统的文本学理论作为基础，一切理论只将是不切实际的。

第三，对待传统文化与外来文化，一定要坚持以传统文化为主的基本原则，不可颠倒主次。孔子的思想与西方柏拉图的思想就有很多相似之处，如孔子讲“仁”，柏拉图讲“善”；孔子讲“普天下制”，柏拉图讲“道德城邦”；孔子讲“礼”，柏拉图讲“正义”。不仅如此，两者的教育观也有很多相似之处，他们都认为人们应当普遍接受教育，应当接受不同类型的教育，甚至包括音乐、体育的教育。遇到这样十分相似的外来文化时，必须坚持以我国传统文化为主，对外来文化进行一定程度的吸收，但绝对不可全盘西化。

第四，对待我国传统文化本身，也要辩证地来看待。传统文化以其广博为最显著的特征，包罗万象是它的标签，其中难免有些过时的、片面的、错误的内容。我们在对传统文化进行研究、传承和发扬的过程中，一定要注意去粗取精、去伪存真。

第五，对传统文化进行分类。世界文化学对于文化有着细致的分类，对于我国传统文化也应当有更为细致的分类。华夏大地有56个民族，960万平方千米土地，如此大面积的国土必然存在千差万别的文化，这些文化需要按照不同性质、不同地域分成不同种类。这样一是便于区分，便于研究；二是便于大学生们更清晰、更直观地去认识这些文化的面貌。

第四节　当代大学教育与传统文化的互鉴与共融

鉴于当代大学生树立爱国主义情怀、形成良好风气、弘扬传统文化等要务的紧迫性与必要性，大学教育与传统文化的融合问题就变得越发重要。因为大学生是长期接受教育的知识群体，对知识的接受力普遍高于社会人员；因为大学生年龄刚刚达到成年，其精神可塑性也普遍较高；因为交际圈较为简单，大部分为学子、教师，其学习的稳定性、持续性也较高，所以大学生对传统文化有较强的接受能力，将传统思想文化寓于大学生内在思维之中具有切实可行性。

一、传统思想文化要内化为大学生思维方式

将传统思维文化内化为大学生的思维方式是大学文化教育的重要任务。当代大学生家庭条件普遍比较好。从整体上来看，他们有丰厚的物质条件、多元的价值取向，更有多种不同的发展方向可供选择。在这种社会背景下，现代化在他们的成长中留下深刻的时代印记，使大学生对人的价值、伦理道德的重视程度都逐渐降低，而大学生又是社会未来发展的顶梁柱，对他们进行传统文化教育，使他们充满对人、对文化的尊重与敬畏是尤为重要的。

首先，传统文化能够促进大学生全面发展，在普通课程之外，能够给大学生提供正确而积极的价值引导，有利于大学生的健康成长。

其次，传统文化由于其时代的局限性，难免有些不适合当代社会发展的部分，在对大学生进行传统文化教育的同时，教师与学生都应辩证、全面地来看待传统文化，对传统文化进行适当筛选，把最适宜当代社会的内容加以弘扬，这也是对传统文化的一种发展。

再次，大学生是社会中的高知识群体，其作为高素质人才、祖国的未来，要肩负让传统文化促进社会发展作为一项任务，给传统文化注入更多生命力与时代意蕴。民族的也是世界的，大学生通过对传统文化的学习与弘扬，把中国

文化带到世界的各个角落，这对增强中国在世界上的影响力也大有裨益。

最后，大学生学习传统文化，更需要注意保护传统文化。当今社会，很多人的思想西化严重，喜欢过“洋节”，如圣诞节、万圣节、复活节、感恩节等。不可否认，西方文化有其可取之处，但不容忽视的是我们作为中国人，更要积极参与到保护传统文化的活动中，注意生活中的传统文化，同时在力所能及的前提下向有关部门提出自己关于传统文化未来发展的新构想，以便政府更好地发挥职能，保护传统文化。

二、大学生要正确认识传统文化的精华所在

大学生必须要正确认识传统文化的精华所在，原因如下。首先，大学时期是人的世界观、价值观的形成确立期，更是人一生之中最为重要、最为灿烂的时期，对塑造个人的兴趣、心态极具必要性。与我们的父辈相比，当代大学生的个性更加张扬，有更强烈的求知欲与更大的可塑性，敢于追求新鲜事物。但是，部分传统文化没有与时俱进，这与“新新人类”之间产生不可逾越的鸿沟。其次，大学生对传统文化接触较少。传统文化因其特殊性，在思想层面的内容较多，物质层面的内容较少，且对大学生不具备吸引力。通常意义上的物质层面的传统文化主要包括皮影道具、戏曲道具、泥塑艺术、文学绘画艺术等，它们虽具备深厚的底蕴，却不像手机、电脑、游戏、互联网更能吸引大学生的眼球，这使年轻人对传统文化接触很少。最后，高校对传统文化教育不够重视。各大高校在传统文化教育过程中呈现“缺位”的特征，学校文化教育课程太少，使大学生感受不到传统文化的魅力所在。另外，有些高校在传统文化课上没有结合学生的具体情况，而是采取强硬灌输的方式进行教学，导致课堂上没有良好的氛围，学生积极性降低，结果适得其反。

那么，大学生应当怎样去认识传统文化的精华呢？这应该在传统文化的理论与实际两个层面展开。

首先，要认识到传统文化对中国文化的重要性，它是打造和构建当代社会主义中国文化文明之基。中国传统文化发源于古代，注重修养与伦理，同时注重探究人与自然、人与社会的关系问题。在学习和认识传统文化的同时，要善于把传统文化与西方现代文明结合起来，加强精神文明建设，这对新时代文明建设具有很大意义。

其次，要认识到传统文化对快节奏的当代社会具有现实性的指导功能。众所周知，中国礼仪无所不包，这才成就独特的“中国面孔”。通过传统文化的

传承与弘扬，人们能够学会礼仪下的思维方式与处事原则，它可以全面地指导人们进行社会中的人际交往活动，其蕴含的文化资源极其宝贵，是提高社会包容力、凝聚力的重要法宝。

第三章　中国古代传统思想文化

中国古代传统思想文化是中国传统文化的开创时期，也是中国传统文化百花齐放的时期，这些思想文化是中国传统文化最为重要的组成部分。对中国古代思想文化进行深入了解，对中国历史背景进行探析，能够更好地认识到传统文化的渊源与发展。

中国古代传统思想文化主要包含儒、佛、道三大派别，它们共同构成了我国传统文化发展的总体格局，展现了一幅冲突与融合的壮丽历史画卷，其中以儒家文化作为中国传统思想文化的代表。自先秦起，经历千年的风雨，儒家传统文化仍然作为我国传统思想的主干存在，甚至已经融入每一个中国人的骨髓之中。本书在传统思想文化方面只展示儒家文化的丰富内涵，以期对当代教育事业提供丰富的借鉴。

第一节 孔子“博学于文，约之以礼”的君子观

孔子（前551年—前479年）名丘，字仲尼，是春秋末期鲁国昌平陬邑人，大致为当今山东曲阜地区，是中国最著名的思想家、教育家。古人说：“天不生仲尼，万古如长夜。”这句话体现了孔子对我国古代思想产生的极大影响。他出身于没落的宋国贵族家庭，一家人为了逃避战乱到了鲁国。他自幼丧父，生活贫寒，自己曾说：“吾少也贱，故多能鄙事。”[①]据记载，孔子身长约九尺六寸，相当于现在的1.9米多，并且臂力过人、酒量非凡，与人们心目中固有的文弱书生形象大相径庭。

他从小就养成好学的习惯，展现出与众不同的思维方式与思考能力，常常把祭祀用的礼器摆好，练习礼制和行礼的过程。19岁时，孔子做过鲁国管理仓库的小吏和管理畜牧的人员。20岁时，孔子寻访名师，《师说》记载孔子曾向郯子拜师，并向老聃、师襄、苌弘学习“礼乐”。23岁时，孔子在乡间开始收徒。30岁前后，孔子开始创办私学。由于常年生活于“周礼崩坏”的乱世，孔子深切了解底层群众的疾苦，为重建社会秩序、恢复周代礼乐制而发奋努力。

在鲁昭公二十五年，孔子30岁时，鲁国产生重大变故，内乱使鲁昭公逃往齐国，孔子也随之到达齐国。齐景公十分欣赏孔子，甚至还准备分给孔子一部分田地，想让孔子为自己出谋划策，辅佐自己治国理政，但被大夫晏婴阻止了。鲁昭公二十七年，齐国的大夫想要加害孔子，孔子不得已又逃回鲁国。此时，鲁国的权力都集中在大夫的家臣身上，称之为“陪臣执国政”。

直到鲁定公九年，孔子约51岁之时，才被任命为中都宰。孔子运用自己卓越的才能，体恤民情，了解民生，治理中都仅一年，便取得很好的成绩，升为小司空，后升为大司寇。

---

① ［宋］朱熹．四书章句集注［M］．北京：中华书局，2019.

鲁定公十二年，孔子采取“堕三都”的行政举措，意在削弱三桓的实力，可这一措施中途失败，三桓便因此记恨孔子。鲁定公十三年，齐国送给鲁国80名美女歌姬，朝廷上下迷恋声色犬马，不问政事，孔子失望透顶，同时鲁国国君不再想任用孔子，于是孔子在他55岁这年开始了周游列国的活动。

孔子先率众弟子到达了卫国，一开始卫国国君很看好孔子，发给孔子6万俸粟，但10个月后，卫灵公受人挑唆，听信谗言，派人监视孔子的行动，孔子便准备去陈国。在路上也可谓一波三折，被人围困多日，又碰到他国的叛乱，不得已返回卫国。

后来，孔子辗转几次离开卫国，又返回卫国，在他68岁的时候才返回鲁国，回到故土没几年，在他73岁的时候去世了。孔子的一生辉煌而又多舛，他致力于为人们谋幸福、维护国家的稳定，却备受猜忌，遭人冷落，但尽管如此，他还是为我们留下了宝贵的精神财富。

孔子与其弟子共同周游列国14余载，修订六经，被联合国教科文组织评为“世界十大文化名人”之首。他开创私学，改变只有贵族子弟才能接受教育的状况，培养了多名栋梁之材，对后世影响深远。传闻中，孔门有十哲、七十二贤人、弟子三千，在孔子去世后，他的弟子及再传弟子共同将孔子和弟子的言行记录下来，编订了《论语》，成为儒家的经典著作。

为了定名分、行礼教，实现“君君、臣臣、父父、子子”稳定有序的社会局面，孔子提出多项主张，如“为政以德”“见利思义”“克己复礼为仁”，以及关于“君子”“小人”之辨的各种论说，成为中国民族精神宝库中永远的财富。

其中，“君子观”更是传统文化中不可或缺的组成部分，它为人们展现出人生的楷模，这种理想人格使后世无数仁人志士为之奋斗，成为中华民族最主要的伦理观。当代教育应把孔子的“君子观”作为一项重要内容，把“仁、义、礼、智、信”等君子之德融入教学活动中，使人们朝着“君子”的方向努力，这有利于营造良好和谐的社会风气，对学生群体未来发展也有极大现实意义。

孔子的“君子”理想人格，作为中国传统文化的重要组成部分，对其最广泛的界定即“仁者不忧，知者不惑，勇者不惧”[①]。这句话把“君子”“仁、智、勇”三达德凸显出来，展现出既完美又贴近生活的理想人格形象。

---

① ［宋］朱熹．四书章句集注[M]．北京：中华书局，2019.

一、孔子的君子观内核

（一）“仁”的本质

“君子居仁”是孔子对“君子”比较明晰的论述，“君子”要时刻保持自己的内心处于“仁”这一寓所，也就是做一名“仁者”，此为“君子”之基。

那么，什么是“仁”呢？“仁”是孔子思想中最为重要的德行和品格。“仁”这一字古已有之，但是一直没有过多解读，直到《尚书》《诗经》等的出现，关于“仁”的描述才开始增多，从而把孔子“仁”的内涵真正丰富、充实起来。《论语》中有孔子多名弟子分别问“仁”于孔子的典故。

“樊迟问仁。子曰：爱人。”①

“颜渊问仁。子曰：克己复礼为仁。”②

“仲弓问仁。子曰：出门如见大宾，使民如承大祭。”③

孔子对“仁”给出了多重不同定义，可见仁的概念包含深广。孔子说：“君子去仁，恶乎成名？”④这是说“君子”如果没有“仁”，还能叫“君子”吗？

但值得思考的是，孔子虽然对“仁”作出多种描述，可终究没有一句话可以对“仁”进行完整概括。《说文解字》有“仁，亲也”的解释。据统计，“仁”在《论语》一书中总共出现106次，《论语》有“夫仁者，己欲立而立人，己欲达而达人。能近取譬，可谓仁之方也已”⑤；“孝悌也者，其为仁之本与”⑥；“仁远乎哉，我欲仁，斯仁至矣”⑦。从中可以发现，“仁”与“亲”“孝悌”相关，并且遵循“能近取譬”和由近及远的规则。更重要的是，从孔子言论中可以看出“仁”是一种内在于人心的品德，需要内心最大的“欲仁”之心，所以可以推断，“仁”是一种由内心生发出来，可以推己及人、有差等的爱人之心。

---

① ［宋］朱熹．四书章句集注[M]．北京：中华书局，2019.

② ［宋］朱熹．四书章句集注[M]．北京：中华书局，2019.

③ ［宋］朱熹．四书章句集注[M]．北京：中华书局，2019.

④ ［宋］朱熹．四书章句集注[M]．北京：中华书局，2019.

⑤ ［宋］朱熹．四书章句集注[M]．北京：中华书局，2019.

⑥ ［宋］朱熹．四书章句集注[M]．北京：中华书局，2019.

⑦ ［宋］朱熹．四书章句集注[M]．北京：中华书局，2019.

（二）“仁”的内容

“仁”是一种爱人之心，是一种近乎全德的德性统称。在这种爱人之心中又包含着具体的美德，其中“孝”是第一位。此外，还有“忠”“恕”“信”之德。

“孝”是“仁”的出发点。《论语》云：“君子笃于亲，则民兴于仁。”[①] 意思是说，“君子”具有一定的引领作用，这也是儒家学说比较重视的部分，通过“君子”爱亲、孝亲，使百姓兴起这样一种风气。在“孝”的概念中，包含两个层面，如“养亲”“尊亲”，“养亲”仅仅是低层次的“孝”，它可以使父母吃饱穿暖，却无法“孝”父母的心，只停留在物质层面；而“尊亲”是高层次的“孝”，它是发自内心尊敬父母，是内心真情实感的流露，不将自己主观强加于父母，而是完成父母的愿望，把听父母的话当作一种乐趣。正如孔子说：“至于犬马，皆能有养；不敬，何以别乎？”一定要在情感上抚慰父母，这才是“孝”的真实内涵。

“忠”是“仁”的价值取向，体现“仁”的社会价值在于臣子为君主的忠心辅佐，孔子所说的“臣事君以忠”即此含义。当然，“忠”并不是一味地顺从君主，完全听从君主的号令，而是一切为君主好，在特定情况下可以采取进谏的方式。《晏子春秋》记载了这样一则故事，齐景公统治时期有过重的劳役，百姓苦不堪言，晏子劝诫齐景公，将劳役有所减免，与民休息更能利于国家的统治，却在外面催促百姓好好干活，后来齐景公罢免了劳役，百姓都称颂齐景公是明主、明君，却骂晏子。晏子把不良影响全部扛下来，让百姓都爱戴齐景公，这才是真正的“忠”。

“信”也是“仁”所不可忽略的成分。“自古皆有死，民无信不立。”可以看出，“信”在“君子”人格中所占据的重要地位。在孔子所有的弟子之中，子路是最诚实守信的。据记载，在审理案件如此严肃的事情上，子路竟然可以“片言折狱”，即通过自己的言论，就能审理案件，这极大说明了子路是何等信用，又说明“信”对古人的巨大影响。即使是现代，信用也不能忽视。我们日常生活中的信用卡、人际交往、交易等，都需要信用作为保障和支撑，一切活动无法在没有信用的社会中存在。子贡曾向孔子问“信”，孔子说：“先行其言而后从之。”[②] 即做任何事都不用先说出来，要先把事情做

---

① ［宋］朱熹．四书章句集注［M］．北京：中华书局，2019.

② ［宋］朱熹．四书章句集注［M］．北京：中华书局，2019.

好，这样永远不会失信，而“君子”更要坚持这一原则。

“恕”是“仁”的处事方式。一方面，“恕”是一种推己及人的观念，即“己所不欲，勿施于人”，自己不想做的事不能强加于别人。此外，还有另一种说法，即“己所欲，施于人”。本书在这一点上不予苟同，每个人都是拥有自由意志的独立个体，每个个体对于自身的价值、意义都有不同的定位。例如，高尚的学者崇尚真正的知识，成功的商人希望能赚更多的金钱，如果说商人硬塞给学者钱财，把自己的爱好强加于他人，定会引来学者的不满。当然，此处的学者与商人是纯粹的，是理念意义上的身份，现实中的个例并不需要考虑在内。另一方面，“恕”常被拿来与“忠”合用，称为“忠恕”。朱元晦曾说“尽己之谓忠，推己之谓恕”，是说在个人与他人两方面实现“忠恕”，自己要努力完善自身，对他人要学会换位思考，以心度心，正如《声类》中所说“以心度物曰恕”。只有宽容一切，包容一切，才能达到“仁者不忧”，达到“君子”的境界。

二、孔子的君子观规范

（一）“礼”的本质

我国自古以来被称为礼仪之邦，这充分说明中国对“礼”的重视程度。“礼”被分为广义与狭义两种类别：广义的礼是制度之礼，指一个时代的典章制度，即经济、政治、社会制度；狭义的礼是宗教之礼、风俗之礼，指的是人们日常行为的规范、规矩。

孔子时期的“礼”基本上与狭义的“礼”的内涵相似，主要尊卑秩序、礼仪规范，但是更早时期的“礼”还有其他含义。夏朝时期已经有了“礼”这一字，“礼”在甲骨文中从“珏”从“豆”，从“珏”代表打着绳结的双玉，从“豆”代表盛玉的器皿，后来《说文解字》写道“礼，履也。所以事神致福也”，表示美酒敬神，还没有道德的内涵。到了西周时期，“礼”逐渐从对神变成对人的关系，转向人与人、人与事的关系。周公制作周代“礼乐”，把“礼”转变为人伦与世间万物的关系。到现代，“礼”代表礼仪、修身、等级、伦理多种内涵。

古代记载有“礼”的典籍有《周礼》《仪礼》《礼记》《诗经》《尚书》《乐经》《周易》《春秋》《春秋左氏传》《春秋公羊传》《春秋谷梁传》《论语》《孝经》《尔雅》《孟子》。

孔子云："君子义以为质，礼以行之。"① 这说明"礼"对构成"君子"人格是极为重要的。在中国，"礼"的观念甚早，但孔子时期的"礼"与周代的"礼"已有所不同。孔子虽致力于恢复周礼，但在不同社会现状下，他认为"礼"不应与周代完全一致，更应注重"礼"的本质和"礼"的内涵，"礼"不在于繁文缛节，而在于心中的"敬"，周代"礼"的权威来源于天，而他所生活的时代的"礼"的权威来源于人内在的"仁"，正所谓："居上不宽，为礼不敬，临丧不哀，吾何以观之哉？"② 归根结底，"礼"应是内化于人内心深处，不应单纯停留在可感物质层面，不可本末倒置，它约束着人的一言一行，决定一个人是否能成为"君子"。

（二）"仁"与"礼"的统一

"君子"是"仁"与"礼"的统一，如果说"居仁"构成"君子"内在精神境界的要素，那么，"约之以礼"则是"君子"的外在规范，内外结合构成"君子"这一理想人格。

首先，"仁"是"礼"的内在依据，是人成为道德高尚之人的根本。"仁"的着眼点在于人与人的关系、人与社会的关系，把"爱人"视为最基本的事。想要人"知礼""行礼"，必然需要"仁"在内心层面所赋予的道德自觉。

其次，"礼"是"仁"的具象化，它主要包含人的行为规范和准则、国家的制度与法规，以及一切社会活动所要遵循的规则。归根结底，人是生活在社会环境中，而非自然环境中，形式化的礼节是必不可少的，所以必须要把内在的"仁"以具象化的形式表现出来，用以体现君主的威严、人与人之间的友善和睦、对祖先的尊敬等。

最后，"仁"与"礼"互相包含，互相补充，互相制约，两者缺一不可。"仁"对于人的心灵有滋养作用，"礼"对人的一言一行有指导作用，它们看似不同，又共同为"君子"的发展指明方向。

三、孔子的君子观途径

（一）"君子"博学观

在孔子看来，"君子"对学习永远拥有勤奋、进取、永不满足的心态，这

① ［宋］朱熹．四书章句集注［M］．北京：中华书局，2019.

② ［宋］朱熹．四书章句集注［M］．北京：中华书局，2019.

是人成才最根本的途径。他认为，人有不同的天性、不同的才气，对待不同类型的学子要有不同的教育方法，即“因材施教”。孔子认为“君子学以致其道”，可见学是“君子”通达“道”的手段和途径，更是提升自身修养、增加知识的不二法门。孔子主张“学而不厌，诲人不倦”，在学习的道路上不可以感到厌烦，学习必然是一个持续性的过程，但是“知之者不如好之者，好之者不如乐之者。”① 这是说，懂得它的人不如爱好它的人，爱好它的人不如以它为乐趣的人。“君子”在学习过程中是“乐”的状态，他把学习当作自己的爱好，才能“博学于文”。

在这一时期，教学内容包含六经、六艺，六经偏重于思想道德层面的教育，六艺偏重于实践、技能层面的教育，而“君子”博学，对两个层面都要熟练掌握，这与“君子不器”有相似之处，但不完全相同。“君子”的博学观强调个体要持续在文化与实践上学习，提高学习者个人素质，也注重建立学习组织，互相学习，正所谓“三人行，必有我师。”② 具体而言，“君子博学”体现在以下两点。

第一，学习内容多。孔子从历史文献、道德情操、待人接物等方面来教育学生，包括六经、六艺，以及为人处世的“中庸之道”。总的来看，“君子”的学习内容包含道德、文化、技能三个方面，在学习过程中，要博而广，不能偏颇、单一。可以说，孔子把道德和品行放在博学的最突出地位，在多学的基础上，学习要有偏重，强调博与精的辩证关系。

第二，学习时间长。孔子认为“吾道一以贯之”，若想贯彻自己的“道”，必须有坚定的毅力、不变的恒心，把学习当作一生的志向。孔子曾说自己“十有五而志于学”正是此意。

（二）“君子不器”

《论语·为政》有“君子不器”的记载，但是它不像其他论说那样有明显上下文的衔接，关于“不器”仅此一处，难以通过上下文来推断文意，于是学者对此各抒己见，有颇多研究。要探究“君子不器”的本质，先要明白“器”与“不器”有何内涵。

对于“君子不器”的本质，学界大体有三种观点。第一种观点认为“君子”

① ［宋］朱熹. 四书章句集注 [M]. 北京：中华书局，2019.

② ［宋］朱熹. 四书章句集注 [M]. 北京：中华书局，2019.

博学多才，能力出众。邢昺认为“器者，物象之名，形器既成，各周其用”[①]。这是说，“器”就是专门具有某一种作用的物质，如车马用于在陆地行驶，桌子用于放置物品，衣服用于遮挡风寒和遮羞，以上都是“器”的作用，也是“器”的本质。而“君子不器”则是说，“君子”不应像一般的器物一样，单单具有某一种能力，而应该是一种通才，是全面发展的人。皇侃在《论语义疏》中认为“此章明君子之人不系守一业也”，这都是在说“君子”不局限于一用，而是拥有多种才能，可以让自己在整个社会的方方面面发挥作用，体现自己的价值，哪怕有再困难的任务，也能应对自如，游刃有余。孔子以六艺教学，把礼、乐、射、御、书、数都放在教育活动中。他还说：“志于道、据于德、依于仁，游于艺。”[②]这正与“君子不器”相呼应。

第二种观念认为从常规意义上讲，古代文言文的“器”为器皿，“不器”则不是器皿。而中国自古有“形而上者谓之道，形而下者谓之器”[③]的说法，认为“道”存在于精神层面，“器”只是可视可感的器物。“君子不器”，即“君子”更注重精神层面的修养，注重提升内在品格和涵养。结合原始文献资料，如“君子谋道不谋食，忧道不忧贫”[④]“一箪食，一瓢饮，人不堪其忧，回也不改其乐”[⑤]，都反映了孔子所推崇的道德重于物质的思想。纵观《论语》全文，孔子在谈论问题之时，总是把“道”“德”等概念放在前面，将“利”“艺”等词汇放在后面，相比之下，“形而上者”要重于“形而下者”。

总的来看，以上两种观点分别是以才论器和以德论器，都有合理之处，但是漏洞也比较明显。就第一种而言，“君子”会偏向于一种集多种才艺于一身的艺人，缺少孔子最为在乎的道德精神；第二种观念认为内在德性优先，但是过于强调德性，忽略了日常技能，只着眼于理性世界，把世界割裂为非此即彼的对立状态，难免成为“空谈家”，就像颜元评论两宋理学家一样，“无事袖手谈心性，临危一死报君王”，体现不出现实意义，而孔子一心想要恢复周礼，要使社会稳定有序，这显然不是他所希望见到的。

第三种观念认为“君子”既要有崇高的内在修养和品德，又要熟练掌握各项技能，将德性与智性相统一，才是一种近乎全才的理想人格。这种看法结合

---

① ［三国］何晏．论语注疏[M]．邢昺疏．上海：上海古籍出版社，2017.

② ［宋］朱熹．四书章句集注[M]．北京：中华书局，2019.

③ ［西周］姬昌．周易[M]．杨天才，张善文，译．北京：中华书局，2011.

④ ［宋］朱熹．四书章句集注[M]．北京：中华书局，2019.

⑤ ［宋］朱熹．四书章句集注[M]．北京：中华书局，2019.

了道德与学识，较为全面，与孔子思想之主题也较为切合。

四、孔子的君子观原则

“君子中庸，小人反中庸”[①]清楚展现了“君子”处事的原则，与“小人”形成鲜明的对比。

（一）“中庸”的本质

“中”与“庸”出现很早，但最开始两个字并不合用，分别有各自独立的含义。“中”，第一层含义为“旗帜”，第二层含义是中央、中间。在字形和字体结构上来看，“中”更偏向于中央之意，符合中国传统思维中注重中和、追求对称、辩证看待事物的习惯。结合伦理学、哲学多个维度来看，“中”更是一个思想上的概念，如《尚书·立政》中“列用中罚”，这是说在执行刑罚的时候要保持一种中立、慎重的态度。总的来看，“中”表中央比表旗帜更为贴切。

“庸”的代表性文本依据见于《尚书·皋陶谟》中“自我五礼有庸哉”。这是说天行有常，自有其等级和尊卑的秩序，我们常人必须要遵守封建等级的礼制，同时使这种秩序维持不变，可以看到“庸”具有恒常、不变之意。同为春秋战国时代的子思和荀子也都有含有“庸”的言论，如“庸德之行，庸言之谨”“夫《诗》《书》《礼》《乐》之分，固非庸人之所知也”。这里面的“庸”也是恒常之意。

“中庸”是孔子理想人格君子的处事原则，在《论语》中，“中庸”仅有一见，但也说明“中庸”是一种很少有人能够达到的德行状态。“君子”坚持“中道”，不可做墙头草，不讨好、取悦达官显贵，更不欺负平民百姓，他们“义之与比”。直到现在，这种“中庸”精神仍是传统文化中恒久不变的常理。

（二）“中庸”误区辨析

“君子中庸，小人反中庸。”[②]这是说，“君子”与“小人”完全相反，“君子”叩其两端，努力追求尽善尽美，持中处事，而“小人”过犹不及。近年出现孔子所谓的“中庸”是一种调和论，“君子”持折中主义的说法，在此笔者对“中庸”的误区进行辨析。

---

① ［宋］朱熹．四书章句集注［M］．北京：中华书局，2019．

② ［宋］朱熹．四书章句集注［M］．北京：中华书局，2019．

首先，《论语》中有明确记载，极力否定那种没有自己坚定立场的做法，如“乡愿，德之贼也”，“乡愿”是一种看似忠厚老实，实则没有一点道德原则，流于世俗、趋炎附势的人，简而言之即伪君子。孔子明确指出他们是真正道德的敌人，他们的处事方式与“中庸”的持中完全不可同日而语。

其次，孔子身体力行，亲自践行得出“权”的思想，“权”即当代意义上的权变，根据具体情况分析问题。孔子曾明确指出“狂狷”是错误的观念。“狂狷”即“知其不可而为之”，但是孔子又是“知其不可而为之”的复兴周礼的伟大践行者，这难道说明孔子错了吗？并不是，他在这一问题上没有机械化地去遵守规则，而是为了社会稳定、人民幸福做出一种“权变”，这是对折中主义最有力的回击。

最后，“义之与比”四字鲜明地指出了孔子判断对错的准绳，“义”是唯一的准则，在“义”之下，应当有好与恶差别，而不应该进行调和，“君子喻于义”正是对这种准则的呼应。

第二节　荀子“不能则学，不知则问”的学习观

“不能则学，不知则问”[①]是荀子学习观的主旨，他把前人复杂冗长的学习理论简单概括为八字真言。这种认识论和学习观一直是学界研究的焦点问题，他的唯物思想与具有积累性、实践性、能动性的学习观对后世影响深远，成为我国古代传统思想文化的重要组成部分。接下来，对荀子其人进行简要论述，并对唯物论、认识论、学习观进行探析，探寻其对于当代教育的现实意义。

荀子（约前 316 年—前 238 年）名况，字卿，是战国末年赵国人，我国著名思想家、教育家、政治家。西汉时期，为了避汉宣帝的讳改成孙卿，所以现在孙卿与荀卿都指荀子。

他 15 岁曾到齐国游学。这时他曾上书给齐国宰相，但没有得到回复，便离开齐国去了楚国，待齐襄王执政时期返回齐国，并担任齐国国都临淄（今山东省淄博市）稷下学宫的祭酒一职。公元前 266 年，秦昭王聘荀子入秦。经过一段时间对秦国的观察，荀子认为秦国政治清明、民风朴实、社会有序，认为国之本在于民，对民众进行普遍教育，才能有最好的结果，如攻城拔寨，必先教

① ［战国］荀况．荀子[M]．安小兰，译．北京：中华书局，2018.

民，只有民众越来越强，国家才能越来越强，即“善附民者，是乃善用兵者也”[①]。

公元前255年，荀子因为有人进谗言而去了楚国，被战国四公子之一的春申君黄歇任命为兰陵（今山东苍山县）令，春申君死后，荀子被罢官，便一直在兰陵讲学。他的弟子主要有李斯、韩非、张苍，再传弟子有贾谊。荀子十分推崇孔子，重视《论语》《礼记》等经典文献，重视学习的重要作用，认为学习与坚持是成为“君子”和“圣人”最基本的途径。

综合荀子的思想及著作来看，他属于新兴地主阶级的思想家，在继承孔子等人的儒家思想后，又糅合其他学问之长，利用自己渊博的学识创立出自己的思想体系，发展了古代唯物主义传统。现存《荀子》有三十二篇。与孔子不同，《论语》是孔子的弟子记录其言行而成，《荀子》大部分是荀子本人亲自所著，涵盖极广，包括哲学、政治学等内容。

在看待自然方面，他反对迷信，认为天命、鬼神都是不存在的，自然以其自然而然为根本，不依靠任何人的主观意志而转移。“天道有常，不为尧存，不为桀亡”[②]是他自然观最著名的论断。荀子主张人类可以通过自己的主观能动性认识自然、顺应自然、改造自然。

在看待人性方面，与孔孟不同，他认为人之性本恶，并不是孟子所说的人性本善，主张人性包含两方面：一是“性”，“性”是动物性；二是“伪”，“伪”是人为的社会教化和学习后所获得的种种德性、才能等。人在学习和成长过程中，最重要的就是要使本性改变，产生“伪”的一面，即人的社会性。

在认识论方面，他首先承认世界是可以被认识的，是可知的；其次，极大突出了学习的作用；再次，他指出学习过程不应当只是看书，还要注重实践，把理论和实践结合起来，才能真正地学以致用；最后，学习过程一定要持之以恒，并要时常反省、检查。

在荀子的典籍中，关于学习的言论十分丰富，但是这丰富的学习体系是建立在唯物主义思想的基础之上的。所以，论述荀子的勤学观必然要将他关于自然的思想进行合理而全面的诠释。

一、荀子学习观的哲学前提

荀子提倡“不能则学，不知则问”，这构成了荀子发挥主观能动性的唯物主义经验性学习观，它由唯物可知论所指导，发源于“天人相分”的唯物世界

---

① ［战国］荀况．荀子[M]．安小兰，译．北京：中华书局，2018.

② ［战国］荀况．荀子[M]．安小兰，译．北京：中华书局，2018.

观。那么这种“天人相分”到底是怎样体现的呢？

（一）天

荀子是先秦时期唯物主义思想家，他虽然继承了孔子的儒学思想，但不认可从商周延续下来的神秘的“天命”和“君权神授”观点，反而在道家的“清静无为”、墨家的三表法与实践观、法家的反对鬼神思想中汲取了多种精神养料，提出“明天人之分”的思想，这在当时具有极大的进步意义。

那么，天既然不是有意志的人格神，君主又没有神授的权利，天到底是什么呢？荀子认为，天就是自然之天，是按照一定自然规律运行的，人类甚至可以通过自己的努力改造自然，即“制天命而用之”。

首先，关于发展变化，荀子认为天地间一切事物发生的变化都是由阴阳关系导致的，而阴阳关系产生变化都是由气导致的，与前人所说的“神”没有丝毫关系。

其次，关于自然现象，荀子认为一切规律都不是被创造出来的，而是自然界客观存在的，都是源于自然界的“常道”和“常数”，这两个词体现出物质性、客观性。所谓的“天职”和“天功”也是自然界的客观现象，独立于人，独立于整个社会。而关于那些难以解释的怪异现象，包括“星坠木鸣”，也都是因为阴阳变化而发生的。

（二）人

荀子在唯物自然观的指导下，认为人也是自然界的一个重要组成部分，人有其思想，有其意志，但终究是由“气”构成的，在本质上与自然界的一切事物相同。他在《荀子王制》中说：“人有气、有生、有知，亦且有义，故最为天下贵也。”[①]这比较清楚地解释了人之为人的客观实在性，既说明人的物质性，又表明人理性思维的高尚性。

1.“明分使群”

荀子认为，就人类而言，单独拿出哪一种特点都不足以胜过动物，但是人类却可以建立庞大的帝国，甚至改造自然，这是因为“人能群”。这就引出荀子关于人“明分使群”的内容，即对人类按照天赋划分适合他们自身的职责，使社会稳定有序地高效运转，其实这种“分”与孔子的“正名”可谓一脉相承，都注重社会分工和等级区别，“群而无分则争”。

---

① ［战国］荀况．荀子[M]．安小兰，译．北京：中华书局，2018.

2. 礼论

在此基础上，为了防止出现“争”的问题，就必须有严格的礼制，社会按照“礼”划分等级和阶层，在“群”的情况下注重“分”，使人们各得其所。《荀子礼论》中有“礼者养也”[①]。他认为，符合于“礼”，有利于整个社会积蓄力量，当人们都按照“礼”行事之时，社会就走向富足之路，也就是《荀子王制》所说的“富民”。这是对孟子“制民之产”的发挥，但在孟子基础上，更加强调人民的力量，认为人民既可以使社会稳定，又可以使社会颠覆，所以要注重人民的生活质量，做到“富民。”

（三）天与人的关系

自商周以来，统治者就主张天与人之间有内在联系，这有利于封建统治的稳定。针对这种情况，荀子站在唯物主义的角度，认为天与人明确相分，同时天的性质要高于人的思想，即自然性的天决定意识性的思维。关于两者的关系，他说道：“形具而神生，好恶喜怒哀乐藏焉。”[②]只有先具备形体，而后才能产生各种各样丰富的思维和感情。在获得各种感受之前，需要借助“天官”，也就是现代意义上的感官，包括眼、耳、口、鼻等器官，其中心的感受能力最强，被称为“天君”。这说明荀子注重感性经验，即运用感官所获得的最直观的感受，在占据他思想体系中占重要部分的认识论、学习观中，发挥了巨大作用。

除了明确“天人相分”，荀子还提出人类可以通过主观能动性，通过学习“制天命而用之”，改造自然，使其为人类所用。这比之前道家消极的“无为”和孔孟“畏天”的顺应体现出更多的时代性与现实性。

这种重人的天人关系论使荀子极为重视后天的学习，由此便产生了荀子“不能则学，不知则问”的朴素唯物主义认识论与学习观。

二、荀子学习观的认知过程

荀子的学习观是在其认识论指导下产生的，认识论遵循“缘天官”“虚壹而静”“行重于知”的唯物路线。

① [战国]荀况.荀子[M].安小兰，译.北京：中华书局,2018.

② [战国]荀况.荀子[M].安小兰，译.北京：中华书局,2018.

（一）“缘天官”的认识基础

上文已经论述过，“天官”相当于现代的感官，荀子比较重视由“天官”获得的经验，并由此发展为知识，所以他是比较坚实的唯物主义者，并结合了先秦思想家的认识论成果。

首先，荀子承认世界是可以被认识的。之前大部分思想家认为“天”具有神秘性，否认认知的可能性，荀子却说：“可以知，物之理也。”[①]他又指出，人具备认识世界、认识事物的能力，即“凡以知，人之性也”[②]。也就是说，世界上的一切事物都不是神秘的，它们客观存在，可以由人类去认知，而人类也确确实实拥有这种认识的能力，这是由于人具有“天官”，而知识的来源即“缘天官。”既然认知是可能的，那么具体途径应该是怎样呢？认知缘起于感官，如“缘耳而知声可也，缘目而知形可也”[③]，通过“天官”把声色等“素材”上升到理性层面，而不是仅仅停留于这种基本的认识状态，这种“素材”可以作为认识过程发展的一种媒介，但万万不可被其迷惑，认为它们即真正的知识。

其次，认识过程真正上升到理性阶段，就要用“天君”，即心去进行理性思维，用心统率一切感官，用“天君”管理一切“天官”，对“天官”感知而来的一切“素材”进行思索，进行辨别。荀子还特别注重“类”“故”，“类”是中国古代认识方法的重要概念，思想家进行辩论最常使用的方法就是“类比”，而“故”就是主张、观点的根据。

在这种思索与辨别过程中，要做到虚心（使内心空虚），还要做到静心和专一，统称为“虚壹而静”，这样才能达到荀子所说的“大清明”。“大清明”即对事物而万万不可“心不在焉”、三心二意，有最深刻、最正确的认识，指一种认识上全面透彻而无遮蔽的境界。同时，“虚壹而静”必须要坚持以下几点原则：第一，不要有先入为主的成见，要保持“虚”；第二，不要顾此失彼，三心二意，因为一方面的认识而阻碍到另一方面的认识，“壹”即专一；第三，使内心时刻保持清净，“月映万川”缘于川之静，只有保持平静才能真实反映知识并获得知识。值得注意的是，荀子的“虚”不是道教和道家所说的虚空，而是一种虚心，在学习过程中保持虚心，注重积累，“积土成山，风雨兴焉”，要不断扩大知识面。

---

① ［战国］荀况．荀子[M]．安小兰，译．北京：中华书局，2018.

② ［战国］荀况．荀子[M]．安小兰，译．北京：中华书局，2018.

③ ［战国］荀况．荀子[M]．安小兰，译．北京：中华书局，2018.

（二）认识的过程

荀子的认识目标与之前儒家有相似之处，如内在品德的修养、学识的扩充、成圣成德的终极关切，但也存在差异。

1. 认识的两个层面

具体来讲，荀子认为学习与认识事物的目标包含两层含义，一是获得一般性的自然知识，二是获得高尚的道德品行，两者相统一才能成为理想型的“圣王”。

第一层面是指清楚认知自然知识，即“解蔽”。首先，荀子认为要防止“蔽之一曲”，常人在接触外物之时，常常一叶障目，被片面现象蒙蔽双眼，看不到背后的大道；其次，要运用联系、整体的方式去看待和处理问题，认识到事物都是普遍联系的，客观事物是一个统一体，如果认识不到这一点，就会成为“心术之公患”；最后，不能以个人好恶为准绳，孔子曾说“人有好恶”，每个人有自己的偏好，但是在认识与学习中，不能掺杂个人的私心，这种私心会妨碍对正道之追求。当“解蔽”后，荀子主张通达理想人格，也就是“圣王”人格，即第二层面。

第二层面主张“积善成德”“仁智相通”。在有了知识的基础之上，朝着道德完满的目标不断前进。荀子认为，人的禀赋和德性没有太大差异，而之所以有很大不同，是因为后天生活习惯与受到的熏陶不同，在修养的过程中要重视“积”，即积累，《劝学》所说的“积善成德，而神明自得”正是此意。关于“仁智相通”，荀子指出，“仁”与“智”互相包含、互相促进，认为“仁而不知，不可”，更深刻地表达出智性与德性统一对于成圣的重要性。圣人仰观宇宙，俯察地理，洞悉人心，明事物之本末，晰德性之大道。

2. 认识的四个阶段

荀子创造性地把整个认识过程分为四个阶段，即“闻、见、知、行”，“缘天官”和理性思维属于“闻、见、知”阶段，而“行”这一阶段也是不可或缺的，这体现出荀子对实践活动的重视。在中国古代思想发展过程中，“行”是认识论中的重要概念，不同学者给出不同的解释，当代意义的“行”是认识的目的、意义和归宿，“知”与“行”构成了认识论的一体两面。

而荀子的这种“行”，既是对理性层面知识的践行与再认识，又是对知识的检验。他认为“行之，明也；明之为圣人”[①]。孔孟的圣人观注重内化精神层

① ［战国］荀况．荀子[M]．安小兰，译．北京：中华书局，2018.

面的德性，孔子把内心道德放在外部性的“行”之上，而荀子圣人观的要点放在现实性的实践活动，符合其物质性的自然观，认为行重于知。他认为“知之而不行，虽敦必困”，要做到明察与实行，才能真正走向通达“圣”的道路，这是对认识的升华。

在“名实”问题上，荀子也有明确的论述。针对名家把事物虚拟的名和概念当作真实的存在情况，荀子指出名是事物的名称，是一种工具，它依附于客观存在的事物，而不能主次不分、主客颠倒，于是荀子提出“制名以指实”。

（三）“名实”之辨

早在荀子之前300年，孔子已经提出“正名”的思想，作为儒家学说的继承者，荀子对“正名”思想进行完善，并提出关于“正名”的几点思考。

首先，要知道“名”之必要性，为什么有“名”。他认为，大千世界的事物形态各异，需要以“名”来进行区分。作为一种指代的工具，“名”有其重要的作用，如果没有“名”，等级秩序、思想表达都会变得混乱不堪。正如《正名》所说:“上以明贵贱，下以辨同异。”[①]

其次，要知道“名”之依据。在确定事物“名”之前要有根据，不能胡乱命名。他指出，要根据“天官”命名，人与人虽各有其独特性，但在“天官”上具有普遍性，人与人的感觉都是相似的，每个正常人看到事物的颜色、形态都相同，用“名”来表达“实”，用“实”来进行命名，这种方式方法最为恰当。

最后，要掌握命名过程的具体原则，即“制名之枢要”。荀子针对这一问题提出大致两种原则：第一，相同本质的事物具有相同的名，即共名，同一本质的不同的事物具有各自的别名，如白兔与黑兔这两种名都是别名，它们的本质均为兔，那么它们就都被称为兔，这是共名。这其实涉及逻辑学中种与属、个别与一般的问题，说明荀子对逻辑问题也有一定的研究。第二，名也不是与生俱来的，而是人们约定俗成，后天所附加的，即“名无固宜”。

三、荀子学习观的具体途径

从荀子唯物的自然观和认识论中已经看出，他极为重视后天培养和实践积累的过程，这种思想深刻反映在他的学习观之中。他认为“不能则学”是为学的基本，人贵在认清自己的“不能”之处，贵在认清自己的“蔽”，从而一心致学。

① ［战国］荀况．荀子[M].安小兰，译．北京：中华书局,2018.

（一）积微见著

在荀子看来，事物从低级到高级层层递进，是其自然规律，在学习中也应当遵循这种规律，“积”就反映了学习活动的积累过程。

1.积累从小事做起

《荀子》中体现这一观点的言论非常多，如“不积跬步，无以至千里”[①]“故圣人者，人之所积而致矣”[②]“端而言，蠕而动”[③]

这是说，要珍惜每一分每一秒，学会脚踏实地、专心致志地学习，时间长了就会实现从量变到质变。在日常生活的琐碎小事中积累学识，让它们成为一笔笔宝贵的精神财富，不去攀登高峰，不知天有多高，不去学习圣王之学，不知人世复杂。只有不断积累小事，才能成就大事业。

2.积累过程要借助外力

在知识积累过程中要“善假于物”，即善于依靠他物的力量。人类的体力与动物相比十分有限，能在自然环境中开创出文明社会就是因为人类能够明确分工和使用工具，如马车、舟楫、牲畜等物，正所谓“吾尝跂而望矣，不如登高之博见也……君子生非异也，善假于物也”[④]。在依靠外力的同时，要注意发现事物的优点与特征，运用马匹的速度去冲锋陷阵，运用瀑布的冲力转动水车，运用驴的耐力去劳作才是真正的“善假于物”。要勤于好学，不知则问，孔子说“三人行，必有我师焉”，荀子说“学莫便乎近其人”，身边每个人都有值得我们去学习的优点，学习没有比接近良师更便利的了。

3.积累要实现质变

荀子主张透过事物表象，运用理性思维看到其背后的本质，日常所做的“积”是在同一层面、在事物表层下的功夫，要实现突破，必须实现“积”的质变。“青，取之于蓝而青于蓝；冰，水为之而寒于水。”冰与青皆实现了自身的转变和突破，才成为更高层次的自己。人也是一样，由普通人到圣人，要通过广泛学习、每日反省；要顺应规律，崇本息末，不可本末倒置、舍本逐末，这样才能逐渐达到一种“知明而行无过”的境界。

---

① ［战国］荀况．荀子[M].安小兰，译．北京：中华书局，2018.

② ［战国］荀况．荀子[M].安小兰，译．北京：中华书局，2018.

③ ［战国］荀况．荀子[M].安小兰，译．北京：中华书局，2018.

④ ［战国］荀况．荀子[M].安小兰，译．北京：中华书局，2018.

4. 积累要持之以恒

“学也者，固学一之也。”① 这表明学习之路需要一以贯之，要一心一意，一直走下去，而不是一时兴起，这种学习观体现了荀子持之以恒的人生态度。在持久学习的过程中，要做到以下几点。

第一，保持对学习的热爱，这种热爱是学有所成的活力之本、动力之源，在这种态度下，才能事半功倍，才能自觉去发挥主观能动性，最大限度提升学习效率。

第二，专心致志不可废，眼睛要始终看着脚下，心中要始终瞄准方向，不可左右摇摆，朝秦暮楚，对待学习一定要永葆这种专心的精神。

第三，要循序渐进。虽然学习之路十分遥远，但是不能不切实际，揠苗助长。超出自己水平过多的学习方式并不一定适用于自己，要坚持一步一个脚印，按一定计划完成学业任务。

（二）善于反省

儒家从孔子开始就重视反省之学，这成为为己之学的合理内核。人的一生很漫长，而一天很短暂，反省一生缺乏实践性，而每日反省则切实可行。对于当下状况的反思，对人生未来的规划大有裨益。可以说，反省是一种向后看的思维，与人们习惯把目光放在未来有所不同，但正是这样，才能在不同角度思索生命的本质，实现自我的价值。荀子同样非常重视反省的作用，在《荀子》中曾说道：“君子博学而日参省乎己。”②“见善，修然必以自存也；见不善，愀然必以自省也。”③ 意思是荀子主张人要博学，更要学会反思、反省，“君子”每日反省自身，就能越来越高明，使自身的错误越来越少。看到善良之事，要反观自己，看看自己做得好不好，看到恶事，更要对照自己，不能让自己成为这样的人。这都明确表明荀子提倡自我反省的态度，在学习过程中，要具有思辨和反思精神，从文献典籍到人情世故，再到礼仪规范，都需要时常进行自我反思。反思可以算是自我学习、提升的最好方式。此外，还可以了解到，荀子这种反省不是纯粹理性化意义上的反省，而是期望通过反省能够获得自我更新的外在体验。究其本质，这是一门治学、处世、修身的通用之术。事实上，在西方也有“未经省察的人生，不值得一过”的说法，可见这种内向之思比较普

① ［战国］荀况．荀子［M］．安小兰，译．北京：中华书局，2018.

② ［战国］荀况．荀子［M］．安小兰，译．北京：中华书局，2018.

③ ［战国］荀况．荀子［M］．安小兰，译．北京：中华书局，2018.

遍，但像荀子将内省与实践全力结合的思想家并不常见，与佛教的止观、古希腊的灵魂均不相同，构成了东方思想史瑰丽的反省特征。

综上所述，荀子的学习观坚持学习可以改变习性的主旨，以“积”“省”为方法，力求将治学与修身贯穿于“成圣之路”。荀子学习观是中国先秦时期传统修养文化的集大成者，对今后的学习过程有极大的指导意义。

第三节　韩愈“业精于勤，行成于思”的勤奋观

韩愈（768—824 年）字退之，是中国传统思想文化的重要代表人物，他的勤奋思想、道统思想都构成中国传统思想文化的重要组成部分，他在唐朝引领古文运动，并领导倡儒排佛运动，影响深远。

他是河南河阳（今河南省孟州市）人，其祖先曾经居住于昌黎，所以韩愈又被世人称为“韩昌黎”。他自幼丧父，由兄嫂抚养，在困苦的生活环境中，全凭自觉，养成勤奋刻苦的学习习惯。由于唐朝时期儒学复兴的影响，韩愈十分推崇儒学与古文，19 岁开始考进士，25 岁才考中，31 岁开始走入仕途，后因进谏触怒唐宪宗李纯，被贬为潮州刺史，直到 821 年唐穆宗继位，才被召回京师，被委任国子祭酒、吏部侍郎、兵部侍郎等职。韩愈一生跌宕起伏，具有强烈的戏剧色彩，所以他看待学问、对待事情更加理性。他认为，先秦时期诸子百家不管是儒家一脉，还是其他思想，都有其独到的地方，都有值得学习的地方，但他并不赞同佛学，并提出儒家“道统”说与排佛思想。

在对待学习上，韩愈著有《师说》《进学解》等名篇，他提倡人要勤奋、刻苦，并说“读书勤乃有，不勤腹中虚”，“书山有路勤为径，学海无涯苦作舟”，这都是韩愈强调勤奋品质的具体表现。这种勤奋观表达了一种“业精于勤”的人生态度，不论生活状况如何，生活富足也好，贫困潦倒也罢，都不能荒废学业，更不能忘记勤奋。古人说勤能补拙，也是此意。

一、韩愈勤奋观的现实写照

韩愈有如此斐然的文学、哲学、政治成绩，与他的坚持不懈和勤奋密切相关，他的经历诉大家，勤奋是治学成功的基石。

韩愈其父学富五车，博学多知，在当地很有名气，可惜在韩愈 3 岁那年便去世了。韩愈的兄长名为韩会，也很有文采，在文学上也有一定的造诣，曾

在长安做官，但是不幸再度降临，7 年后，韩会在朝廷遭遇不幸，被迫离开长安，被贬到广东韶州（广东曲江）担任刺史一职，此时的韩愈仅仅 10 岁，跟随他一同来到广东韶关。从长安到韶州，按照现在的算法大约为 1 500 千米左右，这路程对于幼小的韩愈是一次极大的挑战，他风餐露宿、跋山涉水，跟着兄长奔波数月，成功抵达了广东。这一路上，韩会为韩愈讲了许多古人勤奋治学、勤于理政的传统故事，希望韩愈能将这种人生态度真正学进去，勤奋刻苦，将来可以重振家业。韩愈了解了司马迁宫刑后坚持写完《史记》、越王勾践卧薪尝胆的忍辱与发奋，在兄嫂的殷切期盼与谆谆教导下，他内心树立了顽强拼搏、不懈努力的积极心态。在韶关，韩愈集中精力，每日都勤奋刻苦地读书，但是不久他的兄长韩会也去世了，在这举目无亲的境遇之下，韩愈的嫂嫂又带着韩愈回到家乡。对常人来讲，这一连串的不幸足以击垮一个人，可韩愈不会，他越挫越勇，把这些困苦当作成功路上的垫脚石，磨炼自己的意志，每天夜以继日读书，三更起床，一读就是一天，学习传统儒家文化。

韩愈青年时期的求学生活也过得十分困苦，他在洛阳租了两间茅屋，每天起早贪黑读书。有一则故事记载，在寒冷的冬季，韩愈舍不得生火取暖，砚台上的墨水逐渐结了冰，他就用嘴里热的哈气来融化冰。韩愈在科举考试中也经历了多次失败，最后才考中进士。在朝廷上遇到了董晋，董晋对韩愈倾力相助，这段时期韩愈在政治上和文学上都有较大发展，只是好景不长，董晋去世了。后来，在韩愈一生中又出现过一些贵人，如将军裴度，韩愈冒死进谏《论佛骨表》，是裴度进言才保全韩愈性命。

纵观韩愈一生，他年少时贫穷且多舛，参加科举一波三折，为官生涯也跌宕起伏、大起大落，被贬居多，但是他自幼养成的自强不息的勤奋心态一直激励他永不放弃，更勉励后人奋进向前、永不言退。

二、韩愈“读书勤乃有”的人生态度

“业精于勤，荒于嬉；行成于思，毁于随。”这一千古名句为世人耳熟能详，它出自韩愈的《进学解》，告诫世人学业由于自己的努力与勤奋才能变得精通与熟练，由于玩乐而荒废；行为品德是由于审慎地思考才会变得高尚，由于因循随而败坏。这表达了他对待学业、对待人生的勤劳态度，这种勤奋的学习观影响了一代又一代仁人志士，也值得每一位国人学习。

“读书勤乃有，不勤腹空虚”与《进学解》表达了相同的思想主旨。韩愈在《进学解》中通过“业精于勤，荒于嬉”表达勉励世人勤奋的思想。该文是韩愈的众多作品中比较有代表性的一篇，作于韩愈任国子学博士期间，全文分为了三段。第一段的主要内容是国子先生勉励徒弟的话语，告诫学子们应当在“业”与“行”两方面刻苦努力，强调“勤”的重要性；第二段描写学子对先生的教导提出问题，列举了先生在多方面的建树；第三段说的是先生对学子们问题的回答，先生述说了自己官场不得志的缘由，他劝勉学子们一定要做到“业精”而“行成”，与文章开头遥相呼应，突出了“勤”的作用和内涵，成为整篇文章的核心。

而关于《进学解》所蕴含的学习观，本书认为主要包含三部分。

第一部分：“读书勤乃有”和“业精于勤”的勤奋态度。勤奋是学业精进的重要保障，这虽然只是通俗易懂的道理，但是却是韩愈一生奉行的人生态度，他自幼勤奋，仅进士就考了好几年，没有勤奋的态度与坚定的意志是难以坚持的。在这种勤奋态度之下，他夜以继日地学习，他曾说：“口不绝吟于六艺之文，手不停披于百家之编。”

第二部分：“提要钩弦”的阅读技巧，即阅读时提纲挈领，化繁为简，把繁复的内容凝练成简约的语言。若要做到这一层，就需要在阅读中花费很多时间，要能吃苦，要勤于阅读，通过长期训练，提高熟练度，把握阅读真正的方法。他认为不能“贪多务得”，要来把握学习的要点，通过深入思考，掌握知识的精华。在这基础上，提出纲要，按照主次之分来进行阅读，既要对文章、知识有整体的把握，又要能融会贯通，所以他提出“沉浸浓郁，含英咀华”，吸收书籍中的精华，绝不能生吞活剥、囫囵吞枣。

第三部分：写作过程要发挥创造力。在勤奋学习观的指导下，通过长期阅读的训练，并吸收书中精华后，要学会在撰写文章过程中发挥自己的创造力。韩愈认为，在研读古籍时不能不求甚解，要多多思考，领悟文章内蕴含的哲思，要结合古人生活的时代背景，不能以今人的思想去揣测古人的思想，因为事物与社会都处于随时变动的状态。另外，准确领会学问的主旨之后，要运用自己创造性的思维，写文章时不能东拼西凑，反对照搬前人文章，并认为这是一种偷盗。当然，在创造过程中需有依据、符合逻辑，否则作品只会过于空泛。

三、“道统”与“古文”的伟大践行者

韩愈一生致力儒家“道统”观的发扬与古文运动的实行，这一方面是为唐代稳定和发展出谋划策，另一方面是对自己理想的坚守与践行。

（一）“道统”

韩愈在儒家思想发展长河中提出儒家“道统”学说，通过韩愈在《原道》中的论述，可以将“道统”具体分为以下几点。

第一，儒家产生的时代甚早，从尧帝开始传承，经历尧、舜、禹、汤、文、武、周公、孔孟，直到韩愈，为儒家“道统”的继承人。

第二，所谓“道统”，即以“仁、义”为核心，以“礼乐”为规范，构成“道”的一体两面，从内在与外面共同体现儒家的思想特点。

第三，“仁、义”重于“道、德”。

总的来看，韩愈在《原道》中认为儒释道均认可“道”这一概念，但三者对“道”的理解却不同，儒家认为“道”是处事法则，道家认为“道”是万物之法，佛教则认为“道”是空，又是一切。韩愈以儒家“道统”继承者自居，推崇和发扬儒家思想，认为“仁、义、礼、智、信”才是人之为人的根本，主张从世俗社会出发，为现实社会服务，与道家和佛教的虚无性形成鲜明对比。韩愈这种思想具有一定的普适性与合理性。但是，其局限性很明显，即缺乏个人创新，大部分内容仍然源于之前的儒家著作，而且对于佛教的言辞过于激烈，结果适得其反。

（二）古文运动

韩愈的古文运动是要对前辈的理论失误进行矫正，力求明确新的文学发展方向。韩愈以明确的理论、坚决的心动、端正的态度使这一运动产生了深远影响。

古文运动一方面总结并吸取了之前思想家在古文改革方面的经验，另一方面结合了时代的特性，获得比较大的反响和支持。古文运动的意义主要体现在促进古文的发展，同时排佛复儒，反对藩镇割据，维护国家统一，这在实际上符合古文的发展方向，更符合社会的需要。

首先，古文运动促进了散文艺术的发展，对其走向成熟有不可忽视的作用，将古文理论与实践相结合，开创出一条散文创作的新路线。同时，柳宗元大力支持韩愈的古文运动，他们通过共同的努力和坚持使古文运动取得了相当大的成就，在奏疏、杂说、墓铭、政论等多种文体中都有所变革。韩愈用散行文字代替了骈体，实现文体自由与解放，同时保留了骈文中的一些艺术技巧，这样也巩固了单篇结集的著述形式。另外，韩愈倡导的古文运动包含文体和散文的改革，两者互相支持、促进。

其次，为以北宋欧阳修、苏轼为代表的革新运动奠基。唐代韩愈、柳宗元的古文运动实际上与北宋古文运动是一脉相承的，前者起到稳固奠基的作用，而后者发展了前者的理论，开创出全新的古文局面。因此，两次古文运动必然内在有较多相似性：第一，前者所推崇的是“文以明道”，通过古文体现、彰显道统的内涵，后者也提出“道胜”的说法，强调“道”对于“文”的影响；第二，前者强调“师其意，不师其辞”，在主旨上要与之前保持一致，但不要对之前的文章照搬照抄，并且要“陈言务去”，后者也主张语言简练，要通俗易懂；第三，前者认为先加强儒学的思想修养，才能彰显自己的品德和修养，从而加大文章的影响力，后者同样重视内在修养，认为文章是修养的外化；第四，韩愈提出“不平则鸣”，欧阳修提出“穷而后工”，他们都认为在经历一定曲折与艰难后，才能有佳作诞生，主张先苦后甜、艰苦奋斗、发愤图强，这种思想不仅在当时，即使在现代也有深刻的指导意义。

第四节　柳宗元“不能则学，不知则问”的唯物观

“功者自功，祸者自祸，欲望其赏罚者大谬；呼而怨，欲望其哀且仁者，愈大谬矣。”[①] 柳宗元这一段言论清晰地体现出他的唯物观。有功名有抱负的人之所以有成就，是因为其自身的努力与坚持，有祸事有霉运的人之所以惨淡，是因为其肆意妄为，想要天来行褒赏处罚之事的这些人，谬误大了；号呼怨愤，想要天悲哀怜悯，更加仁德的人，谬误更大啊！说明这一切都不在于天，而在于活动主体本身。

这种唯物的思想是中国传统文化思辨性最好的体现。西方社会向来以注重思辨，以理性自居，殊不知，中国同样有丰富的思辨哲学体系。柳宗元这种唯物观主要包括元气说的世界观、重民的历史观，他是荀子后的又一伟大唯物思想家，他的政治思想是哲学思想的反映，用独到的观点解说人与天的关系，为生民而立命。

柳宗元（773 年—819 年），字子厚，河东解县（今山西运城）人。相比于韩愈，他的出身和成长比较安逸，他出身于官僚家庭，相传他自幼聪明伶俐，尤精写作，从小展现出思想与文学方面的天分，人们都很喜欢他。4 岁时，

① ［唐］柳宗元 . 河东先生集 [M]. 北京：国家图书馆出版社 ,2019.

柳母对柳宗元进行了一系列启蒙教育，使他对学问有了浓厚的兴趣。他生活于长安，见证了朝廷腐败、社会动荡。年仅 12 岁的柳宗元曾目睹藩镇割据的惨烈战役，后来他随着父亲宦游，开阔眼界，增长见识。21 岁时，柳宗元考中进士，其父却在不久后去世，24 岁时担任校书郎，27 岁担任蓝田尉，29 岁回到京师长安，从此与上层人士广泛交流，看到官场黑暗的一面，逐渐萌生改革的夙愿。

在改革中，他依靠唐顺宗的支持，主张取缔"宫市"，夺回宦官掌握的军权，缩减政府支出，这一系列政策对宦官、官僚、军阀造成不小的压力。后来唐顺宗生了重病，将皇位传给唐宪宗李纯，李纯听信宦官谗言，将柳宗元贬到永州，后又贬到柳州，最后他于 47 岁时在柳州去世。

柳宗元一生短暂，却从未向命运低头，为人品性高洁傲岸，不肯屈节，只为国家、为百姓着想，留下许多著作与名篇，大部分收录于《柳宗元集》，他继承了唯物的自然观，认为"庞昧革化，惟元气存"[①]。

一、柳宗元唯物观的基石

如果说"功者自功，祸者自祸"是柳宗元唯物论的主旨，那么《封建论》与《贞符》就是他这一论断的理论基石。

（一）《封建论》

《封建论》是柳宗元政论文中最重要的一篇，魏徵、颜师古、杜佑等人都对"封建"进行过探讨与论述，但宋朝苏东坡曾说："宗元之论出，而诸子之论废矣。"[②]可见，柳宗元对"封建"的分析鞭辟入里。该文章分析了封建制与郡县制的优劣，提出中央集权与澄清法治的主张。该文注重民意造就的时势，主张在符合社会规律前提之下，寻找一位能够服众的人，解决国家的矛盾，建立起法制。

他分析唐朝以前朝代的政治体制，认为周王朝是封建制，却无法掌控各地的权臣，秦朝是郡县制，却早早夭亡，这都在于积累了过多民怨，所以要了解民意。有人认为封建制下，诸侯会好好治理自己管辖的地域，因为这是自己的领地，而郡县制下，官员们为了应付上级，草草了事，不能很好地治民。对此，柳宗元驳斥说周朝之弊并不在于封建制度，而在于那些官员的骄奢淫逸，

---

① ［唐］柳宗元．河东先生集［M］．北京：国家图书馆出版社，2019.

② ［唐］柳宗元．河东先生集［M］．北京：国家图书馆出版社，2019.

不理朝政，秦朝灭亡不是因为郡县制，而是因为大兴土木引得民怨载道，所以如果秦朝在郡县制的基础上施以与民休息之政策，一定会有更好的发展。同时，秦王朝的郡县制打破了以血缘为纽带的宗法制度，改变了世袭垄断政治。在文章结尾他提出，选贤与能，天下乃定，但这在封建制中这是不可能出现的，所以郡县制是优于封建制的。

（二）《贞符》

《贞符》的撰写始于柳宗元在京师长安时期，于永州才最终定稿，这期间经过一些思想转变与长时间的思索。“贞”有“正”之意，“符”有符瑞之意，也就是把自然界里所显现出的祥瑞现象当作君主统治合法性的诠释和根据。在柳宗元看来，董仲舒、扬雄、班彪、班固等人都是“诳乱后代”之辈。对此，柳宗元进行了深刻揭露与批判。

第一部分，与《封建论》的开头比较相似，对人类原始社会发展状况进行简要论述，说明法制和君主产生的过程中丝毫没有“符瑞”，只有人类组织和群体的合作，进而说明尧舜获取统治权靠的并不是“符瑞”，而是因为他们是有德之人，使民众信服，人民愿意追随他们而已。

第二部分，柳宗元引隋朝灭亡的事例与唐朝对比，证明隋朝灭亡是因为政策积弊太深，民众怨气过重；而唐朝的兴盛完全是由于政通人和，与怪异现象没有丝毫关系，所以“符瑞”之说太过荒诞。此外，他还通过反例来证明自己的观点，如商太戊治国时，桑谷共生于朝；商高宗在祭祀之时出现了野鸡，然后事实证明，这些不祥的现象并未对他们的统治造成任何不良影响，太戊和高宗都治国有方，国家兴盛。

龙、黄犀、白雉等都是吉祥的象征，却出现“郑以龙衰，鲁以麟弱，白雉亡汉，黄犀死莽”[①]的情况，所以真正决定政治走向的是人民的心，民心所向，才能永葆活力。

二、柳宗元唯物观的核心

（一）《天对》与自然

中国关于上天的思想早在《尚书》就有记载，但是自战国时期屈原的诗《天问》开始，人们就对于上天的关注度明显提高。柳宗元针对《天问》作

① ［唐］柳宗元．河东先生集［M］．北京：国家图书馆出版社，2019.

《天对》，认为远古洪荒时期，由神灵来开天辟地的论说并不真实。

针对高山，他说道："山川者，特天地之物也；阴与阳者，气而游乎其间者也，自动自休，自峙自流，是恶乎与我谋？"① 这是在说，高山大川仅是天地之间的客观存在物，它们自然而然；阴与阳是这天地之间的元气，这些元气的动与静都是靠自己，这怎么可以和人商量呢？这表明了柳宗元对于自然界的观点，他认为宇宙自行运转，并不依靠人格神的意志操纵。

针对天，他认为天就像"果蓏"，即瓜果，说明天就是非常普通的物质而已，并没有前人所说的那些神秘性，这彻底否定"天人交感"的传统观念。他认为"东西南北，其极无方"②。这是说苍天之外、四海之外都是无边无际的，宇宙没有边际，无论何处都是一样宽广，如此浩大的时空内，又怎么能去丈量长度呢？

针对万物的运动，他认为古时候人们缺乏知识，力量渺小，把力量强大的东西当作神，对待解释不了的现象，如海啸、地震等就诉诸神明，这是不对的，而这些现象，包括所有的运动全部来自元气。这就涉及柳宗元的元气说。

（二）元气说

元气学说产生于公元前 4 世纪的宋尹学派，他们认为大千世界的根本在于元气，他们这样形容元气，万物都是精气和合而成，在地面长出五谷杂粮，在天空分布满天繁星，在天地之间游动着鬼神，而在心中能成就圣人，它有时光芒万丈，照耀人心，有时却消失不见，有时滋润万物，有时高不可攀。他们对元气的论述虽有唯物思想的萌芽，但总的来看仍然有神秘主义的成分。

东汉的王充将其发展为"元气自然论"，他认为元气是"天体之精微"，这种元气说对中国古代科学和思想影响巨大。

到了唐中期，柳宗元发展了王充的元气说，认为天地、天体是物质性存在，宇宙总是处于变化之中，而这变化的力量源泉就是元气内部的阴阳相互作用。阴阳两种气体作用恰恰相反，它们通过巧妙的结合产生世间千变万化的现象。在《非国语》中有："合焉者三，一以统同。吁炎吹冷，交错而功。"③ 这是说阴阳两种气体合并到一起产生了元气，阴阳两者通过相互作用产生世间万物

① ［唐］柳宗元．河东先生集[M]. 北京：国家图书馆出版社，2019.
② ［唐］柳宗元．河东先生集[M]. 北京：国家图书馆出版社，2019.
③ ［唐］柳宗元．河东先生集[M]. 北京：国家图书馆出版社，2019.

的各种变化。这是对屈原“三合”以及东汉王逸通过《楚辞章句》延伸出“天地人三合成德”说法的有力回击，同时这与秦汉时期关于天的思想，尤其是董仲舒的“天人感应”形成强烈反差，他批判这种将天与人联系起来的言论，在《断刑论》中说道：“务言天而不言人，是惑于道者也。”他摒弃“天道”，主张“天道”与“人道”无关，所以统治者在治国时，应当多多考虑人与社会的因素，不要单纯去看天，顺人顺道才是根本。他关于批判“天道”的著作除了以上两篇，还有《封建论》《时令论》《贞符》《天爵论》，基本倾向都是抨击对天的神秘性解释。

三、柳宗元唯物观的法则

柳宗元提出的治国法则的主旨在于“生人之意”，即百姓的利益与意志，以人的意志为第一要义，而不是以“天道”制“人道”，这种历史观是以唯物世界观为前提的。

首先，体现“重势”的特征。人类的历史是较长时期内的自然发展过程，这一漫长的历史阶段并不因天或个人的意志而改变。柳宗元以此在《封建论》中勾勒了一幅社会发展的图景，他认为人类刚出现在世间的时候，是一种部落形态的生活组织，人们为了活命，为了抵挡自然灾害，必须进行生产活动；当达到一定的物质水平，人们的私心便暴露出来，开始互相争夺财物；为了平息争斗和战乱，统治者的军队便形成了。这种纯粹物质角度的历史观体现了柳宗元思想的进步之处，他合理地描绘了人类同自然界、人类与人类之间的斗争史，在这一过程中决定性作用的是人，而不是神，强烈反对“推天引神”。同时，柳宗元用这种“势”来解释商汤、周武、春秋战国、秦扫六合等历史事件。

其次，体现“重民”的特征。彻底用“人”取代“神”，不忘“生民”苦难，做“立民”之事。他提出，“圣人之道，不穷异以为神，不引天以为高，利于人，备于事，如斯而已矣。”①“无忘生人之患，以生人为己任。”②

以上都体现出柳宗元对“民”和“民意”的重视程度，认为得民心才能行济世之道，清楚表明百姓才是历史发展的推动者、原动力。

---

① ［唐］柳宗元．河东先生集[M].北京：国家图书馆出版社，2019.

② ［唐］柳宗元．河东先生集[M].北京：国家图书馆出版社，2019.

第五节　王安石“礼贵从宜，事难泥古”的权变观

多年来，中国学术界对王安石的“权变”思想有大量的研究，这种思想从他对《易》的研究，从他的哲学、政治学、文学等思想中都有大量体现。许多学者为此做着不懈努力，力图为这种“因时而异”的“权变”传统文化赋予新时代的内涵。

王安石（1021 年—1086 年）字介甫，出身于官宦世家，江西临川人。他自幼勤奋好学，并跟随官员游遍中国各地，对当时社会的现实、民众的困苦了解深刻。王安石 19 岁时，父亲去世，由于家中人口较多，家里过得很拮据。在这种情况下，王安石仍没有丢下自己热爱读书的好习惯，他主要阅读儒家相关书籍，兼读诸子百家之书。

1042 年，王安石考中进士，先后担任多种官职，在为官期间兴修水利、发展教育、奋力著书，为人称颂，号称“通儒”，吸引了多名学子慕名前往，这批学子后来成为“荆公学派”。但此后一段时期，宋王朝面临一系列危机，如政治危机、经济危机、社会不稳定、西夏与辽国的侵袭、均田制遭到破坏等，宋神宗继位后启用力主改革的王安石，希望能够有新的治国之道。1067 年，命王安石任江宁知府，提出要简明法制。1068 年，在《本朝百年无事札子》中提出“大有为之时，正在今日”，指出北宋建国以来这一百多年虽天下太平，但内部存在诸多弊病，此时不能因循守旧、故步自封，一定要进行各项改革，当下是改革和变法的最好时机，只有变、易才是江山社稷之福。

熙宁二年，即 1069 年，熙宁变法（王安石变法）开始，神宗命王安石担任参知政事，王安石认为当前首要任务是移风易俗、立即变法，并创立制置三司条例司；1070 年，王安石将变法规模扩大，推行大批新法，如青苗法、市易法、保甲法等；1071 年，实行太学三舍法制度。以上一系列变法是为了抑制大官僚的兼并活动，力求为农民减负，取得一定成效后，遭到了以司马光为首的保守派的强烈反对。1074 年，王安石辞官，变法随之结束。

尽管如此，他“礼贵从宜，事难泥古”的思想却流传至今。他曾说“天变不足畏，祖宗不足法，人言不足恤”，这更强烈地体现出王安石的坚毅精神和无畏态度，对后世影响深远。这种灵活变通、敢于改变的传

统文化在当今社会也是值得我们学习的。

一、王安石权变观的易学基础

王安石的权变思想主要源于《易》，他通过对《易》中《晋》卦、《比》卦的分析，阐发出掌握时机之变的人生哲学，作《易解》，并被长期作为文人考试教材。《易解》是王安石在归纳总结前人经验的基础上，用十几年时间研究而成的，共十四卷。这种哲学成为他一生行为的准绳，这体现在他的政治、经学、哲学多个层面。

宋朝时期，我国对于易学的研究是较为繁盛的，“二程”与朱熹固然重要，但王安石同样不容忽视。王安石这样评价《易》：“自生民以来，为书以示后世者，莫甚于《易》。”①这句话体现出王安石对《易》的认可和推崇。很多古籍都记载了王安石与人切磋《易》学的情形，其现存《大人论》《易泛论》《河图洛书义》《九卦论》等多篇论《易》的佳作。

针对《易》的作者，王安石认为《易传》为孔子所作；针对《易》的来源，王安石认为取法于地，也就是《易》中的一切象、数、辞均来源于天地自然。他曾说：“此皆天地自然之意，而圣人于《易》所以则之也。”②

在王安石的论《易》文章中，能够看出他对其中很多问题都有深入研究：《易象卦解》解释了六十四卦的排列方法和不同次序，是对《易传》中《序卦》的研究；《卦名解》论述了每一卦的由来以及彖辞的大致含义，是对《易传》中《系辞》《杂卦》的研究；《易泛论》把象和义结合起来，对《易》中大量的名词进行了系统解释，是对《易传》中《说卦》的研究。

出于对《易》的系统研究：第一，王安石具备《易》中包含的“权”的思想，他反对仁宗之前守旧的做法，强调知权达变是最为重要的。在《洪范传》中，他曾说：“执常以事君者，臣道也；执权以御君者，君道也。”③第二，王安石具备“时”与“才”的思想，他认为卦象的吉凶祸福是与不同时机相关的，时机不同，吉凶可以转化，这是“时”的体现；他看到了人才的重要性，善于运用人才，善于为国家发现和寻找人才，这是“才”的体现。

王氏根据他对《易》丰富系统的研究，总结出一套行为准则，即“易”与“礼”的权变观。

---

① ［宋］王安石．王安石集[M]．刘成国，解读．北京：国家图书馆出版社，2019.

② ［宋］王安石．王安石集[M]．刘成国，解读．北京：国家图书馆出版社，2019.

③ ［宋］王安石．王安石集[M]．刘成国，解读．北京：国家图书馆出版社，2019.

首先，王安石通过这种深入研究，了解“井以辨义，巽以行权”的深刻内涵，并据此提出“辨义行权”的观点。对此，多名学者提出自己的看法。杨倩描认为，王安石提出的“辨义行权”与儒家传统文化中“经权”相似，更具有辩证思维，从整体上来看，儒家的“权”缺乏一种具体界定和指导，而“经”又体现出不可变易的顽固性，王安石提出用“义”作为变与不变的分水岭，用“辨义”作为行为的指导，可以说把传统儒家“权”上升为更系统、全面的权变观。耿亮之认为，自强不息与达宜适变是王安石易学思想的根本内核，身为儒家理想人格的“君子”，需要“辨义行权”，将自强不息与达宜适变作为一个整体对自身进行指导，自强不息主内在思想，达宜适变为人提供具体行为指导，共同体现出一种注重权变的人格范式。本书认为，“辨义行权”的辨义就是按照“义”去行事，孔子说的“君子之于天下也，无适也，无莫也，义之与比”正是此意，只是当时的思想并没有形成王安石这样完整的体系；而行权就是在特殊的情况下可以使行为有所变化，不需完全拘泥于一种模式，这种变是至关重要的。

其次，“礼”的权变观。王安石对于“礼”的权变体现在他的《答王深甫书二》《禄隐》《非礼之礼》等著作之中。刘文波提出，王安石所说“非礼之礼，非义之义”体现出他“礼贵从宜”的时代特征，他认为古礼并非适用于今，不能完全因循守旧，古时的文化固有可取之处，但要做到因时、因事而变。在葛荣晋看来，王安石从地主阶级改革派的视角出发，提倡“反经合道”，在保守派居多的北宋朝廷采取事变势异的灵活方针，虽最终失败，但仍取得一些成绩，是值得称颂的。在笔者看来，王安石虽读百家之言，但总的来看，仍视儒家为主流。在他的思想体系中，“礼”“义”都是最为重要的概念与范畴，所以他必须为这些概念赋予时代新内涵，以期获得更加旺盛的生命力，因此实行变法，而变法最需要的就是变革精神的源泉与动力，这种权变寓于他的思想与具体事务中，通过对“礼有损益”进行发挥，提出了“礼贵从宜”与“非礼之礼”的时代最强音。

二、王安石权变观的哲学内容

（一）权变的哲学前提

首先，王安石在权变思想中，把古代圣人之言分为“道”和“迹”，“道”为本，“迹”为末；把“权时”作为重要准则，指出圣人的特征就在于知权时、知变化，而这种精神正是所有学者都应当去学习的，同时更是变法的改革精神。

其次，“道”与“迹”两部分是相互依存的，只有在因时、因势的变化之中，才能够确保“道”之施行。先圣所论“道”的内核就在于权时之变，所以应当发扬这种精神。

最后，王安石主张士人在追求权力的同时，一定要符合道德准则，要时时反思是否合乎“义”，度“义”以进退；要考虑时机是否恰当，时事是否可行，在“义”的原则下要有灵活性。

（二）“耦”中有“耦”

王安石还提出“耦”中有“耦”的思想，说明世间万物的矛盾对立面中还有对立面，就是对立之中还有对立。具体分为以下几个方面：第一，承认世间万物都处在不断变化之中；第二，认为任何事物之间都有相互对立又互相统一的两方面，两部分相互作用，成为变化的动力；第三，认为对立双方在特定条件下可以实现互相转化。

1.变化的永恒性

“五行也者，成变化而行鬼神，往来乎天地之间而不穷者也，是故谓之行。”①

“尚变者，天道也。”②

从以上文字可以看出，针对世间万物永远处于运动的状态这一特性，王安石做了一些解释，他认为“五行”之所以叫“行”，是因为它们可以变化，这种变化就是一种“行”。王安石认为，客观世界一切物质都是以运动的方式而存在的，这种变化才是“道”的本性。这种本性不因人的主观思维而改变，它以客观规律为准绳，使世间一切事物生生不息，充满变化。另外，仅仅认为宇宙有变化运动，还不能完全凸显王安石思想的开创性，其开创性在于，对新旧更替，新事物取代旧事物动力的论述。

2.变化的动力

那么，事物这样变化的原因是什么？根源在于任何事物的内部都有对立统一的两个方面，王安石称其为“耦”。“耦”本意是两个人并肩耕作，王安石为其赋予新的内涵，表达事物内部的矛盾统一体，正是这种万物的内部矛盾，

---

① ［宋］王安石．王安石集[M]．刘成国，解读．北京：国家图书馆出版社，2019.

② ［宋］王安石．王安石集[M]．刘成国，解读．北京：国家图书馆出版社，2019.

这种普遍存在的对立统一体，才使事物有源源不断的发展动力。

王安石还看到对立双方的依存关系，他认为相反的两方面恰恰是因为对方才使自身得以存在，如有善才有恶，有躁才有静，有轻才有重。这种辩证的思想与老子的朴素唯物辩证法有相似之处，老子认为当一方消失时，另一方也随之失去它的价值。针对这一论断，王安石又说："善者恶之对也，有善必有恶"①；"无春夏之荣华，无秋冬之凋落"②；"轻者必以重为依，躁者必以静为主"③。这正是事物内部矛盾相互依存的例证。

3.变化的历史观

在王安石的历史哲学中，也蕴含着"权变"的思想，体现出王安石辩证的历史观，也就是说历史永远处于不断发展中，永远不会暂停或者倒退。王安石清楚地认识到，社会的生产情况发生变化后，以前的很多成法已经不可照搬，如果迂腐地采用先王之法，只会失败。因此，他认为"通权时之变"才是最重要的，如伊尹、柳下惠，他们能够变通，所以成为"圣人"。具体来看，首先，要用"权变"应对现实事务，坚决反对因循与守旧。在历史上，晋武帝、梁武帝、唐玄宗皆不知"变"，最后等待他们的只能是灭亡。其次，要制定适应时代发展潮流的法制，用这种法制去限制和制裁复古主义者，因为不懂得时代更替、社会进步，一味"师古"只会为国家带来灾难与祸害。另外，在他看来历史除了是进步的，还是具有规律性的，并不是随随便便向前发展的，所以应当知时之变，实行新法，这既是之前的"圣人"采用的办法，又是"新故相除"的重要基础。

综上所述，我们可以从王安石对《易》的阐述，以及由此引出的权变哲学的内容中看出王安石的大智慧，他吸收总结了多名先贤易学家的伟大成果，又将自己的学识和新的看法加进去，在宋代引起各界的关注，即使到了现代，也依旧有它独特的魅力。

王安石十分注重人生中的各种机遇，强调努力的作用，主张人应当在社会中正确为自己定位，能够全面、客观、辩证地运用一切条件，并以此指导自己的为官生涯，这种权变观与其他一直谈论人性的儒家思想不同，更加注重一种实效性。在他看来，把个人与社会的好坏全部交由上天决定是一种极其消极的人生观，人生应当充满变数，而将来的发展方向是由一个个具体的人自己决定

① ［宋］王安石．王安石集[M].刘成国，解读．北京：国家图书馆出版社，2019.

② ［宋］王安石．王安石集[M].刘成国，解读．北京：国家图书馆出版社，2019.

③ ［宋］王安石．王安石集[M].刘成国，解读．北京：国家图书馆出版社，2019.

的。身为士人，应当以天下为己任，本着为自己负责、为天下负责的“大丈夫”态度去追寻“道”，尽自己做人的职责。

第六节　中国古代思想文化对当代教育的启示

中国几千年的灿烂文明对当代社会、当代教育事业的促进作用是不可估量的，对古代传统思想文化进行学习，从中吸收承载先贤智慧火花的典籍精华，有助于中国传统文化的传承与发扬。

一、孔子思想对当代教育的启示

（一）注重道德教育

在儒家传统君子观中，知识的教育固然重要，但道德修养更加不容忽视。“君子”培养过程中，先要关注内在心灵的问题，修养是由内而外的过程，受教育者必须“克己复礼”，才能通达理想人格。在当代社会，衡量一个人也不能单单从智性的层面去判断，要与德性结合起来考量，要看一个人是否具有同情心，是否具有换位思考的能力，是否能够杜绝先入为主、自我为中心的不良思维方式；要看行为方式是否合乎礼仪，是否有明辨是非的能力，是否能够信守承诺，等等。

如今的学校过于重视智力开发、知识教育，但这种教育的弊端非常明显。在这种教育模式下，学生没有因受教育程度提高而提高其道德素养，甚至一些高学历人群的素质还比不上低学历的人。很多学生不尊重父母和老人，不尊重师长和同学，不尊重比自己年龄大的人，这是单纯重视智力而忽略德性的结果，是缺乏道德教育的表现。

儒家常说“君子不器”，“君子”不把目光时常放在客观事物之上，而能够反观内心，看到精神层面的东西，让自己的德性处于一种高尚状态。

当代教育应该警惕学生道德意识普遍淡薄这一现象。虽然当前的教育体制不能改变，但是可以考虑适当增加一些与德育相关的课程，把德育的比重加大，这对当代智力教育比重过大的情况有一定的调节作用，能够培养学生最深层、最真实的感情，让他们能够认识到在很多时候，一个人的品德比一个人的学历和智力更重要。

在此过程中，要注意避免形式化。如果开展德育只是应付差事，那只能是虚耗光阴，教师要努力寻找教育的契机，通过身边的一些小事来感化学生，引起他们的深思。

总的来看，德育是君子观的当代教育体现，目的是改变社会不良风气，提升受教育者个人道德素养，使每个人都能具备充满“仁爱”的真诚内心，使每个人心中都撑起一杆道德天平。

（二）注重以身作则

孔子的君子观中包含太多上行下效、以身作则的例子，如“为政以德，譬如北辰，居其所而众星共之”[①]“君子之德风，小人之德草，草上之风必偃”[②]。这都说明，以身作则对社会的影响是巨大的，当代教育应当注意以身作则，教师要为人师表，言传身教，成为学生的表率。

我国著名教育家张伯苓十分注重文明礼貌教学和身体力行。有一次，他发现一名学生的手指都被烟熏黄了，十分严肃地跟他说：“吸烟对身体不好，一定要把它戒掉。”没想到学生却回答道：“老师，那您吸烟就对身体没害处吗？”张伯苓尴尬地笑了笑，于是他立刻将自己所有的烟取来，当众销毁，并折断自己心爱的烟袋杆，他说道：“自今天起，我与诸同学共同戒烟。”后来，张伯苓果然再也没有吸过烟了。

可见，张伯苓是一名重视以身作则的合格教育家，当代教师都应当有这种精神。身为教师，必须要脚踏实地、勤勤恳恳地履行自己的责任与义务，想要教育学生，就要先用更高的道德标准严格要求自己，严于律己、严以修身，亲身示范，为学生做表率。举例而言，孔子在教学过程中就起到一种典范作用，他用自己的一言一行诠释真正的“君子”，不仅为学生树立一个真切实际的人格楷模，还为学生带来更加充实的动力和信心。

在当代社会，教师的人格魅力也一样深刻影响着学生，身为教师，要学习孔子的高尚品格，像孔子一样，成为学生的榜样。教师可以通过以下几个方面影响和引导学生。

第一，完善自身。日常要多学习、多阅读，充实自己知识面的广度与深度。

第二，关爱学生。发自内心地关爱自己的学生，不仅把他们看作自己工作

① ［宋］朱熹．四书章句集注［M］．北京：中华书局，2019.

② ［宋］朱熹．四书章句集注［M］．北京：中华书局，2019.

的对象，还要像对待自己的孩子一样，耐心地去教育他们，这样才能去感化学生。

第三，热爱岗位。要真正热爱自己的岗位，把工作当成一种开心的事，只有这样，才能无微不至地去关怀学生，更好地做好教学工作。

当代教育事业中，教师做到以上几点，就可以以身作则，用自身的修养和行动去感化学生，培养学生朝着更理想的人格迈进。

（三）注重礼仪教学

中国自古以来就是礼仪之邦，关于“君子”，有数不清与“礼”相关的论述，君子观的要点就在于知礼、行礼。经过了历朝历代的沿革，“礼”已经深入每个中国人的骨子里，但对于“礼”究竟是什么，“礼”究竟应该怎么做，人们却是含混模糊的，所以当代教育应当注重礼仪教学，把中华礼仪之邦的美誉继续传承下去。

当代教育要加强礼仪教学，并做到以下几点。

第一，在学校中开设礼仪相关的课程，加大礼仪的系统教学力度，结合时代特点，为礼仪赋予新的内涵，既要有所传承与保留，又要有所革除和创新，树立学生正确的价值观、人生观、礼仪观。

第二，让学生对礼仪有较为明晰的认识。人们普遍认为礼就是见面问好，注意自己的语气和行为，表现出对别人的尊重，实际上真正的礼是由内而外的，哪怕不说话也能让对方感受到自己是明礼之人。

第三，学校要在校内营造一种全校学礼行礼的氛围，教师和领导都应当时时刻刻注意自己的言谈举止，每一位教育工作者都不是单纯代表自己，而是代表学校，要注意保持自己的仪容仪表，发挥教育工作者的示范作用和引领作用。

（四）注重师生关系

在孔子的时代，“一日为师，终身为父”，徒弟对师父毕恭毕敬，就像对待自己的父亲一样，他们之间有一种堪比亲情的亲密关系。而当代社会，师生关系越来越淡薄，甚至出现很多不融洽的情况，很值得我们深思。

究其原因，主要有以下几点。

第一，学生与教师之间交往减少，仅仅只是上课见面，甚至有的教师都没有认全自己班上的学生，更记不住名字，因此学生与教师就像陌生人一样。

第二，传统师生观念逐渐淡薄。古时候，“师”这一字包含了太多感情，

“事师长贵乎礼也”即是最明显的例证。

第三，现代学生家庭条件越来越好，孩子都是家长的心头肉，每天娇生惯养、养尊处优，自然觉得自己就像“小皇帝”，认为自己没有必要去尊敬师长。

这是一种很不好的现象。学校不仅能够启发人的智慧，更应该培养师生之间的感情，师生感情缺失也是一种缺憾。因此，学校应当注重师生关系的培养，使师生建立其像孔子与自己的学生那样深厚的感情。子贡作为孔子的弟子，可谓“君子”，他在孔子死后守丧六年，这体现的是何等深厚的师生感情。

首先，当代教育要加强师生间的相互理解，要让学生知道，教师是真心想提升学生的成绩水平，消除师生之间的感情隔膜，要相互包容、相互理解；其次，教师也可以多多与学生的家长沟通，从家长的话语中，得知学生的个性、习惯，清楚他们想要什么，清楚怎样才能让他们对学习产生更浓厚的兴趣。

综上所述，在经济高速发展的当代社会，人们生活越来越好，有些东西却再也找不到了，我们应该在当代教育的阵地上，回望过去那一片精神宝藏，发掘先贤的智慧与启示，不忘初心，勇往直前。

二、荀子思想对当代教育的启示

荀子在战国时期被称为“最为老师”，当时在齐国的稷下学宫云集各国著名学者。《荀子》一书也包含着十分丰富的教育内容。面对当代教育有所偏差、有所不足的境况，研究荀子的学习与教育思想具有深刻的现实内涵。

（一）注重环境教育

世人对荀子有“得孙卿之遗言余教，足以为天下法式表仪”的说法，足以说明荀子教育方式的独到之处，而他的教育思想中最具特色的莫过于“外铄论”，即每一个人的学习都受到周边环境的影响，环境属于整个教育过程中非常重要的一部分。持此观点的还有英国的洛克，他提出白板说；美国的行为主义心理学家华生，他甚至认为，只要给他一群婴儿，他就可以把他们培养成从领袖到小偷的各种人物，认为人从内到外都是可以塑造和改变的。

在荀子的环境教育中，他始终坚持“外铄论”。首先，他肯定了周围的外部环境对受教育者的影响作用，这种思想与传统的“反省内求”不同，开创修养论中由内向外转变的先河。荀子意识到自然界和人处于同一个整体，互相影响、互相联系、互相统一。其次，他认为要能够找到对学习有帮助作用的环境和状态。以孟母三迁为例，类似学宫这样的地方才是最适合孩子居住生活的场所。

在当代教育中，家长、教师、校领导及有关部门都应当认识到教育环境的重要性，认识到环境对学生学习的影响，这种环境包括自然环境和社会环境两方面。现在城镇化比较普遍，我们最应重视的是社会环境，包括家庭和学校环境，学生平日在学校学习，学校内的环境起到至关重要的作用，放学后在家休息，良好的家庭的氛围能够让学生完全放松身心，利于课后复习与第二天的学习。在学习过程中学生主观能动性的发挥固然重要，但上述环境因素也不可忽视，要注重对不良影响因素进行控制，为学生打造最适宜的教育环境与场所。

（二）注重终身学习

荀子曾在《荀子》开篇说道："学不可以已"。这简简单单的五个字说明学习是一个长期的过程，求学是坚决不可以停止的，学习永无止境，任何人对待学习都不可以半途而废。

《荀子》中同样表达此观点的言论有"锲而不舍，金石可镂"[①]"跬步而不休，跛鳖千里；累土而不辍，丘山崇成"[②]。这都说明学习需要持之以恒、坚持不懈的精神，它是贯穿荀子思想的基本原则。

当代社会，应该让受教育者将接受教育当作一种自发性的活动，而不应以一种压迫的方式去进行教育，否则只会适得其反，使学生反感学习，丧失学习的热情，与终身教育的目标背道而驰。

首先，注重激发学生的学习兴趣，让他们在开心的状态下接受知识，享受学习的过程，逐渐养成热爱学习的习惯，从而主观上产生终身学习的意愿。

其次，在学校中，要经常举办与主要文化课不同的文化比赛，拓展学生的知识面，使校内的知识氛围变得更加浓厚，这样可以使学生下课讨论的话题由游戏转变为文化比赛内容，如诗词、成语、典故、古代哲人等，有利于学生发现自己擅长的学习方向。

最后，人们现在总是认为知识的作用仅仅是为生活服务，是为社会发展服务，只要能带来物质利益便是有用的知识、实用的知识。殊不知，这种过于注重经济效益的知识观，会让新一代的学生成为没有"知识感情"的学习机器，在这种情况下，他们的学习效率会低下，对其个性与道德的塑造也没有任何意义。所以，应当转变观念，对知识进行更加深刻和更高层次的定义，知识不一

---

① ［战国］荀况．荀子[M]．安小兰，译．北京：中华书局，2018.

② ［战国］荀况．荀子[M]．安小兰，译．北京：中华书局，2018.

定具有短期的效能，它可以是能够医治人内心的“一剂良药”。在当代崇尚极端个人主义、精神沉沦、物质至上的社会，终身教育，终身学习必然是一股清流。

（三）注重能动与实践

关于个体能动性的发挥，孔子曾说：“我欲仁，斯仁至矣。”① “为仁由己，而由人乎哉。”②

孔子认为在追求“仁”这一美德的时候主要需要自己能动地去求，而不是依靠他人的外在协助，但是孔子对实践活动没有明确的强调。到荀子这里，能动性便更加彰显，并且由于朴素唯物主义，他的学习观更加注重“行”，他说：“心不在焉，则白黑在前而目不见，雷鼓在侧而耳不闻。”③ 这都体现荀子注重个体能动性的思想特征，在学习过程中更是如此，荀子希望学习者能够发自内心地去学习。

当代教育要发扬荀子注重能动与实践的思想，在教育中融入这种教育观念与方法。

首先，关于实践，要清楚“行”不仅是知识的来源，更是知识的动力和目的。在日常教学中，应该适当增加实践课，如手工劳动课、课外实践课，让学生在学习过程中多联系现实，而不只是读书。

其次，关于学习主动性，要让学生发自内心热爱学习，把学习当成不仅是一项任务，更要将其视为自我完善的重要方法。在学习过程中不能依赖他人，要知道学习是“为己之学”，没有人可以替代自己，不过教师可以通过言传身教激发学生的积极性，从而激发他们关于学习的主观能动性，提高学习效率。

（四）注重保持内心谦虚和虚空

“心何以知？曰：‘虚一而静’”。这是说，要想认识事物，必须要让内心保持虚空，不要让已有的知识妨碍自己接受新的事物与知识。在当代社会，要学会保持谦逊、保持内心空灵的状态，面对纷纷扰扰的大千世界，要做到内心无纷扰。

首先，在当代教育实践中要时常反观自己的内心，反思自己所学知识，对自己掌握的知识进行梳理，清楚自己知道什么，而对哪些未知。同时，在认

① ［宋］朱熹．四书章句集注[M]. 北京：中华书局 ,2019.

② ［宋］朱熹．四书章句集注[M]. 北京：中华书局 ,2019.

③ ［战国］荀况．荀子[M]. 安小兰，译．北京：中华书局 ,2018.

知、学习过程中不能被自己所妨碍，要乐于、勤于接受其他知识。

其次，要使内心保持专一，即“壹”。在学习过程中应该有纯粹的目标，精神才能保持旺盛，也就是专一务本，心无旁骛，有所思有所不思，有所为有所不为，不能假装专心，实则带着专心的面具做着三心二意的事。

最后，要使内心“静”。在学习中要尽力使心灵保持宁静。当代教育中要注重的“静”应当有两层含义，第一层是使内心处于致学的状态而不变动，要永葆这种追求，第二层是内心要宁静，不能被外物影响，此处与“壹”有相通之意，但又不完全相同，这里的“静”更凸显一种内在的超越性，而“壹”主要代表实际性的专一态度。

三、韩愈思想对当代教育的启示

韩愈以“道统”继承者自居，上承秦汉儒学，下启宋明理学，尤以教育观、勤奋观著称。在唐代儒学衰退之际，韩愈有感于师道沦落，著有千古名篇《师说》，对当代教育有极大的启发意义。

（一）注重“师”与“生”的内涵

在师生内涵上，韩愈有相当丰富的研究，他从教师标准、师生关系进行论述，《师说》开篇即说：“师者，所以传道授业解惑也”[①]。这是从教师标准上所作的论述。

1. 教师标准

身为教师必须有以下三重特征：一是“传道”，教师能够传授儒家传统思想观念；二是“授业”，讲授作为儒家经典的六艺，让学生具备知识涵养、古籍阅读能力、文化的接受能力；三是“解惑”，教师能够为学生解答疑问与困惑。

2. 师生关系

关于师生关系，韩愈提出，“圣人无常师”，“道之所存，师之所存”[②]。在他看来，能够体会“道”就能成为师，教师与学生从教与学这两方面互相促进、共同进步，体现出一种“教学相长”的模式。教师不必全能，而只需有一种值得学习的地方，正所谓“术业有专攻”。

在当代教育过程中，我们应当借鉴这种观念。一方面，教师要具备某一领

① ［唐］韩愈．韩昌黎文集校注［M］．上海：上海古籍出版社，2014.

② ［唐］韩愈．韩昌黎文集校注［M］．上海：上海古籍出版社，2014.

域、某一方向授业解惑的能力，具备道德上的素养。这就需要教师丰富自己专业领域的知识，提高自己讲解问题的能力，完善自身道德。对待学生要能够正确解答学习上的问题，能够帮助学生有正确的德行发展方向，要“文以载道”，在“授业”的同时，更能“传道”。另一方面，师生之间要建立一种教学相长、亦师亦友的关系，师生关系应该是辩证的，二者是一个紧密联系的整体。要鼓励学生与教师良性互动，要让学生养成尊师重道的态度，“尊师重教”自古就是中华传统文化，在新时代更应当提倡，同时教师要肯定学生的长处。每个人都有值得学习的地方，教师也可以从学生身上学到自己所缺乏的东西。正如韩愈所说：“弟子不必不如师，师不必贤于弟子。”建立一种亦师亦友的平等教育关系，舍弃固有的教师是绝对权威的观念，对学生打开心扉，诚以待人，这样才能够克服灌输式教育的弊端，使师生共同进步。

（二）注重勤奋与反思

韩愈认为“业精于勤，荒于嬉，行成于思，毁于随”。这是说在学习中要勤奋，勤奋才能无悔，要勤于钻研、勤于读书，正所谓“读书勤乃有，不勤腹中虚”。但是，单单勤奋是不够的，更要多思考、多反思。反思即对自我进行内向型思考，思考内容针对主体自身的思维，在这种方式下才能使知识得到增加、精神得以升华。

当代教育要注重将勤奋与反思结合起来，在勤奋学习过程中时常反思，而反思的过程是痛苦且枯燥的，要保持勤奋的态度来反思，这样才能获得进步。建构主义的学者与韩愈观点类似，他们认为学习过程不是消极和被动地接收知识，不是简单地照搬照抄，而是要在自我思维上建构更具意义的体系，这就如同动物消化吸收食物，它们把食物内在的营养成分同化、转化为自身所需要的物质，反思正是这样。教师应当在教学过程中努力为学生创造利于反思的客观条件，如为学生出一些思考题，用话语引导学生进行思索，用以培养学生反思的思维方式，强化学生的反思意识。

关于勤奋，要勤于动手、勤于动嘴、勤于动脑，其中勤于动脑是根本，按照韩愈所说，口要不停地诵读百家经典古籍，手要不停地翻阅和书写，大脑要不停地思考自己一知半解的问题，经过夜以继日、经年累月的勤奋努力，才能获得渊博的学识。需要注意的是，勤奋路上也需要有所偏重。韩愈认为“贪多务得，细大不捐”，学生不要想面面俱到，不要想不遗漏任何知识，要做到抓重点、品精髓。很多学生在学习过程中只会拼命看书和做题，但是他们抓不到知识最精微之处，这就导致他们学习效率低下，考试成绩不理想，因此必须“提要钩玄”。

（三）注重创新精神

韩愈曾说“师其意不师其辞”，意思是说可以体会前人文章的立意，但是不要去照抄前人的词句，因为这种方式不是真正的学习方法，我们应该在前人基础上有所发挥、有所创新，他鼓励人才必须加强创造性的学习。他说：“能者非他，能自树立，不因循者是也。”① 韩愈在哲学、文学上独领风骚，有自己独特的风格就在于他有这种创新的意识，能够在学习前人成果的基础上有所创新，不因循守旧。

这种创新的思想非常值得当代教育借鉴。在新时代，一个国家的昌盛与否，一个民族是否能振兴，都离不开创新，创新在很大程度决定了国家的竞争力和发展潜力。当代中国教育缺的就是创新精神。早在 20 世纪 90 年代，中国已经提出创新教育的命题，但是由于多方面因素，教育的创新性和学生的创新意识始终没有太大提高。这就需要我们将创新意识的培养放在学生的教育早期阶段，如学前教育时期，这一时期的孩子处于思想意识萌芽期，对他们造成的良性影响会在后天有更大的增益效果，要多对他们进行自信心、好奇心、创造力的培养。同时，作为教育事业的先行者，教师应当多学习，培养自己的创新精神，以自身带动学生群体，师生共同提高这一能力。

（四）注重人才选拔

韩愈在《马说》中有“世有伯乐，然后有千里马。千里马常有，而伯乐不常有”② 的言论，意思是世界上先有了伯乐，才能有千里马，千里马很多，可是伯乐却非常少，这说明虽然千里马数量很多，但如果没有人具备发现千里马的慧眼，那千里马只能埋没于马群，辱没在仆役之手，成为普通的马匹。引申到社会与学习中，可以看出，韩愈因世间大量人才被埋没而感到惋惜，表达了韩愈愤世嫉俗与怀才不遇的愤懑之情，以及对社会中能多些慧眼识人之人的殷切期盼。

当代社会人才辈出，很多学生都有自己的过人之处，但是由于各种原因，“才美不外现”，自己的长处展现不出来，人们发现不了他们的闪光点，这就

① ［唐］韩愈．韩昌黎文集校注 [M]. 上海：上海古籍出版社，2014.

② ［唐］韩愈．韩昌黎文集校注 [M]. 上海：上海古籍出版社，2014.

需要教育事业中能多些选拔活动与选拔人员，以发现学生的长处。在教学中，教师应充分了解学生，重点观察在某一领域有天分的学生，并对学生进行专业性培养。第一，在整个过程应该严格管理、完善流程，使人才选拔工作细化；第二，要科学指引，全面评价，如有些学生在某一方面很有天赋，但他在品德方面不佳，也不予培养；第三，整个过程要精准透明，体现人才选拔中的人文关怀。

四、柳宗元思想对当代教育的启示

柳宗元是一位唯物主义思想家，他没有把目光全部放在虚拟的理论上，他注重现实，强调“学以致用，期以明道”[①]，这种教育思想同样在唯物观的指导下展开。

（一）注重顺应天性

柳宗元认为世间一切事物的生灭都符合其独特的规律，在这种自然规律的主导之下，事物才能够正常地茁壮生长，如果急于求成，只会引来相反的后果。他认为“顺木之天，以致其性”[②]，意思是树木生长有它自己的天性，只要任其自然，它就会按照客观规律很好地生长，如果操之过急，时不时去瞧一瞧、摸一摸，甚至取下一块树皮进行检查，反而会对其造成很大危害，不利于它的生长。柳宗元以树木喻人，在自然观中包含着教育思想的成分，这表明在教育中也不能过多干预，要顺应学子的特征，不要干涉他们学习。

当代教育中，应该学习柳宗元“顺天致性”的思想，这包含教育方法、教育原则、教育管理、教育评价等多方面内容。教学时必须要顺应受教育客体独特的发展规律，不能凭借自己的主观臆断强加干涉，不能任其肆意妄为，更不能强迫学生，反其道而行之，揠苗助长。要在尊重客观规律的基础上加以辅佐和矫正，为学生提供好的学习环境，激发学生的学习动力。

（二）注重以人为本

在柳宗元“顺木之天”的论述中，同时体现出以人为本的教育理念，在教育过程中，柳宗元主张以受教育者为本，教育目的是使学生最大限度的发展与完善，使学生优点与长处得到发挥，教育准则是不干扰学生的学习，这

① ［唐］柳宗元 . 河东先生集 [M]. 北京：国家图书馆出版社 ,2019.
② ［唐］柳宗元 . 河东先生集 [M]. 北京：国家图书馆出版社 ,2019.

都体现出柳宗元注重学生本身的人文精神。

在当代社会，以人为本的教育理念已经确立，但是在未来的路上，还需加大对此理念的贯彻与执行力度。新时代必须树立德智体美劳全面发展的人生观和价值观，在教育的不同阶段都要有所体现。

首先，把学生放在教育事业的重点位置。这也是柳宗元尊重学生、尊重客观规律思想的体现，需要教育工作者妥善处理好教学相关内容，要注重普遍性教学与特殊性教学，即常规授课和特长性授课，要注重专业课与基础文化课的关系，要注重教学中严谨态度与轻松氛围的相互协调。

其次，把探索学生发展规律作为重要任务。世上没有完全相同的两片叶子，人与人更是千差万别，同一种教学模式不可能顺应每一个学生的客观发展规律。在教学过程中要多进行思考和探索，寻找多种教育方式方法，针对不同类别的学生群体要有不同的培养方案。

（三）注重阅读典籍

柳宗元非常喜欢读书，时常书不离手。在教学中，为了引导学子阅读，他亲自为他们列了一个书单："先读六经，次论语、孟轲书，皆经言;《左氏》《国语》、庄周、屈原之辞，稍采取之；谷梁子、太公甚峻洁，可以出入。"意思是在学习过程中以儒家的五经为主要书目，其他各家学说亦可阅读。可以看出，柳宗元十分注重读书，这对当代教育也极具启发意义。

余秋雨先生曾说："区区五尺之躯，短短几十年光阴，居然能驰骋古今，经天纬地，这种奇迹的产生，至少有一半要归功于阅读。"当代教育应当为学生提供较多书籍，让他们在课余时间能够有书可读，同时培养他们对读书的热情。例如，学校对借书量较多的同学进行表彰，这样既能鼓励他们继续保持热爱阅读的习惯，也能为大多数同学树立一个榜样。值得注意的是，读书是一种漫长的活动，在这之中，要循序渐进、稳扎稳打，不能急于求成，欲速则不达，要边读边思考，正如柳宗元所说"慎思"，只要肯于思考，就一定能有不菲的收获。

五、王安石思想对当代教育的启示

王安石在当时开展教育改革，给北宋朝廷和社会带来了不小的影响，他除了关注学校的教学工作，还注重社会教化。他认为，社会中的教育没有约束性，世人皆可接受这种教化，包含有劝学教化、伦理教化等，这在当下看来也意义非凡。

（一）注重社会教化

在当代社会，社会教化教育方式没有体制教育严格的约束性。在我国，学校中的学生仅有 2 亿多，而剩下十几亿全是社会人员，可见社会教化的受众群体极大。首先，社会教化不受年龄、阶级、资历的限制，能够更好地体现教育的普遍性、平等性、民主性；其次，社会教化的场所具有多样性，可以在博物馆、电影院、图书馆等场所开展；再次，社会教化的方法比较多样化，有电影、书刊、广播等，伴随多媒体信息技术不断更新换代，社会教化的方法将变得更加多样；最后，社会教化的影响比学校教育更大，因为受众分别处于社会中的各个岗位，发挥着不同的作用，对他们进行社会层面的教化，有助于社会团结稳定。

（二）注重教育的系统性与层次性

王安石在教育改革上提出了一整套全新的教学模式，他的教育方针可总结为八个字，即“教之、养之、取之、任之”。另外，他还将这几个方面“一以贯之”，串联成一个不可分割的整体。可以看出，王安石早就已经认识到人才的培养是一个漫长的过程，从选拔到最后的任用都需要长期的教育实践，而“教、养、取、任”四个环节既独立又相连，成为一个人才开发系统。这种“教养取任”的人才观告诉我们，在教育过程中，先要做好每一个小的环节，再把每一环节之间的衔接工作做好，这种系统性是王安石人才观的精髓所在。

我国当代教育呈现一种层次性凸显而系统性缺乏的窘境，小学不为中学负责，中学不为大学负责，各个学校只是考虑自己的升学率，并不考虑学生长远的发展，很容易导致学生升学后成绩一落千丈，不知道该怎么去学的情况。另外，无论大学，还是中小学，都普遍缺乏关于学生步入社会所需知识与能力的培养，只是单纯孤立地履行自己的义务。

所以，将来的教育模式应当使系统性与层次性相统一，要重视局部环节在人才培养和成长过程中的巨大作用，要重视各局部环节之间的密切联系，使小学、中学、大学、社会形成良性互动，协同合作，构建一种利于人才持续培养的新型体制，形成新时代的“教养取任”模式。

（三）注重启发式教学

王安石认为，教育过程不应是让学生机械地听课，而应该注重启发在教学过程中的作用，他尖锐而深刻地批评：“传注之家作，为师则有讲而无应，为弟子则有读而无问。”[①]这是说有了带有注释的书之后，教师教学中就只有讲授了，学生不再疑问和深思，因为所有的答案都可以在书上找到。这样会使学生思考的能力逐渐减退，反而不是最好的教学方法，应当如孔子所说，进行举一反三的启发式教学。王安石说：“古之学者有虽问以口，而其传以心；虽听以耳，而其受以意。故为师者不烦，而学者有得也。”[②]这全面而深刻地体现出启发教学的积极意义，这在当代也是备受推崇的教学方法。

① [宋]王安石.王安石集[M].刘成国，解读.北京：国家图书馆出版社,2019.

② [宋]王安石.王安石集[M].刘成国，解读.北京：国家图书馆出版社,2019.

第四章　中国近现代传统思想文化

不仅中国古代思想文化属于中国传统文化，中国近现代思想文化同样属于中国传统文化。在 20 世纪 20 年代左右，开始涌现出新儒学学派，第一批新儒学代表人物有梁漱溟、熊十力、张君劢等人。这一时期教育界的重要代表人物为蔡元培、陶行知、陈鹤琴、叶圣陶等人，他们均以传统思想为主、为体，以西学为辅、为用，开辟了近代思想文化发展的新趋向。

第一节　蔡元培“厚以责己，薄以责人”的处世原则

蔡元培是我国近代思想史、教育史中的代表人物，更是我国古代传统思想文化向近现代传统思想文化过渡与转型期的重要人物，他在伦理学方面有独到的见解，著有《中国伦理学史》《伦理学原理》《简易哲学纲要》等书。

我国伦理学以儒家为大宗，儒家涵盖一切意识上的科学，且与心理学、哲学息息相关。古往今来，思想家们在不同维度对伦理学进行诠释与解读，他们将伦理学与政治学、军事学、诗词文学、文学相联系，可见伦理学之广博，但也因此，我国伦理著作杂多。在蔡元培看来，伦理学最重要之处在于道德，要把西方“自由平等”的观念与中国“忠恕之道”相结合，这便开创了他“厚以责己，薄以责人”的伦理原则，这种思想既是对古代传统文化的传承与再造，又是当代公民道德原则的核心。

一、蔡元培处世原则的思想渊源

蔡元培这种伦理原则源于中国传统思想与西方近代思想文化，他生活在书香世家，从小深受中国传统思想文化的熏陶，具有深厚的儒家修养与文化底蕴，对“忠恕”“仁义”甚为推崇；后来，潜心研习西方文化，如劳默尔的《教育学史》和西方历史中的典型伦理与教育思想。

（一）传统儒学的传承与发展

蔡元培 6 岁开始进入学堂，17 岁乡试中秀才，23 岁中举，26 岁进京殿试，列二甲第 34 名进士，任翰林院庶吉士，28 岁任翰林院编修。通过蔡元培的生平可以看出，他才学深厚，对求知有强烈的欲望，认为有一种事物不了解都是耻辱，任何书都要通读一遍。据他回忆，他先读《百家姓》《千字文》《神童诗》，接着读四书，后又读《书经》、《三礼》以及“春秋三传”。

首先，在长期的阅读中，他深刻体会到儒家“修身、律己、推己及人”思想的内涵，认为人的核心在于修己，要先把自身训练好，才能去处理人与人、人与社会之间的关系；他认为“内圣”与“外王”应当紧密结合，“外王”需要以“内圣”为基础，在《华工学校讲义》一书中也明确体现自身与家庭、社会与国家的普遍联系。

其次，蔡元培推崇“中庸之道”。“中庸”源于孔子。《礼记·中庸》有“执其两端，用其中于民”的说法。他把“中庸”看作儒家的精髓，更是中国社会处事的原则，是非常值得去弘扬的中华传统文化。他认为法家是“极右派”，对国家内政横加干涉，致使秦国灭亡；道家是“极左派”，要求国家任其自然，致使晋国灭亡；汉朝“罢黜百家，独尊儒术”，开创大汉盛世，并且将儒家作为正统，这种情况一直延续到近现代，可见儒家的“忠恕”与“中庸”最切实可行。

最后，蔡元培除了主张上述儒家传统观念，还辩证地对待西学，对西学采取一种去粗取精的态度。他认为应当“持中”，对西方文化中的合理成分进行吸收，对其不合理的成分进行改造，寻求“共通之公理”。

（二）西方文化的吸收与再造

1. 亚里士多德的和谐思想

蔡元培用亚里士多德所说“植物灵魂、动物灵魂、理性灵魂”类比“智、情、义”，和谐思想体现人的全面发展观念，并且要求在发展中保持和谐，所以他主张在当代公民教育过程中要重视和谐发展，提出“完全人格”，这种人格也深刻蕴含着人的全面发展理论。

2. 斯宾塞的进化伦理思想

蔡元培曾阅读斯宾塞的著作，全面了解社会达尔文主义的内涵，并接受了其中的进化论伦理观念。不过，蔡元培认为社会发展方向不应只是“物竞天择”，更应该是向“善”发展。他还认为个体与群体是辩证的整体，个体受到群体的制约，群体的利益高于个体，在学习过程中既要“自学”，又要“群学”。

3. 法国大革命“自由、平等、博爱”的思想

在18世纪末，法国大陆盛行“自由、平等、博爱”的思想。蔡元培经过研读史学，发现当时的法国与19世纪末的中国非常相似，都处于内忧外患之中，认为这种思潮对当代有深刻的指导意义。

蔡元培在1916年和1918年的两次演讲中都提到法国大革命主旨思想的可取之处，认为人事必然以道德为根本，而道德必然以“自由、平等、博爱”为核心。

4.康德的哲学思想

康德认为世界是二元的，有实体世界与现象世界之分。蔡元培经过分析，认为实体世界是绝对的，超越时空与因果，现象世界是相对的，受制于时空与因果。并且，他将这种二元论与中国的“道”“太极”联系起来，认为两种世界不是截然对立的，要在道德引导下进行一系列的工作。

5.梁启超的新民说

梁启超认为，国家人民的内在道德素养为教育之首。在这种情况下，梁启超结合西方天赋人权思想，创立“新民说”，用来提升国民素质。他认为，西方强大是因为国民文化素质高，中国落后是因为国民文化素质低，必须培养中国人民的爱国精神。蔡元培在这一思想上与梁启超看法一致，也认为应当针对国民普遍国心衰微的情况进行教育与修正，只有这样才能使国家富强、成就大业。

二、蔡元培处世原则的时代背景

自鸦片战争以来，中国传统文化的“忠恕之道”荡然无存。在这种动荡的时代背景之下，蔡元培结合中西方思想精华，提出“厚以责己，薄以责人”，这既是为了挽救当时的社会，也是对未来社会的展望。

（一）社会背景

1840年，鸦片战争一声炮响打开中国闭关锁国的大门，西方列强带着洋枪洋炮对中国进行残酷“扫荡”，天朝曾经的辉煌消失殆尽，传统文化遭受前所未有的冲击，人们心中的信念与理想亦被撼动。

在这种社会背景下，中国签订了《中英南京条约》。自此，中国开始沦为半殖民地半封建社会，但是清政府无能，不能挽救中华大地于水火，更不能从失败中吸取教训，在民族危亡时振奋民心，随着甲午海战的失败以及《马关条约》的签订，中国真正成为半殖民地半封建国家。渐渐地，中华民族的民族危机使中国出现一批批的爱国人士，他们思考如何才能救亡图存？如何才能让中国从内而外完成革新？如何才能对国民内在道德素养进行重塑？蔡元培正是其中的一员，他怀揣强烈的救国救民之夙愿，将“德先生”“赛先生”视为医治时代弊病的“良药”，力图拯救中国，创造新的理想人格。

（二）文化背景

这一时期，文化大放异彩，是继“轴心时代”后的又一思想高峰期。蔡元培认为几千年来对中国意识形态影响最大的就是儒家思想，并兼有道家、法家作为辅助思想，他曾说：“虽其（儒家之言）哲学之闳深，不及道家；法理之精核，不及法家；人类平等之观念，不及墨家。”[①] 但是，国民耳濡目染儒家，能够让国民养成自强自立的优秀道德品性。

他专心著书，在《中国伦理学史》《中学修身教科书》等著作中对伦理思想进行梳理，为“厚以责己，薄以责人”的理论进行奠基。他极为推崇“仁、义、礼、智、信、忠、孝、节、俭、克己、谦逊、勤奋”等高尚品德，他认为“内以修己，外以及人”是道德的准绳。

对待西学，蔡元培采取兼容并蓄的包容态度，不断接触并接受西学合理的成分。从翰林院出来至研习西学后，他的思想发生巨大转变，但是以儒学为本的主旨并没有变化。他主张国人要做到先人后己、舍己为群、文明礼让、崇尚法律等。蔡元培还认为应该采用西方的教育方式，从学前阶段开始对儿童进行教育，针对民族的劣根性进行教育和修正。他曾说：“窃职素有志于教育之学，以我国现行教育之制，多仿日本。而日本教育界盛行者，为德国海尔伯脱（今译赫尔巴特）派，且幼稚园创于德人弗洛比尔……爰有游学德国之志。”[②]

在上述背景之下，可以看到蔡元培思想的发展轨迹，他对变革失去信心，希望通过西学与传统文化的融合形成新的道德体系，用来培养具有高尚素养的中国人。在这种形势下，蔡元培以兼容并包为基准，以中西学相统一为内核，提出“厚以责己，薄以责人”的思想，这既是行为准则，又是内在道德的现实反映，是对孔子“己所不欲，勿施于人”和“忠恕之道”的发展，其根本目的在于养成中国人民健全理想人格以拯救中国。

三、蔡元培处世原则的理论解构

早在先秦时期，孔子就说过“躬自厚而薄责于人”，意思是做人要自省、自检，这是责己的前提与体现，对待别人则要宽容、大度，正所谓“上不怨天，下不尤人”。意思是用责备别人的态度责备自己，用原谅自己的态度原谅

① 蔡元培．蔡元培教育论著选 [M]. 高平叔，编．北京：人民教育出版社，2017.

② 蔡元培．蔡元培教育论著选 [M]. 高平叔，编．北京：人民教育出版社，2017.

别人。它劝诫人们对人要宽，对己要严；不与他人计较，不放纵自己。这是一种境界、一种情怀、一种豁达。

（一）人贵在责己，责己贵在知耻

基于社会动荡不安，以及思潮“迸发”的时代特性，蔡元培提出“克己、律己、修己、立人、达人”的道德原则。

这种原则是儒家自古以来的优良传统，是传统文化一以贯之的精神脉络，是历代儒者的普遍共识。

荀子云：“必先修正其在我者，然后徐责其在人者，威乎刑罚。”①

韩愈云：“古之君子，其责己也重以周，其待人也轻而约。”②

程颢云：“责上责下，而中自恕己，岂可任职分？”③

但与其不同的是，蔡元培的“厚以责己，薄以责人”是与西方近代思想相结合的伦理观，是中国传统文化与西方文化碰撞产生的，又因为它产生于近代与当代在时间上相近，对当代社会与教育事业的指导意义更强。

这告诉我们，人贵在责己，发现自己身上的不足，看到自己身上的问题，寻找解决方法，而不能盯着别人，对自身存在的问题一味地加以掩饰。殊不知，小疾不除最终也会成为大患。

孔子认为“知耻而后勇”。知耻是责己的前提，它是一个人道德的基点，对修养论来讲十分重要。首先，它要求人关注自我内在修养，内省、慎独、责己、正己、正人，这也是耻与责的中心内容；其次，在这种文化的激励之下，人内在的潜力与刻苦奋斗精神能够得到激发，只有个体有强烈的耻感意识才能对自己有更加清晰的认识。

（二）责人更要宽容

中国自古就有“厚德载物”的说法，意为真正的君子能够用自己宽厚的品德承载包容万物，形容人要有宽容的美德。“厚责于己，薄责于人”最难的层面就在于“薄责于人”，而“薄责于人”最难的地方就在于宽容，即“恕”。

在历史上，“宽”与“容”最早是分开使用的，它们首次合用出现于荀子、孟子的言论，含义为包容、忍让，有仁爱之心的人，能够尊敬别人，同时能受到他人的爱戴，这是宽容的基本理念，而后，宽容广泛寓于“仁爱”与“忠

① ［战国］荀况．荀子[M]．安小兰，译．北京：中华书局，2018.

② ［唐］韩愈．韩昌黎文集校注[M]．上海：上海古籍出版社，2014.

③ ［宋］黄士毅．朱子语类[M]．徐时仪，杨艳汇，校．上海：上海古籍出版社，2016.

恕”之中。“忠恕之道”也被称为“絜矩之道”，就是以自己为尺度，通过“丈量”调节自身的行为活动，不要把自己不想做的事强加给别人，遇到事情要先从自己身上找原因，严格要求自己，而要少埋怨、责备其他人，这体现一种尊重、关爱的包容思想。蔡元培担任北京大学校长期间，以包容性为原则，制定了“兼容并包、思想自由”的治校方针，形成北京大学宽松自由的学习与研究氛围。

综上所述，蔡元培“厚以责己，薄以责人”的原则在社会重大转型时期具有鲜明的时代特征，他既担任过翰林院之职，又成为新兴教育的领军人物，为“仁义忠恕”与“自由、平等、博爱”赋予新的内涵。虽然距今已经一个世纪，但我们仍然迫切需要蔡元培所构建的理想人格范式，在当代社会以宽容的心态吸收一切有利因素，培养当代道德公民，更好地进行国内外公民素质教育与中国传统文化的研究活动。

第二节　梁漱溟“吾生有涯，心期填海”的不懈追求

“吾生有涯愿无尽，心期填海力移山”是梁漱溟先生一生的追求，包含对学术的不断追求和对民生的怜悯同情，体现梁漱溟以儒学为己的道德风范，这种风范是中国传统文化的重要精神，构成中国人不断求索、不断攀登、不断奋进的民族精神，简单来说，就是一颗“恒心”，持之以恒，为理想不断奋斗的“恒心”。

梁漱溟（1893—1988 年），中国著名的思想家、哲学家、教育家、社会活动家，名焕鼎，字寿铭，又字漱溟，以字行，祖籍为广西壮族自治区桂林市，生于北京。6 岁进入中西小学堂，8 岁后，先后就读于公立小学堂和蒙养学堂，13 岁考入地安门外顺天中学堂，开始接受新式教育。

1911 年，他中学毕业，加入京津同盟会，并担任《民国报》的编辑，1913 年开始沉迷于佛学，1916 年研究佛教的人生哲学，1917 年到北京大学讲印度哲学，1921 年，他的重要著作《东西文化及其哲学》开始出版，1924 年开始从事乡村建设运动，把目光放在农民与乡村教育上。1941 年，梁漱溟于香港创立民盟机关报，1946 年辞去民盟秘书长一职，此后专注于教学和著书。

梁漱溟的思想主要为两层：一是生命哲学，二是文化哲学。它们共同构成梁漱溟的哲学体系，他的主要作品为《中国文化要义》《东西文化及其哲学》

《唯识述义》《中国人》《读书与做人》《人心与人生》，对中国传统文化的传承影响巨大。

据冯友兰先生回忆，梁漱溟一生中有两件事令人印象深刻：第一件事是梁漱溟总说自己有一个任务，即继承孔子的思想，传播传统文化；第二件事是他在政协会议上直谏，站在农民的立场上直言不讳。梁漱溟为传统文化与农村振兴奉献一生，即使自己生命有限，也要在有限时光中尽最大努力，这恰恰体现出梁先生那“吾生有涯愿无尽，心期填海力移山”的伟大宏愿。

一、“吾生有涯，心期填海”的追求与生命哲学

梁漱溟的一生主要致力于研究中国文化，及中国文化与他国文化之差异。为了寻找文化哲学的理论基石，他吸收柏格森的思想，创立了独特的生命哲学体系。他认为，中国人的人生就是为了目标，用尽一生心血去努力，从而在精神上找到永久寄托的一生，他本人对哲学的追求也是如此。

首先，梁漱溟认为，宇宙是一个“大生命”，“生命”与“生活”是一回事，只不过“生命”是“体”，“生活”是“用”。“生活”是“事的相续”，所谓“事”并不是客观物质，也不是客观事件，而是人的感觉与意识，所以“事”就是感觉和意识的相续。他认为，“事”的发生以眼耳鼻舌身意作为工具，这体现他佛学“六识”思想的成分，在这些工具背后，还有“大意欲”。他说：“生活就是没尽的意欲（will）和那不断的满足与不满足罢了。”

如此一来，“意欲”产生“事”，并在背后控制“事”，“事”构成“生活”，“生活”与“生命”等同，而“大生命”即宇宙，所以“意欲”就是宇宙的本体。但是，宇宙“大生命”的核心是人，人的核心是“人心”，如能认知“人心”，便可体认“生命”。

其次，梁漱溟将人和宇宙看作一个整体，还把“生活”完全归于人，认为有人才有“生活”，“生活”是人的“生活”，这是把本体从宇宙转向人，“意欲”就是人的本质。他进而认为，现在的宇宙都是过去的“意欲”造成的结果。

客观物质世界是“意欲”的汇聚，作用于物质世界的现实生活是“意欲”对汇聚而成人的“意欲”的“奋斗”。那么，为什么要“奋斗”呢？是因为“现在的我”要追求向前，“前此的我”是“碍”，于是“现在的我”对“前此的我”不断奋斗、突破困难和“碍”，这便是“生活”。

最后，对于上述各种概念的把握，不能凭借感官与理性，应当凭借直觉，

“着眼研究者在内界生命”。梁漱溟说道：“要认识本体非感觉理智所能办，必方生活的直觉才行。直觉时即生活时，浑融为一个，没有主客观的，可以称绝对。”

二、“吾生有涯，心期填海”的追求与文化哲学

通过生命哲学的论述，梁漱溟将文化定义为“人类生活的样法”，依据“意欲”的不同指向，文化被分成三大指向：一是“以意欲向前要求为其根本精神”的西洋文化；二是“以意欲自为、调和、持中为其根本精神”的中国文化；三是“以意欲反身向后要求为其根本精神”的印度文化。总的来看，三者分别成就了科学精神、道德精神、宗教精神。

在梁漱溟看来，以上三种文化并无优劣区分，仅仅有是否合时宜的区别，遵照人类社会发展规律，人类最先要解决的是物质性生活问题，然后解决人与人的关系问题，最后解决无生本体的问题。西洋文化更适合人类文化目前的发展阶段，于是取得了成功，而中国文化与印度文化直接去追寻更高级阶段才要解决的问题，跳出当前时代去追求未来，是不合时宜的。不过，这也说明中、印的天分高于西洋。

以上三条路径的说法与他“世界文化三期重现说”较为相似，他在“世界文化三期重现说”中认为人类文化的最初阶段，必须要走第一条路，第一条路走到尽头会转到第二条路，第二条路走到尽头会转向第三条路。时下西洋文化已经“百弊丛生”，这说明第一条路走到尽头，需要变革为第二条路，即以儒家文化为主的中国文化。他这样说，“现今西方思想界已彰明的要求改变他们从来人生态度，而且他们要求趋向之所指就是中国的路，孔家的路。”

可以看出，梁漱溟的文化哲学与生命哲学是一贯的，他以“意欲”为源头，创造出“三条路”与“三期重现”，这在当时的社会具有一定的进步意义，他开创了世界文化分类与比较的先河，把主体对文化、学术的追求看作“无尽的意欲”，这正是“吾生有涯愿无尽，心期填海力移山”的写照，他在生活中也确实是这样做的。他在西方文化强力冲击的境况下，打破以西方为核心的文化观，呼吁提升中国的民族文化自觉性与自豪感，要求治学应有坚韧不拔、锲而不舍的顽强意志，应孜孜不倦、刻苦努力、持之以恒。

第三节 陶行知“行是知之始，知是行之成”的知行观

陶行知先生的知行观同样是中国近代传统文化的宝藏，其中蕴含着中华民族的思想精髓。自王守仁起，知行观便成为一种系统的学问，在认识论中占据重要地位，更是传统文化中不可或缺的组成部分，对其进行全面的把握有利于传统文化的弘扬与传承。

陶行知（1891—1946 年），原名文浚，后改知行，又改行知，安徽人。他是中国现代思想史、教育史上的重要代表人物，1914 年毕业于金陵大学，之后留学美国，师从约翰·杜威、孟禄。1927 年，他创办晓庄师范学校，从事乡村教育，他这种大力发展乡村教育的精神与我国传统重农思想观念是分不开的，自古中国就注重“以农为本”，这种观念已经成为中国传统思想文化的一部分，体现中国人民踏实肯干、勤俭朴素的传统美德。之后，陶先生又分别于 1939 年、1946 年创办育才学校和社会大学。

陶先生用尽毕生心血投身于教育事业，他用传统文化中无私奉献和为人师表的心态，贯彻“捧着一颗心来，不带半根草去”的人生追求，为中国教育和文化发展做出伟大贡献。

一、陶行知知行观的发展历程

任何事物都处于普遍发展之中，陶行知的知行观同样如此，经历了几个阶段的转变，接下来对他知行观的发展路径与转变进行综述。

关于陶行知的知行观，主要存在两种观点：第一种认为，他早年受王阳明、杜威影响较大，他的“生活教育”与“教学做合一”都是唯心的；第二种认为，他以马克思主义为主旨，一切思想都应是辩证唯物主义的。唯物与唯心的争论由来已久，再去赘述已无太大意义。本书认为，陶行知的思想有他独到之处，蕴含传统知行文化，在他后期的认识论和知行观中，与现代意义上的认识路线也相差不大。

（一）第一阶段：“知是行之始”（1911—1926 年）

陶行知在上学期间曾专门研习阳明心学，在金陵大学时痴迷于研究王阳明的思想，他完全相信“知行合一”之说，笃信“知是行之始，行是知之成”。也就是说，知先行后，并把自己的名字改成“知行”，他曾在文章中表明自己

的观点，说当时自己的认识论是属于唯心主义的。

（二）第二阶段："行是知之始"（1927—1930）

在此阶段，陶行知完成唯心主义向唯物主义的重大转变，他又将名字改为"行知"，改名的原因是多方面的。

首先，陶行知将先秦时期墨家典籍《墨子》仔细研读了几遍，而且他还在《行是知之始》文章中对《墨辩》中的三种知识进行了论述。

其次，经过长期参加社会性的实践活动，在各种教育调查中，他发现认识的过程是从与感性事物的接触开始的，而不是凭空出现的。在发现之前的观点存在偏颇后，他根据《墨辩》指出"亲知"这一认识阶段在学校中非常少，普遍来讲都是"闻知"，即向学生讲授知识，而不让他们参与实践，这样得来的知识缺乏真实可靠性，于是转头开始研究"生活"与"教育"的关系问题，并认为生活决定教育，教育属于生活。至此，陶行知的认识论的唯心主义色彩基本消失，呈现唯物认识论的主体形态。

最后，陶行知不再仅研究社会科学，对当代科技文化知识也有所涉猎，经过对科学长期学习，发现"行知"的重要性，如孩子必定是被烫了手才知道火是热的，吃过糖才知道糖是甜的，这是陶行知从"知行"到"行知"转变的重要因素。

（三）第三阶段："行—知—行"（1931 年之后）

在这个阶段，陶行知在"行"到"知"的基础上，加入从"知"回到"行"的步骤。在这种思想的之下，陶行知时常研习《矛盾论》《实践论》等著作，结合当时的革命斗争，具有辩证唯物主义的特点，并在 1943 年写了一首《创造年献诗》，诗中体现了物质性、矛盾性等哲学原理，如"行以求知知更行""存在从来决意识""矛盾相生复相克"。

综上所述，陶行知的知行观承袭宋明理学，在接触新思想后，把传统文化知行观进行改造，与马克思辩证法相结合，属于新时代特色传统思想文化范畴。

二、陶行知知行观的哲学特征

"行—知—行"作为陶行知认识论的基本路线，在他哲学体系的指导下而形成，其哲学体系包含如下特征，大致可分为物质性、辩证性、革命性、时代性。

（一）物质性

正如上文所说，陶先生的知行观建立在唯物主义基础之上，而非唯心主义，针对这一点可以从两个层面来分析。

首先，陶先生曾说，“世界上的一切知识可以分成两大类：一类是没有加上人工的，叫作自然；另一类是人工所创造的，叫作文化。从本质方面看，文化工作是反映人类经济政治的思想。”① 另外，他认为，一切制度都是时势的产物，与其听主观的舆论，不如搜集客观的事实。

其次，陶先生清楚地看到人之本质在于人的社会性和人的自我意识。他曾指出，“人类的头脑在动物中并不算最大，但他的脑髓和脊髓之比例是超过一切动物，这是思想之物质基础。”② 可见在他看来，人的意识也是由脑容量这一物质基础所决定，而非“灵魂”与“意识”。

（二）辩证性

陶先生的哲学具有丰富的辩证思维，他承认一切事物处于不断运动变化的状态，事物都是对立统一的，困苦与欢乐亦是如此，在人生路中不要因为一时失意而丧失信心，经历困苦才能通往幸福，所以更要发扬中华传统文化中“孔颜乐处”“贫贱不移”“安贫乐道”“愚公移山”的高尚品德。

首先，陶先生认为事物处于不断运动、发展、变化中，运动是绝对的，发展是遵循否定之否定规律的。他认为“奋斗是万物之父”，人贵在能奋斗，奋斗产生财富与未来。

其次，陶先生认为一定要注重创新。事物不断变化，相匹配的教育模式必然需要随之变化，具有时代意义的要留下，不符合时代潮流的要去掉，正所谓“是的，好的，虽旧必存。非的，坏的，虽新必除”。

最后，陶先生认为任何事物都是辩证统一体，事物处于普遍联系、互相依存、互相转化之中。

（三）革命性

陶先生的哲学具有革命性、战斗性，体现了现代性的科学思维，符合从实践到认识的逻辑性与客观性。

第一，陶先生革除时代弊病，一改先前的思维方式和知行路径，敢于开辟

① 陶行知．陶行知教育文集[M]．成都：四川教育出版社，2007.

② 陶行知．陶行知教育文集[M]．成都：四川教育出版社，2007.

独特创新的唯物学说，打破传统认识论和知行观根深蒂固的模式，提倡“敢探”“敢学”的良好风气；第二，陶先生提出大众教育理论，在教育发展史上留下浓墨重彩的篇章，使受教育人数增多，社会学术氛围大大改观；第三，将“劳力”与“劳心”结合起来，互相依存，辩证统一，提出在“劳心”中“劳力”，在“劳力”中“劳心”；第四，改变之变“教育即生活”的思想，提出“生活即教育”。

（四）时代性

对以上几点特征进行总结后发现，陶先生的哲学具备鲜明的时代特征，他本身在人生不同的阶段就有不同的教育观念。另外，其思想既包含“旧学之精华”，又融合“新学之特性”，对于处于变革中的中国有极大意义。

陶先生将教育分为四个阶段的不同模式，体现鲜明的时代性与阶段性：第一，仅靠教师讲课，学生只能认真听，没有互动和发问的权力；第二，教师与学生一起研究和讨论，可以提出问题，共同进步；第三，教师与学生共同实践，不仅将教学放在书本中，还要体现在生活上；第四，师生运用科学和实践的方法求其然、求其所以然，在教学中加入反思的成分，不再单单寻求表面的答案，而是探求问题背后的道理，从而使将来在学习和研究中能做得更好。

第四节　中国近现代思想文化对当代教育的启示

一、蔡元培思想对当代教育的启示

（一）注重体育

教育家蔡元培曾说过一句话，“完全人格，首在体育”。在他看来，“完全人格”是人格发展的目标，但实现“完全人格”的前提在于体育教学，身体为健康之本，体育为学生身体素质的提高夯实基础。老话说得好，身体是革命的本钱，体育教育的重要性可见一斑。1920 年，蔡元培在南洋华侨中学演讲，将“完全人格”也称作“健全人格”，这个“健”字比之前更突出健康、体魄的内涵。

在社会竞争大潮之下，保持健康的身体状态是实现全面发展和事业有成的重要保障。在生理上，通过体育锻炼可以很大程度上促进身体健康，可以有效协调身体机能、预防疾病、增强抵抗力。在心理上，体育锻炼可以拓展人们的生活空间，调节人类的生活节奏，缓解压力，对工作与生活中的紧张情绪都有缓解的作用，有助于建立良好的人际关系，并使人保持积极向上的健康心态。另外，体育还能培养人们的拼搏精神、竞争意识，养成更加良好的心态和思维习惯。

当代社会的飞速发展对教育提出了更高的要求，大力开展素质教育是我国的重要战略举措，体育是不可忽视的环节。然而事实上，我国教学体制长期轻视体育教学，总是主抓文化教育。目前，我国不只应当注重人格精神的教育，更应当着眼于人的全面发展和体育教育。体育包含理论教学和实践教学，这两方面结合能够在促进学生身体健康发展的同时，从精神上对学生产生潜移默化的影响，完善和塑造个人的人格，对学生人格和健康都有特殊作用。

（二）注重美育

蔡元培注重美育，这在当时为国家开辟了一条新的路线，这种另辟蹊径的思想对当下也有很强的借鉴意义。当今社会也出现了一些精神文化方面的问题，为了应对这些问题，发掘蔡元培先生的美育思想，为现代教育服务，是切实可行的。

美育思想是教育史上的精神宝藏，我们应该重视它。美育在现代社会可以分为两个层面：一个层面是家庭，另一个层面是学校。这是学生接受美育教育的两个场所，具有不同的特点和作用。

在家庭中，父母应当努力提升自己的相关素养，通过自己的言传身教改变孩子的心态和潜意识。也许在表面上看，很多时候父母没有对孩子进行系统的教学，但其实其言谈举止都在对孩子产生影响，父母的素质高低很大程度上影响着孩子将来的素质水平。同时，家长应当关注孩子日常的起居，学会用孩子乐于接受的方式去关心他、培养他，家长之间也可以互相交流，谈谈自己对教育孩子的看法和主张，多多分享经验，这也对孩子将来的发展大有裨益。

学校中是美育教育的具体实施场所。如果说家庭是美育教育的孵化基地，那么学校就是美育教育的实验基地。蔡元培认为，各级学校都应当配备美育的设备器材。举例而言，学校中可以建造一些仿古的建筑，可以建造一些假山石，也可以靠近一些公园，甚至对于学校教学楼的建造也可以用传统美学的审美观进行指导。但现实生活中，学校只为提高升学率，在考试中没有美育的成绩要求，教师和领导都不愿意花费时间和精力去发展美育，只让学生一心专注于读书、做作业，殊不知，这种机械的教学方式把学生的知识来源限定在书本之上。“纸上得来终觉浅”，这种知识是不可靠的，没有美育，没有实践，这一切都没有意义。

当代教育应当重视美育，在教育培养目标中加大美育的比重，使美育也占一定的考核成绩。在开展教学实践活动时，可以改变教学场所，如去操场、公园、假山，这样可以激发孩子学习的积极性，还能在学习的同时培养他们的审美观念，通过多种教学形式促进学生的审美意识的提高，进而提高学生的审美能力，培养学生的高雅情趣。

（三）注重包容心态的培养

蔡元培提出“厚以责己，薄以责人”，即主张包容、宽容、律己，在他人的过错方面要包容，在多元文化碰撞时代也要思想并包，兼容并蓄。

在当代教育中，要注重培养学生宽容的心态，这是博大精深的传统文化的具体体现。在漫长人生之中，会遇到各种各样的人、各种各样的事，对待不如意的情况不能抱怨，不能怨天尤人，要多从自己身上找原因。当今社会总是出现一些学生跳楼自杀的新闻报道，究其原因是学生的心理承受能力差，他们没有宽广的胸襟。这种问题值得深思，我国向来主张培养包容心态，可是为何在当代社会却出现这种情况？可见，注重学生宽容心态的培养已迫在眉睫，道德素质教育已经刻不容缓。

著名思想家老子说：“古之善为道者……涣兮若冰之将释，敦兮其若朴，旷兮其若谷。”[①] 这是说，善于修道之人经过长期的修养，性格会变得洒脱，品质会变得朴实无华，心胸会变得异常宽广，虚怀若谷。所以，在教育中必须要注重培养学生这种虚怀若谷的心态，在开始阶段肯定是异常艰难的，但经过长期培养之后，人就会心胸开阔，能够容人、容忍，这种心态对国人的生活、工作、创业都将影响深远。

二、梁漱溟思想对当代教育的启示

（一）注重恒心与毅力的培养

“吾生有涯愿无尽，心期填海力移山”是梁漱溟恒心与毅力的体现，这种

① ［春秋］老子．老子[M]．饶尚宽，译注．北京：中华书局，2018.

恒心与中国传统故事、中国传统文化皆紧密结合，是中国人民民族之魂的重要组成部分，在当代教育中必须注重这种品格的培养。

梁漱溟一生孜孜以求，不管处于顺境，还是处于逆境，他都坚持自己心中的理想不动摇，有愚公移山的坚毅品格。他的研究涉及对人生终极意义的探寻，经历几十年的大起大落，他却始终能自强不息，为人民着想。当今时代国民生命意识淡薄、社会责任缺失，有恒心、有追求的人更是凤毛麟角，学习梁漱溟毕生追求真理的恒心、决心在当代教学活动中具有重要意义。

当代教育要注重学生恒心的培养。恒是实现目的的手段，是通往成功的桥梁。恒的主旨就是坚持，而坚持二字说起来容易，做起来却很难，但只要持续、不间断，总会有实现理想的一天。对很多人来说，短期内做几件大事都能完成，如工作中完成几个项目，准备一场比赛，但是几十年如一日地做一件小事却鲜有完成者，如每日阅读半小时，每天早起晨练半小时，这些事听起来很容易，只需要半小时即可，但若真正实行起来，却难以坚持。所以，恒心是很可贵的。

（二）注重乡村教育

从19世纪60年代开始，我国的教育发展已经奠定了一定基础并进行了一系列教育改革，也取得了一些效果，但是终归失败大于成功。20世纪20年代后，学界开始意识到，中国教育改革的重点在于乡村教育改革，因为中国自古就是农业社会，在这种农耕文明下，农业才是祖国的发展之基。许多学者针对乡村教育进行广泛探讨，他们受到西方教育思想的影响，结合中国农村教育条件薄弱、农民素质普遍偏低的特性，奋力摸索，他们都认为在教育中要加强学校与社会的联系，强调教育的社会化，社会的教育化，这些思想都被梁漱溟所吸收。于是，梁漱溟通过广泛的乡村实践活动，把发展乡村教育作为中国教育改革的重要步骤，期望通过乡村教育使中华文明发展延续。

梁漱溟创办乡农学校，进行乡村建设，独创乡村教育理论，其为农村振兴所做的实践与贡献，对我们有积极的现实指导意义。他在山东邹平大力兴办各种农业合作社，解决了一系列令农民困扰的农业问题。他帮助农民提高农业产业技术水平，改变产业规模，实现程式化运营销售，这一系列措施大幅增加了农民的收入，也使中国合作社的内涵也被大大丰富，对以后的合作社发展具有示范意义。

当前农村极其需要适应性和时效性更强的农村教育方法，梁漱溟的《乡村教育理论》无疑是一剂“良药”。乡村建设是社会改造的一项重大任务，在具体改造中，乡村教育是组织形式，要引进“科学技术”“团体组织”，将政治、经济、教育融为一体，共同发展。其中，乡村教育要作为重点，在教育中也要抓重点，要培养农民缺少的人生观、修养观，培养理性的意识，因为如果只是单纯进行知识教育，还是无法改变乡村落后的状况。在具体实施过程中，要以旧农村向新农村转变为目的，以东西方文化交融为指导理论，以乡村教育和乡村建设为方法。

总之，梁漱溟的乡村教育为我们留下了丰厚的知识遗产，我们要在他的乡村教育思想中继续发掘、继续开拓，不负前人的厚望，争取在乡村教育中取得更多的成果。

（三）注重教育与社会的联系

我们应当在教育过程中注重与社会的联系，发挥教育改造社会的功能，梁漱溟曾认为教育不能与社会脱节，既要注重教育在社会改造中的巨大影响，又要随时从社会中吸收教育所带来的精神养料。他说道：“现在的学校只是讲习一点知识技能而已，并没有顾及一个人的全生活，即在知识技能方面也做不到帮着他走路。”这说明国内在教育中过于注重知识传授，而忽视了知识与社会、与实践的联系。要知道，学业结束后要步入社会，教育应当跟着社会走，否则培养出来的只能是只会读书的“书虫”。

这在当下同样具有启发意义，农村中有些留守儿童，他们缺少关爱，对学习缺乏兴趣，继续以传统的教学法进行教学只能让他们厌恶学习，同时学不到进入社会后所需要的能力。在这种情况下，就应当秉持教育与社会联系的原则，“教育为社会，社会为教育”，要根据社会的发展前景选择适合学生的科目，如果种植有前景，就教这些孩子种树、嫁接，如果养殖有前景，就教他们养殖，不一定非要拘泥于素质教育。正如梁漱溟认为的那样，职业教育必须与职业素质齐头并进，而不是脱离社会改造谋职业教育。社会需要哪些人才，就用教育培养哪些人才，以社会为本位。

三、陶行知思想对当代教育的启示

（一）注重教学做合一

陶行知在教育中主张教学做合一，这一思想对当代教育有一定启发意义。当时，陶行知从国外归来，发现教师只是教知识，他认为这并不科学。首先，这种方法使知识的传授过程出现了不安的因素，让学生处于一种“弱势”的状态，教育过程中的“唯师独尊”不利于培养他们的积极性和自信心；其次，照本宣科无法应对一直处于变化中的社会环境，或许今日讲的知识，等到下个月已经成为错误的，这样一来教学就没有意义，首先应当把教学合二为一。针对这一问题，他提出以下三点理由。

第一，教师的责任不是教，是教学。何谓教学？即教学生学，真正让学生能学到知识，才是教学。

第二，教的办法必须依据学的办法。

第三，在教学过程中，教师不但要将他教的法子和学生的法子联系起来，还要和他自己的学问联系起来。

经过以上三条理由的论述，教学做合一的方法便尤为必要。可以说，教、学、做虽然字形各不相同，但在教育事业中，它们实为同一件事。

在教、学、做三者中，要以做为中心，这符合陶行知“行先知后”的知行观，他认为“做是学的中心，也就是教的中心”。那么，什么是做呢？他说做是行动、是思想、是新价值的产生。盲目实践不能成为做，必须“劳心”“劳力”一致，真正做到三者合一。

真正实现教、学、做合一，有巨大的作用以及意义。关于作用：一是，发挥教师的道德主导作用，在社会中存在形形色色的文化浸透和道德冲击，教师作为学生在学校的负责人，要发挥道德引领作用，让学生建立起较为完善的道德观；二是，确立学生在学习过程中的主体性地位，即要求尊重受教育者的潜能和主体性。

关于意义：一是，有利于促进学生的道德践行，只有在道德践行中才能真正有道德的表现，从而给道德的内在创造性提供可能，而且教、学、做合一建立在“行是知之始，知是行之成”基础上，学生从中能激发自己的学习热情，提高自己的专业水平；二是，有利于巩固学生学到的知识，学生在受教中进行“学”与“做”，三位一体的学习方法能够让学生对知识有更加深刻的印象。

（二）注重生活与教育的结合

陶行知主张“生活即教育”“教育即生活”，要在生活中教育，在教育中生活，这也是陶行知思想的核心。在他看来，生活和教育根本就是一个过程，将两者完全割裂开是错误的。他认为，每个人在社会中的经历都是不同的，过好的生活就是受好的教育，过坏的生活就是受坏的教育。他说：“生活教育与生俱来，与生同去，出世便是破蒙；进棺材才算毕业。”这段话虽然说得很接地气，但是深刻表明了陶行知对学习的主张。所谓活到老、学到老正是此意。

陶行知所说的生活包括人生命中的一切，是自然与社会的总称。究其本质，是生活决定教育，教育改造生活，教育的一切附属通归于生活，而随着教育不断发展，这种良好的结果会反作用于生活，改造、提升人类的生活。

当代教育需要活到老、学到老的治学态度，需要生活与教育相结合的学习观念。而实际上，当下社会的学生都比较贪玩，上学只是他们生活中很小的一部分，他们更期待的是放学后的玩乐，并没有将生活与教育等同，这种情况下取得的教育结果不是最大化的。教育界需要对学生进行教育理念的培养，让学生认清，教育与学习是一辈子的事，它不仅存在于一个人的学生时代，还伴随其漫长的一生。只有这种观念深入到人的内心，才能让教育事业有更广阔的发展和前景。

第五章　中国传统节日文化

节日是人类社会发展的产物。随着生产力发展，人们对自然改造力度的加大，节日逐渐被大家所公认。中国传统节日凝聚着华夏儿女深厚的民族感情，是中国传统文化的血脉，是中国传统文化的思想精髓，更是所有中国人的精神家园。因此，传播和弘扬中国传统节日文化有利于增强民族自信心与自豪感，对当代教育事业、民俗文化发展、现代化社会建设都有不可估量的作用与意义。

但是，节日不是凭空产生的，它们与民族特有的环境、历史、思维有关，了解传统节日的来源与习俗，将这种知识与文化铭记于每个国人心中是对节日最大的尊重。

中国四大传统节日分别为春节、清明节、端午节、中秋节，接下来本书将对四大传统节日分别进行探讨，诠释节日文化对于当代教育的时代意义，探寻教学活动中融入节日文化知识的方法与途径。

第一节 春节“辞旧迎新，驱邪禳灾”

我国节日众多，其中最具代表性的非春节莫属。春节无论在地域的广度，还是时间的纵深上，都是我国最具文化内涵的传统节日，它就像一根永远不会断开的纽带，将所有国人系在一起。每当春节来临，华夏人民的民族感情都难以言表。除藏族、傣族、白族有自己的纪年方法外，其他民族均过春节。正所谓“百节年为首，四季春最先”，春节又被称为“过年”“年节”，以前还用过别的名字，如元辰、元朔、岁朝、元日等。

春节的寓意为“辞旧迎新，驱邪禳灾”，具体时间指的是除夕晚上到正月初一，有些地区认为春节是从腊月初八一直到正月十五。在日期上无论相同或不同，中国人对春节的向往和期盼是一样的。

一、春节的起源

（一）史料起源

根据史书所载，中国人在 4 000 多年前就开始过春节了，在众多关于春节起源的说法中，被普遍认可的是春节在虞舜时期兴起的。当时，舜在尧的推荐下承天子位。他在某一天带着下属去祭拜天地，希望为天下驱邪禳灾，祈求国泰民安，于是人们将这一天作为一年的初始，这一天所处的月为正月，而这一节日被称为春节。

“年”字于周朝才开始出现，最早的含义源于农业，这与我国是农耕文明的社会息息相关，指谷物的生长周期。《说文解字》记载：“年，谷孰（熟）也。”[①] 历史上还有“五谷大熟为大有年”的说法，其中“有年”代表大丰收之意。此后，人们为了更好地观察时节、农时，便采用夏历，以月亮圆缺的周期

① 许慎．说文解字 [M]．汤可敬，译．北京：中华书局，2018.

当作月，一年划分为十二个月，每月中看不到月亮的一天成为朔，正月中朔的子时被称为“岁首”，意味一年的初始，亦称作“年”。365 天周而复始，不停运转，每到“岁首”，人们就会隆重地庆贺新年到来，渐渐地形成“过年”的习俗，成就了年文化。

总的来看，西汉前的每个朝代对年的日期都有不同规定，夏朝将正月初一定为“年”，商朝认为十二月初一是“年”，周朝则以十一月初一为“年”，秦朝以十月初一为“年”，直到西汉，约公元前 104 年，汉武帝恢复“夏历”，规定正月初一是一年之始，称为“元旦”，意为一年之中第一个清晨。1911 年，辛亥革命推翻清朝统治，政府召集各界代表于南京开会，会议决定农历正月初一为春节，直到 1949 年 9 月 27 日，中国人民政治协商会议第一届全体会议决定我国采用公历纪年，把公历的 1 月 1 日定为“元旦”，把农历的正月初一定为“春节”，自 2006 年 5 月起，春节被列入第一批非遗名录，成为中国最具代表性的节日。

具体来看，古代春节文化演进有明显的阶段性。

上古时期：有类似庆祝节日的活动，但是没有形成较大规模。

商朝时期：节日与祭祀、祭神、祭祖活动联系密切。

周朝时期：春节期间出现明显的农业性庆祝活动。

汉朝时期：春节的相关制度开始形成，并且有爆竹、团拜、朝贺等制度。

魏晋时期：在汉朝基础上开始出现守岁的习俗。

五代时期：这一时期开始出现春联，后蜀太子写了最早的春联。

宋明时期：鞭炮开始出现，皇帝要亲自主持郊外祭祀。

另外，关于春节的起源，我国有很多动人的传说故事，其中最重要、最具代表性的是“万年历”的故事、“年”的故事、黄帝战蚩尤的故事。

（二）故事起源

1.“万年历”的故事

上古时期，有一个聪颖的年轻人名叫万年，他发现整个国家的节令非常混乱，人们都没有一个统一的准则，他就在心中萌发校准节令的想法。一天，他饭后无事，坐在大树下乘凉，他发现树荫会移动，在这一启发之下，他做出一个通过观测日影计天时的晷仪。之后，山崖边的滴泉给予他灵感，他又做了一个漏壶，通过漏壶里面的液体变化计算时间，慢慢地，他发现每过 365 天，四季便轮回一次，天时的长短就往复循环一次，他很兴奋，想要把这种办法传播出去。

碰巧当时的国君祖乙也常因天时不测而感到苦闷，万年便对祖乙讲了日月运行的规律。祖乙听后非常开心，修建日月阁，并建造日晷台、漏壶亭。后来，祖乙前去查看历法观测的具体情况，他看到石壁上刻着一首诗："日出日落三百六，周而复始从头来。草木枯荣分四时，一岁月有十二圆。"这是说，一个循环为360天左右，这360天分为四个季节，而这一个循环中会出现12次月圆。祖乙非常开心，他亲自登上日月阁看望万年，万年说："现在正是十二个月满，旧岁结束，新春开始，请您制定一个节吧。"祖乙说："就叫春节吧。"于是，便有了春节，人们为了纪念万年的功勋，就把这种历法称为"万年历"。

2."年"的故事

传说古时候有一个叫作"年"的猛兽，它常常吃掉牲畜，伤害百姓，后来人们逐渐掌握了"年"活动的规律，它每过365天便去人多的地方尝一次鲜，并且每次出现都是夜间，等到破晓天亮时分，便回到山林。

后来，每到除夕，人们就全部逃到山中。有一年除夕，来了一个前来乞讨的老人，有一位老奶奶赠予他一些粮食，并让他赶紧去山中躲避"年"，那老人却胸有成竹地说自己可以把"年"赶走。等到晚上，"年"真的来了，它却发现村庄这次与往常不同，村里老奶奶家门上贴着红色的纸，屋子里灯火通明，刚靠近大门，却传来噼里啪啦的爆竹声，"年"被吓坏了，它狼狈地跑回自己的老巢，村民们这才知道，原来"年"害怕红色、火光、爆竹声。

次日清晨，去山里躲避的人们都回来了，他们发现村里竟然十分祥和，没有"年"来过的痕迹，老奶奶给大家讲述乞讨老人为村子驱赶"年"的故事，人们都学会了这种办法。自此以后，每逢除夕，家家户户贴红色对联、燃放爆竹、灯火通明，还要在初一的早上走亲访友，互相祝福。

3.黄帝战胜蚩尤的故事

传说在洪荒时期，黄帝和东方九黎部落的蚩尤开展了一场持久的战争，在农历正月初一，黄帝在涿鹿打败蚩尤并杀之，人们为了纪念黄帝的功绩，就把正月初一这一天定为春节。

二、春节的习俗

春节经过几千年的发展，在不同地区、不同民族产生很多不同的风俗习惯。经过时间的检验，有些神秘且带有迷信色彩的习俗已经消去，承载更多民族文化的春节习俗被保留下来。

（一）扫尘

每逢春节佳季，每家都要进行一次大扫除，从房顶到院落，从厨房到卧室都要打扫得干干净净，收拾得井井有条。扫尘这一习俗有很长的历史渊源。

首先，“帚”最早出现于甲骨文，在商周的青铜器上就有女子手持帚扫地的形态。这表明中国古代人民很早就注重打扫卫生，除尘除秽。

其次，《吕氏春秋》记载我国在尧舜时期就出现了“扫年”的习俗，历史上说“扫年”即“扫尘”，“尘”与“陈”同音，“扫尘”具有辞旧迎新、除尘布新之意，这寄托着古代劳动人民破旧立新的追求。到了唐代，“扫年”盛行。

扫尘的习俗具有很多积极意义：在生理上，可以起到锻炼身体的作用，平日里人们都忙于工作、忙于生计，在这种大扫除中可以使筋骨活动开，迎接新的一年；在心理上，能够发扬中华民族热爱劳动的传统文化，使每个人心中都洋溢着幸福感；在环境上，有利于促进每个国民心中美化环境、保护环境、讲卫生习惯的养成，对社会的清洁也有一定帮助。

（二）祭灶

农历腊月二十三被称作“小年”，这一天是祭灶的日子。民间流传有“官三民四船家五”的说法，这都是关于小年祭灶的生动描述。

在古代，每家每户都在厨房里设有“灶王爷”的神位。古话说“民以食为天”，中国人在饮食上投入了比其他国家更深厚的感情，所以祭灶变得尤为重要。传说中，灶王爷是玉皇大帝敕封的“九天东厨司命灶王府君”，他管理各家各户的灶火，于是便被人们视为重要的神明。有的人家中设有灶王龛，如果没有灶王龛，就会把灶王爷的神像直接贴到墙壁上，有些神像上画有灶王爷和灶王奶奶两人。在祭灶期间，民间主张吃饺子，而在山区吃年糕和荞面的较多，有些地区还有炒玉米的习俗。

（三）挂年画

年画产生于尧舜时期，伴随我国辞旧迎新和驱邪禳灾的习俗而逐渐发展起来，到现在，人们依然沿袭这一习俗。春节挂年画的习俗为千家万户添加了浓郁的节日色彩，极大反映出古代劳动人民的传统风俗与信念。民间的一些年画作坊制作出的《六畜兴旺》《福禄寿三星图》《五谷丰登》都极具代表性，寄托人民对平安和丰收的美好愿望。

1.门画

最早的年画为门画。南朝梁的宗懔在《荆楚岁时记》中说道："正月一日，绘二神贴户左右，左神荼，右郁垒，俗称之门神。"①这是说，神荼和郁垒是除鬼的两兄弟，人们把他们贴在门上，祈求安康。后来用秦叔宝、尉迟敬德代替神荼、郁垒。另外，民间还有用钟馗作门神的习惯，这是因为《天下乐》中描述钟馗能够打鬼。传说钟馗正义刚强，从不相信邪魔歪道，有一次他看到僧人在为他的朋友杜平做道场，非常生气，直接上前殴打僧人，鬼看到钟馗不尊重自己也很恼火，去观音处进谗言，观音决定报复钟馗。某天，钟馗走到山谷时被恶鬼围攻，致使他脸部受伤严重，容貌狰狞，虽考中会元，但因容貌丑陋被废，便含冤而死。钟馗死后将冤情上报玉帝，玉帝深表同情，封他为斩祟将军，正义的守护神钟馗便这样产生了。

2.木版画

宋朝，传统的门画演变为木版年画。当今存有最早的木版年画是宋代的《隋朝窈窕呈倾国之芳容》，画上有王昭君、绿珠、赵飞燕、班姬四大美人，即《四美图》。

明朝末年，民间出现三大木版年画：山东潍县杨家埠木版年画、苏州桃花坞木版年画、天津杨柳青木版年画。山东潍县杨家埠木版年画和江苏桃花坞木版年画粗壮朴实，天津杨柳青木版年画纤巧典雅，它们各具特色，风格迥异，均在中国年画史上享有盛誉，曾传入过日本与欧美等。此外，南宋时期的福建年画也独具特色，曾销往南洋。木版年画不但历史悠久、容量庞大，而且形式多变，具有生动、形象的表现特征，是唯一可以用雕版印刷批量生产的艺术品。到了现当代，年画虽也有祈求丰收的主题，但主要以爱国主义、生态文明为核心。

（四）拜年

拜年是一种大年初一早晨互相问好、祝贺的习俗。关于拜年有两种传统说法：第一种要先拜天地，次拜祖宗，再拜高堂，最后出门拜亲朋好友；第二种是初一拜本家，初二拜岳家，初三拜亲戚，一直拜到正月十五。

拜年作为岁首的祝贺方式古已有之，至秦汉时期，已经十分流行，到了宋朝，拜年的内涵被大大加深，既是平民百姓之间互相祝贺、交流的方式，又是统治阶级扩大交际圈的重要手段。

---

① 宗懔.荆楚岁时记[M].北京:中华书局,2018.

宋朝时期，民间百姓亲友之间互相拜年以表达真心希望对方事事如意的心意，统治阶级拜年体现的是一种关系的维系、礼节性的往来。可见，中国的人情社会已有千年历史，一直延续至今。另外，当时为了方便，人们时常用名刺拜年，名刺又被称为“名帖”，此物促进了贺卡的产生。因为士大夫交际面比较广，他们若每每拜年都亲自前往，则过于耗费时间与精力，所以他们派遣下人用梅花笺制成二寸宽、三寸长的卡片，写上祝福的话语，便不用亲自前往，于是这种代为拜年的方式广为流传。直到明朝，人们又用投谒作为拜年的方式，这时所做的贺年卡片是在宋朝“名刺”“名帖”的基础上发展来的，除了写有送者的姓名、地址，还有很多祝福词。明朝诗人文徵明在《拜年》一诗中说道：“不求见面惟通谒，名纸朝来满敝庐，我亦随人投数纸，世情嫌简不谦虚。”该诗显示出当时投谒拜年的普遍性。到了清朝，在以前的基础上又多了“团拜”的形式，是指亲友欢聚一堂，共同庆贺春节的活动。清代的贺卡被称为“拜帖”，将“拜帖”放入锦盒内，以表示尊重，这个盒子便被称为“拜盒”。随着时代进步，当今社会的拜年方式变得更加多样，包括网络拜年、电脑拜年、短信拜年等。

（五）贴春联

春联，又被称为“门对”“春贴”“对联”，指春节期间张贴出来的红色喜庆元素“年红”中的一种，其特征为对仗工整、言语简洁、用词优美、充满祝福，属于中国独特的文学艺术形式和重要习俗。贴春联起源于宋朝，至明代开始普遍流行起来，这与明太祖朱元璋的提倡不无关系。据史书记载，朱元璋酷爱对联，他经常自己书写，有时还会鼓励大臣书写。有一年，朱元璋令每一家都贴上春联，用来彰显喜庆的氛围，在此之后，民间便有了贴春联的习俗。现代社会每逢新春佳节，各家各户也都会将红色的春联贴在自家大门上，有时也会贴在屋内的门框上。

春联有自己的书写要求、字数要求、词性要求，上下联平仄相调，切忌合掌。具体来看，书写形式上要成双成对，内容要首尾呼应，结构要完整，语言要言简意赅；上下联字数要相等，这是春联最为基本的规范；上下联词性要一致，上下联相对应词语的类别性质既对等排列，又要相对，如“新春富贵年年好，佳岁平安步步高”；要注重音韵和谐，春联读起来应该高低起伏、铿锵有力；切忌合掌，“合掌”意为语义重复，春联是文章之中最为精练、简洁的文体，不允许“合掌”出现，以便用不多的文字表达更多的信息。

（六）放爆竹

“爆竹声中一岁除，春风送暖入屠苏”的诗句描述的是人们在阵阵轰鸣的爆竹声中喜笑颜开，旧的一年悄悄过去，人们在和煦的春风中迎来新的一年，并畅饮新酿好的屠苏酒，表达了元日热闹、欢乐、万象更新的和谐景象。民间还有“开门爆竹”的说法，指新年来临之际，千家万户开门的第一件事就是放爆竹，用噼里啪啦的声音辞旧迎新。

爆竹又名“鞭炮”“爆仗”“炮仗”，距今已有两千多年的历史。在历史的长河中，它的内涵与作用也有明显改变。在现代社会，爆竹仅仅是一项娱乐活动，让人们感受节日的氛围，而在古代，爆竹的作用更广。

唐朝初年瘟疫横行，有一个叫李田的人把硝石放在竹筒之中，燃放时可以发出巨大的声响，散发出十分浓烈的雾气，可以驱除瘴气，达到去灾驱病的效果。之后，人们将硝石、木炭、硫黄等物品装于竹筒内部燃烧，“爆仗”便产生了。宋朝年间，人们用纸筒、麻茎包裹火药编成一个长串，这就是现代鞭炮的雏形。随着时间推移，到明清时期，爆竹开始显现出它的娱乐功能。

当代社会爆竹固然有其作为文化载体的功能，但危害也较多，如噪声危害、残留危害、光污染、环境污染、人体危害，所以在对待爆竹的时候既要了解它所蕴含的传统民俗和文化底蕴，又要自觉少放爆竹，防止环境污染。

三、春节的饮食

《史记·郦生陆贾列传》记载：“王者以民为天，而民以食为天。”[①] 从中可以看出，食对中国劳动人民的重要性，以及中国劳动人民对食物的特殊感情。中国人的文化常常与饮食联系到一起，节日文化更是如此，如过年、过节期间，总是喜欢做一桌好菜，做一些具有节日特色的食物，春节的饮食文化则是其中的重要代表。

（一）年糕

年糕是中国传统食物，又被称为“年年糕”，谐音即“年年高”，寓意人步步高升，小孩身高一年比一年高，成绩一年比一年好。年糕为春节的代表性食物，是用糯米或米粉蒸成的糕点，分为红、白、黄三种颜色，象征金银。

年糕在中国有着悠久的历史。1974 年，考古工作者在浙江河姆渡遗址发现保存完好的水稻种子，这说明我们的祖先在七千多年前就开始种植水稻。到

① 司马迁．史记 [M]. 张大可，译．北京：商务印书馆 ,2019.

了汉朝，人们将米糕称为“稻饼”“糍”“饵”，扬雄所著《方言》中已出现“糕”的称呼，到了魏晋南北朝，年糕已经比较盛行。

关于年糕的制作，用糯米磨粉制作的方法是比较早的制法，这可从贾思勰的《齐民要术》中找到佐证。制法是将糯米粉用绢罗筛过后，加水、蜂蜜和成硬一点的面团，将枣和栗子贴在面团上，用箬叶裹起蒸熟即成。此糕点很有中原地方特色。糯米是江南的特产，在北方像糯米那样具有黏性的谷物，古来首推黏黍(俗称黄米)。这种黍脱壳磨粉，加水蒸熟后，又黄、又黏、又甜，是黄河流域人民庆丰收的美食。

明崇祯年间的《帝京景物略》中记载，当时北京人已经有“年年糕”这一食物，从中可以了解到，“年年糕”是北方“粘粘糕”的谐音。现在有经验的年糕制作者认为，若要做出上好的年糕，必须注重水和油的配比。当然，糯米粉的纯度也非常重要，市场上购买的很多糯米粉都掺杂着别的米粉，所以吃起来虽软不糯。好的年糕要用糯米做，以保证年糕的纯正度和原汁原味。年糕可做成多种风味，即在基本的原味年糕上加入个人喜欢的其他材料。年糕不但是一种节日美食，而且寓意着万事如意、年年高。

（二）饺子

饺子源于古代的角子，原名“娇耳”，是河南南阳医生张仲景发明的药用食物。张仲景用面皮包裹驱寒的药材用来治疗病人，防止他们的耳朵生冻疮，距现在已经有一千八百年的历史了。饺子又被称为水饺，是新春佳节的代表食物，深受国内外人士的喜爱。俗话说得好：“大寒小寒，吃饺子过年。”

古时候饺子的称呼非常多，并且随朝代而变化，三国时期被称作“月牙馄饨”，魏国张揖撰写的《广雅》中就提到此类食物；南北朝时期被称为“馄饨”，这时的饺子煮熟后不是捞出来单独吃，而是与汤一起放在碗中；唐代称其为“偃月形馄饨”，这时的饺子与当代基本一样，并且食用方式也基本相同，就是捞出来单独吃，而不是放在汤里；宋代称之为“角儿”，此时的饺子传入蒙古，蒙古语的读音类似“匾食”；元朝时期随着蒙古帝国东征西讨，饺子也在世界各地传播，出现哈萨克斯坦饺子、朝鲜饺子等多种饺子。根据文献记载，春节吃饺子的习俗最晚出现于明朝时期，《酌中志》详细记载了宫中一切生活，包括饮食、节日等文化；清朝时期，饺子要在大年三十子时之前包好，在子时食用，正好是新年的开始，取“更岁交子”之意，寓意团圆如意，无论百姓贫富贵贱，都用白面做饺子，希望新年更加顺利、吉利。

（三）春卷

春卷，又被称为“春饼”“春盘”“薄饼”，是一种中国春节传统食品，广泛流行于各地，在江南之地尤其盛行。在中国南方，人们春节不习惯吃饺子，而吃春卷。另外，福建漳州一带于清明时节也吃春卷，民间除供自己家食用外，还用于待客。

在制作时，春卷用干面皮包馅心，经煎、炸而成。它由立春之日食用春盘的习俗演变而来，就是将五种辛荤的蔬菜，包在皮里，经油炸供人们在春日食用。

唐代，其内容有了发展变化，人们往里面加入萝卜、生菜等食物，之后发展日趋精美，最晚到元代，已有关于包馅油炸的春卷记载。元代无名氏编撰的《居家必用事类全集》记载有“卷煎饼”“摊薄煎饼”等食物，这就是早期的春卷，明朝《易牙遗意》中也有类似的记载。

清代已出现春卷之名，《调鼎集》虽仍以“春饼”为名，但是已做成卷状，其原文为“干面皮加包火腿肉、鸡肉等物，或四季时菜心，油炸供客……单用去皮柿饼捣烂，加熟咸肉、肥条，摊春饼作小卷，切段。单用去皮柿饼切条做卷亦可”。这里介绍了三种制法，既包馅(咸、甜均有)又有卷，是典型的春卷形状及制法，与今日之春卷极为相近。

第二节　清明节“祭拜祖先，亲近自然”

清明节的寓意为“祭拜祖先，亲近自然”，源于上古时期的祖先崇拜、春祭礼俗和对神灵的忌惮。清明节以其独特的文化内涵和功能承载着中国人民追念祖先、感恩前辈、饮水思源的传统美德，它一直牵引着中华民族的情思。清明节真正确立是在中唐时期，但是清明这一节气的起源却很早。

一、清明的起源

（一）祭祀与节气的起源

关于清明的起源，要从两个层面论述，清明节既包含祭祀活动，属于清明文化层面的起源，又包含自然和节气之意，属于清明自然层面的起源。

扫墓祭祖起源于先秦。中国自古以来就十分重视墓葬，统治阶级设立专门掌管墓葬的官员，其中冢人专门掌管王侯将相的公墓，墓大夫专门掌管庶民的邦墓。于是，墓祭便成为一项重要的活动，正所谓“祀乃国之大节”，指祭祀祖先这项活动是对国家来讲不可或缺的内容，是衡量人们是否符合道德、是否遵守礼仪的准则，人人必须遵从。

清明作为自然节气起源于汉代，我国从原始的“山中无历日，寒尽不知年”演变为知年知日知农时。在汉代，每十五天设一个节气，正好把一年分成二十四个节气，对我国农业发展起到至关重要的作用，至此清明的节气得以明确。公元前 105 年，刘彻命司马迁等人制定《太初历》，确定清明为 4 月 5 日前后。

（二）清明节的确立

汉代虽有清明节气，也有祭祖习俗，但是尚未形成融合“祭拜祖先，亲近自然”习俗的清明节，直到唐代，唐玄宗将寒食节定于清明日的前二日，放假三天，寒食与清明合为一体，清明节作为节日得以确立。可见，清明与寒食紧密相连。

而关于寒食节，有一个十分动人的故事。相传，春秋战国时期，晋国公子重耳为了避难逃到其他国家，在惨淡的流亡生涯中几近饿死，臣子介子推偷偷地割下自己的大腿肉为重耳煲汤，重耳深为感动。后来，重耳成为晋文公，却忘记封赏介子推，人们都劝介子推去讨要奖赏，介子推却不愿前去，带着母亲去深山隐居了。晋文公得知这件事后羞愧难当，亲自去找介子推未果后，希望通过放火烧山把介子推逼出来，后来发现介子推和母亲死在深山，他们旁边还有一封书信，写着“割肉奉君尽丹心，但愿主公常清明”。晋文公悲恸万分，下令将这天定为寒食节，第二天定为清明节。

清明节与寒食节的融合是可以肯定的，但寒食节的这一传说有待商榷。首先，介子推之事并没有出现在《史记》《左传》等典籍中；其次，禁火这一习俗产生于周代，甚至更早便有之，所以因纪念介子推而禁火有附会之嫌。在社会中，出于心里慰藉作用，人们习惯将节日与名人、名事相联系，借以增强节日的感染力、影响力，增强民族的文化自信，让人铭记于心，但是实事求是的心态和理性的思维方式或许更重要，要理性分析和看待事物。

二、清明的习俗

清明节不像其他节日有固定、统一的饮食习俗，不同地域有不同的饮食习俗，各地都有不同的特色节日产品。由于清明节和寒食节在一起，禁止生火做饭，古人就提前准备好熟食，在清明节期间食用，形成了中国特色的寒食习俗。在清明节期间，北方人用面粉做成蒸饼，在上面放一些红枣，并捏成燕子的形状，这种食物被称为“子推燕”，用以纪念介子推。而在江浙一带，人们会在清明时节制作“清明狗”，步骤是先采集一些嫩莲，再拌上糯米粉即可，有几个人食用便做几只，有“吃了清明狗，一年健到头”的说法。另外，清明还有一种食物为春饼，这时的春饼与春节的春饼不同，它又被称为薄饼，里面包上猪肉、猪肝、蔬菜，最早用于祭祖，后来成为人们节日食用之物。人们还喜欢吃炒螺蛳，有“清明螺，赛只鹅”的说法。南方部分地区喜欢在清明节吃青团，青团又名清明饼、艾叶粑粑、清明团子、艾草青团等，青团的“青”，取清明的“清”之意。可见，清明节的饮食多种多样，并无统一规定，但是它们都有一定的寓意，寄托着中国人民的传统思想和深厚的文化底蕴。

而清明节的行为习俗多种多样。清明节俗称“鬼节”“冥节”，是祭祀逝者、祖先的重要节日。清明还有踏青、郊游、运动等习俗，但扫墓祭祖是其最主要、最不可忽视的部分。

（一）扫墓祭祖

清明节扫墓源于寒食节的扫墓传统。学界表明，寒食节扫墓源于先秦时期，只是并不在寒食节前后进行，当寒食与清明合并后，人们便在清明节扫墓了。东汉时期，人们在月底、月中、二十四节气、伏日、社日、腊日去“上饭”，即摆上祭祀的祭品，唐代后，扫墓活动变得越发流行，宋代后，统治者规定寒食节到清明节祭祖扫墓三天，太学因此休息三天，便于师生进行扫墓活动，发扬传统扫墓祭祖习俗，开创清明法定假期的先河，至此，清明的习俗与假期等一系列制度都较为完善。清明节经历元、明、清、民、国一直沿袭至今，成为我国必不可少的传统节日。

在我国，有些地区非常注重扫墓的过程，如山东泰安，男主人先要挑着四个小菜和水饺到墓前，摆上祭品后再跪拜、撒酒祭奠、填上新土，寓意深刻，包含后代对祖先的尊敬、尊重，以及“修建房屋”的思想。

现在，清明节的内涵与意义越来越广，从最初包含祭祀，到现在扩展为缅怀革命烈士。1949 年，华北人民政府公布，将清明节定名为“烈士节”，由仅仅缅怀家族祖先推广到为国家付出的仁人志士，这是蕴含在节日中的传统思想的凝聚与传承。每当清明节到来之际，各个学校总会组织学生为革命烈士扫墓，而部分大学生则会自发地为革命烈士扫墓，制作红色文化宣传短片。以上活动随着时代发展越来越普遍，这对提高人们的道德情操，增强人们的爱国主义精神，以及提高工作的积极性都有重大意义。

（二）插柳

在清明节这天，按照传统习俗人们都要在自家门前插上柳枝和松柏枝，还有很多男男女女用柳条编成花环佩戴，民间有“清明不戴柳，死后变黄狗”的说法。

关于插柳的来源有不同的解释，其中以下几种说法占据着比较主流的位置。其一，有人说插柳是为了纪念介之推，介之推与母亲当时被烧死于柳树与柏树之间，人们用柳枝和柏枝可以传达对介之推的哀思与怀念。其二，用柳枝、柏枝代表取得新火，这是因为清明节源于寒食节，寒食节禁火后，第二天则需要钻木取新火。据记载，皇帝会在寒食断火之后赐予官员火柳棍，百姓也用柳条互相传递新火，火种燃烧后，再将柳枝插到自家门前，表示已经获得新火，可以重新生火做饭了。其三，是为了纪念“教民稼穑”的农业始祖神农氏，正因他的勤劳与智慧，中国人才能更快更好地掌握农业的技巧，发展出伟大的农业文明。其四，是为了驱鬼辟邪，观世音菩萨手持柳枝，可以降服妖魔，驱除灾难，在百姓眼中，柳枝被赋予了神圣的能力，并将柳枝称为“鬼怖木”。

由于插柳需要在早上，因此人们便在前一天夜间到郊外取些柳枝、柏枝带回家，第二天早早起来就把柳枝、柏枝插在院落中或门前。此外，在磨眼、鸡舍、猪圈等处同样需要插上柳枝与柏枝。民间百姓认为，在磨眼插上树枝可以堵住天眼与屋眼，能够有效起到防毒虫的作用。柳枝还可以用来娱乐，人们可以把柳枝的皮去掉，做成柳笛，也可以用柳枝当作小皮鞭，倾听它带来的清脆声响。

（三）踏青

中国自古就有踏青的习俗，历代帝王都有春季踏青的习惯，也就是郊游。古时候，踏青被称为“探春”“寻春”，因为踏青往往在三四月份，这时春天刚刚来临，万物复苏，嫩绿的枝芽与小草还需要细心观察才能被发现，所以需要“探”与“寻”。

踏青这一习俗历史十分悠久，源于远古时期农耕祭祀的迎春习俗。在农业社会的历史长河中，人们对春的向往是无可比拟的，春是播种的好时节，这种迎春的习俗从上古时期一直传承下来。程颢说："况是清明好天气，不妨游衍莫忘归。"[①]该诗句体现出清明与踏青之间无法割断的联系，可见清明节处于初春时节，它既与春同时来临，又有深厚的节日文化底蕴，成为踏青的好时节。清明时节，春回大地，四处都焕发出蓬勃生机，清明节踏青的习俗便逐渐形成了。

（四）放纸鸢

纸鸢，即风筝，又称"鸢儿"，在古代"鹞"和"鸢"都是猛禽，南方人将风筝称为"纸鹞"，北方人将风筝称为"纸鸢"，因为最初的风筝是纸质的鹰，飞在空中好似雄鹰在展翅飞翔。

据考证，纸鸢的历史已经有 2 000 多年，为韩信首创，当时陈豨造反，韩信与陈豨勾结，用纸鸢作为里应外合的信号。后来，纸鸢被普便应用于军事、战争中，如南北朝侯景之乱时，被侯景围困的梁太子便靠纸鸢搬来了救兵；唐朝魏博节度使田悦造反，守将张伾遂通过纸鸢与朝廷援军取得联系。

后来，放纸鸢成为清明节的习俗。宋代周密在《武林旧事》中记载了百姓放纸鸢的故事，人们在清明时节外出放纸鸢，至太阳下山才归来。实际上，除了白天，人们还会在夜间放纸鸢，夜里的纸鸢被挂上一串彩色的灯笼，宛如闪亮的星星和明灯，被古人形象地称为"神灯"。

后来，放纸鸢有了"放晦气"的含义，人们把纸鸢放到最高处，待纸鸢乘风奋力翱翔之际，剪断牵线，让纸鸢飞得更远更高，寓意着把愁思带到最远处，让自身和家人越来越幸福，让疾病与灾难全部远去。《红楼梦》中就体现了纸鸢除晦气的说法，书中写道："当风筝放飞升高后就有意把引线剪断，让风筝远远飘去，据说它可以带走晦气、烦恼、苦闷、忧患与病痛。"那么，纸鸢是如何得名为风筝的呢？据说，五代十国时期，有个叫李邺的人，他在纸鸢上拴上竹笛，微风拂动会发出嗡嗡之声，非常像"挣筝"的声音，因而得名为风筝。

当代社会，人们继承这一传统习俗，将风筝发展出多个类别，如北京沙燕风筝、天津软翅风筝、南通六角板鹞、山东长串风筝等。在春意盎然、一派生机的清明时节，风筝随着日渐上升的"阳气"一同上升，代表人们朴实纯真的美好心愿。每年 4 月 5 日，山西大同的桑干河附近都有风筝放飞活动，体现了人们对传统文化的尊重和延续。

---

① 程颢，程颐．二程集[M]．苏州：凤凰出版社，2020.

（五）植树

植树，指种植树木，我国植树的传统由来已久，从古老神话故事中就可以看出中国劳动人民对植树、对森林的热爱，如《山海经》中“夸父逐日”的故事，书中说夸父死前扔掉手中的拐杖，将自己的身躯化为高山与森林，永远庇佑着黎民百姓。《礼记》有“孟春之月，盛德在木”的说法，《孟子》中将人的善性比喻为木。除了对森林和树木的热爱，人们植树还与古老的丧葬习俗有关。早在先秦时期，封建王朝统治者就开始在坟墓前栽种树木，到春秋时期，民间也开始普及这一习俗，人们将其作为祖坟的标志。孔子曾在周游列国之前，于自家祖坟处种植松柏，是为了归来时能清楚辨认出自家的祖坟。由此可见，树木在中国对古代人民的多重意义。

随着历史更替，秦统一六国后，大力提倡在街道两旁种植树木。隋朝开凿大运河时期，也提倡在河旁种植柳树，对种植者还有所奖赏。唐朝至明清时期，统治者仍然鼓励种植，明太祖朱元璋本就出身贫寒，他将农桑之事当作国事之本，仅金陵的钟山就种树约 50 万棵。

但是，植树是何时与清明节联系起来的呢？相传种树成为清明节的习俗源于汉高祖刘邦，他常年征战，有一次回到故乡时，却找不到父母的祖坟，经过千辛万苦找到一块破旧的墓碑，他命手下修坟立碑，而此时恰巧是清明时节，便将植树与清明节紧紧相连。另一种说法是清明节所处的气候特别适宜植树，这时植树的成活率高，成长速度快，人们便有了在清明节植树的习惯。在历史上，我国流传着很多植树佳话，如朱棣植槐、思乡植柳、治病种杏、庆功栽杨。1915 年，中国正式规定清明节为植树节，国家将植树定为“功在当代，利在千秋”的工程项目。

（六）蹴鞠

古时候，鞠是一种皮球，这种球由皮革制成，而蹴鞠，即踢球之意，北方人有清明节蹴鞠的习俗。相传，蹴鞠为黄帝所发明，但是黄帝本就含有神话色彩，所以蹴鞠是否真正为黄帝发明还有待考证。《史记·苏秦列传》记载：“临淄甚富而实，其民无不吹竽、鼓瑟击筑弹琴、斗鸡走义，六博蹋鞠者。”可见，蹴鞠在汉代已十分盛行。唐代，清明节蹴鞠更是广受推崇，到明清时期呈现没落之势。不过，蹴鞠是世界重大运动足球的前身。随着人们对传统文化的日渐重视，蹴鞠又受到学界和政界的普遍关注。2004 年，足联主席布拉特宣布“足球起源于中国”。2006 年，经国务院批准，蹴鞠被列入第一批国家级非物质文化遗产名录。

（七）秋千

秋千最早被称为千秋，后为避讳改为秋千，秋千源于上古时代，人类祖先为了获取树木高处的食物，时常抓住粗壮的树藤，通过摇晃和摆动，使自己能够摸得更高，此为秋千的雏形。《艺文类聚》记载：“北方山戎，寒食日用秋千为戏。”山戎是历史上中国北方的少数民族，他们常在寒食节前后把秋千作为游戏的工具。

在古代，荡秋千仅限于清明节前后，而且只有豪门才能荡秋千。后来，它成为宫中、闺中女子的游戏项目。汉武帝统治时期，皇宫内流行荡秋千，人们主要是为了强身健体。唐宋以后，随着市民阶层大量涌现，荡秋千逐渐成为节日中的狂欢节目。明清时期，人们荡秋千便很普遍了，并且给清明节取别名为“秋千节”。

我国荡秋千习俗最特殊的莫过于朝鲜族，他们身穿彩色长裙，凭借腰部和腿部力量前后摇荡，十分自在，他们会在秋千前方绑上彩带或铃铛，如果荡起来能够碰到此物，则会收获欢呼声。

第三节　端午节“仲夏插艾，祛病防疫”

一串粽子香，情浓在故乡；一杯雄黄酒，游子天下走。端午节，中国四大传统节日之一，起源于我国古代人民的天象崇拜与龙图腾祭祀活动。“仲夏插艾，祛病防疫”是它的标签，它同时是我国别称最多的节日。

端午节又被称为端五节、端阳节、重五节、重午节、当五汛、天中节、夏节、五月节、菖节、蒲节、龙舟节、浴兰节、屈原日、午日节、女儿节、地腊节、诗人节、龙日、午日、灯节、五蛋节等，叫法共计 20 多种，以上叫法中最广泛的几种名称的来源如下。

端午节：最初为“端五”，“端”意为“初始”“开始”，所以“端五”即“初五”之意，按照我国农历计算，五月是“午月”，所以“端五”逐渐成为“端午”，这也是对端午节最普遍、最广泛的叫法。

端阳节：据《荆楚岁时记》记载，因仲夏登高顺阳在上，五月是仲夏，它的第一个午日正是登高顺阳天气好的日子，所以被称为端阳节。

重午节：农历五月为午月，包含“五”和“午”，双“五”即重，所以端午又被称为“重五”“重午”。

龙舟节：端午节习俗众多，其中赛龙舟最具代表性，尤其在我国南方的广东地区，最早源于古越人祭祀水神的活动，后来成为一种体育娱乐项目，根据赛龙舟这一特性，人们称端午节为龙舟节。

菖蒲节：众所周知，端午节是祛病防疫的重要节日，古人认为“重五”犯了禁忌，世间五毒尽出，人们必须在门上悬挂菖蒲、艾叶，用以祛病消灾，故端午节被称为菖蒲节。

一、端午节的起源

正如端午节名字多样一样，端午节的起源、来历之说同样繁多，经过总结，大约有十种端午节的起源说，其中最主要的为历史人物说、浴兰节说、祭祀说三种。

（一）历史人物说

1.屈原

《史记·屈原贾生列传》对屈原有详细的记载，屈原是春秋时期楚国大臣，他满腹才华、学富五车，素有忧国忧民的博大胸襟。但是，他主张的举贤授能侵犯了某些贵族阶层的利益，楚怀王听信谗言后将其赶出都城，并流放到沅、湘一带，这时屈原十分苦闷，写下《离骚》《天问》《九歌》千古名篇。后来，屈原得知楚国被灭，他便在农历五月初五这一天跳进汨罗江自尽了。由于屈原生前十分体恤百姓，百姓哀痛万分，自发地来到汨罗江祭奠屈原，为了防止水中生物损坏屈原的身体，百姓把饭团、鸡蛋扔进河里，希望鱼吃掉这些就不再啃食屈原的尸体。其中，一位老中医拿出一大罐雄黄酒倒进江里，他认为这种酒有一定的药效，能够驱赶水中的各种水兽。后来，人们又用楝树叶包裹饭团，在外面缠绕彩丝，发展成现在的粽子。

2.伍子胥

在江浙一带流传有迎接伍子胥的传说。伍子胥是楚国人，他的父兄却均被楚平王杀害，他便去往吴国，吴王阖闾非常赏识伍子胥，命他做大将军，带领吴国兵马攻破楚国，可此时楚平王已死，伍子胥恨意难平，他挖坟掘墓，鞭尸三百，以报父兄被杀之仇。后来，阖闾去世，夫差继位，伍子胥建议彻底消灭越国，夫差没有采纳，并赐死伍子胥。伍子胥死前说道：“我死后，将我眼睛挖出悬挂在吴京之东门上，以看越国军队入城灭吴。”吴王夫差得知后非常气愤，在五月初五这天把伍子胥的尸首装于皮革沉入江中，这样一来，五月初五这天因纪念伍子胥而成为节日。

3. 曹娥

曹娥是东汉时期上虞人，他的父亲死于江中，数日打捞不到尸体，当时十四岁的曹娥整日整夜在江边痛哭，大约十七天后，曹娥追随父亲而去，投江殉父，人们在五天后便捞到其父亲的尸体，县府知事了解到此事后广为传颂，百姓为纪念曹娥的孝节，把五月初五定为纪念曹娥的节日。

（二）浴兰节说

浴兰，即以兰草汤沐浴。古时候，五月初五是“恶月”中的“恶日”，五毒都生发出来，人们需要预防疾病，而兰草汤恰恰有祛除病邪的养生作用，《黄帝内经·素问》卷十三中记载兰草汤可以化湿调气，主治脾瘅、口甘、中满等症，人们便将五月初五这天定为浴兰节。《九歌·云中君》有“浴兰汤兮沐芳华采衣兮若英”的语句，宋懔在《荆楚岁时记》中有“五月五日谓之浴兰节”的说法，这都在一定程度上证明了浴兰节之说。

（三）祭祀说

端午节源于祭祀的说法出自闻一多的《端午考》与《端午的历史教育》。根据史书记载，古代吴越地区即百越族，崇拜龙，将龙作为他们的图腾，而农历五月初五是他们祭祀图腾的盛大节日。首先，端午节吃粽子与赛龙舟都与龙相关，用叶子包裹饭团的办法是为了防止蛟龙偷食食物；其次，吴越地区的人民自古就有断发文身、以像龙子的习俗，出土陶器上的纹饰可以证明这一点；最后，吴越人五月初五有“五彩丝系臂”的习俗，这与龙子文身习俗相似，此说法将中国传统节庆同图腾崇拜、民间传说联系起来。

（四）小结

综上所述，历史人物说代表了古代人民对美好品德、高尚德行的向往和追求，具有传说的色彩；浴兰节说有一定的合理之处，但这应是个别地区在五月初五的另一节日，虽与端午节是同一天，主张驱除毒邪，但并不是广泛意义的端午节；祭祀说既符合上古时期人民的信仰与崇拜模式，又符合吴越地区人民的生活习俗，可靠性比较大，但是吴越地区相比中国而言范围较小，如此地域的节日推广至华夏大地，使全国人民都过端午节也缺乏一定的现实性。所以，端午节的来源应以图腾崇拜为基石，以历史人物可贵的传统思想品格作为节日文化传播的内容。

二、端午节的习俗

（一）赛龙舟

赛龙舟是我国南方端午节的重要习俗之一，这种龙舟竞渡的模式在战国时期已有展现，人们坐在龙形的独木舟里，在紧锣密鼓之中奋力向前冲刺，包含祭祀、竞技、文化多重内涵。

赛龙舟在一些特殊地区还有其他内容，如贵州苗族人民在农历五月二十五至五月二十八举行“龙船节”，通过这种节日来庆祝插秧胜利，并祝福未来能够风调雨顺、五谷丰登。云南傣族人民在他们最盛大的节日泼水节中加入赛龙舟的元素，用来纪念岩红窝。清朝时期，台湾曾举行龙舟竞渡，当时的台湾知府曾于台南市做比赛主持。可见，赛龙舟虽然是中国大地普遍的民俗文化，但不同地区是有些区别的，各有各的特色，从不同角度展现出中国传统节日文化的深厚底蕴。

在当代社会，其他国家也纷纷效仿我国赛龙舟的文化，如日本、越南、英国等国家都将赛龙舟作为一种体育项目。1991 年农历五月初五，我国湖南岳阳市举办了国际龙舟节，进一步加强了中国传统文化在世界的影响力。

（二）“端午三友”

“端午三友”即艾、菖蒲、大蒜。民间有句古话，清明插柳，端午插艾。虽然简简单单八个字，却把清明与端午代表的习俗充分展现出来。古时的端午这天被认为是恶日，古人希望能够躲避灾祸，人们便将能够驱邪的菖蒲宝剑、艾草鞭子、大蒜锤子作为“护身符”，希望能够驱除蛇虫鼠蚁以及邪气。事实上，从科学的角度看，端午期间正处冷热气流交替之际，这种气候容易使人生病，而“端午三友”在医学上具有消毒的功效。

（三）射柳与打马球

与我国南方不同，北方喜欢在端午节射柳和打马球，一是因为北方较为干旱，河流并不多见；二是因为北方民族善射善骑，通过这种习俗还能在一定程度上提高战斗能力，对统治的稳定性大有帮助。在历史上，辽国、金国、清朝都十分推崇射柳与马球运动。

关于射柳这项运动，在辽时已经有所显现，经过近千年的发展，一直到清朝末年仍然比较普遍。据《金史·礼志》记载："金因辽俗，重五日插柳去地约数寸，削其皮而白之。先以一人驰马前导，后驰马以无羽横簇箭射之。既断柳，又以手接而弛去者为上。"① 射柳活动往往在端午节的清晨开始。首先，要把柳树树干中上部的青皮去掉，让柳树内部白色的"肉"完全显露出来，将这块白色的部分作为射箭比赛的"靶心"；其次，射柳运动的选手要乘快马在运动中射中"靶心"，但这并不是最终目的；最后，哪一位选手将"靶心"射断，并取得折断后的柳枝才算赢得比赛。

打马球也是端午节重要的娱乐习俗。马球，是指比赛者骑在马上，手持棍子击球，又被称变"击鞠"。在历史上，唐玄宗为人潇洒，热爱戏曲，又热爱马球，对马球的发展起到很重要的促进作用。唐朝时期，马球运动取得了空前的发展，从不同历史时期的典籍与文物中便可找到例证。

三国时期著名的文学家曹植曾在《名都篇》中写有"连翩击鞠壤"名句。唐朝章怀太子墓中也有《马球图》，画中的骏马飞驰而飘逸，击球者手持球棍逐球相击，由此可以看出唐朝马球的盛况。辽朝时，《析津志》把打马球作为端午和重阳节日的重要习俗。金朝时，《金史·礼志》记载金人端午击球的情景。明朝时，《宣宗行乐图》是明代中早期的巨作，描绘明宣宗朱瞻基观赏蹴鞠和击鞠的情景。可见，马球在中国节日史上有着举足轻重的地位。

（四）熏苍术

苍术是一种药材，最早记载于《神农本草经》，有"列为上品，不分苍术和白术，统称为术"的说法。其药性主要在于根状茎，具有燥湿、化浊、止痛的功效，在我国大部分地区都有分布。《本草经注》说苍术可"除恶气，弥灾疹"，《珍珠囊》说苍术"能健胃安脾"，可见苍术药用价值非常显著，但它的作用不仅限于此，熏苍术更是端午佳节必不可少的习俗。

熏苍术，即用苍术对空气进行全面消毒和净化。在这一过程中，把苍术捆绑在一起进行燃烧，燃烧散发出的烟雾能够驱赶蚊虫，更能够让人神清气爽。传说端午为五毒之日，此时是阴阳观中的"阳极之日"，通过熏苍术的方式，可以在一定程度上杀灭天气湿热而滋生的细菌，对养生保健也有一定功效。

现代仍然沿袭熏苍术的做法，只是不常用于端午，而作日常除菌之用，或用于门诊室、病房等处。

---

① 脱脱．金史［M］．北京：中华书局，2020．

（五）拴五色丝线

在先秦时期，就有五行之说。传统思想家为了加强统治阶级的稳固性，按照天人观与阴阳观，把“青、红、白、黑、黄”五色与五方五行一一对应，并将它们视为吉祥色。这种思想以西汉董仲舒为代表，他为不同颜色赋予不同的神秘色彩。

于是，在端午节，古人习惯为孩子绑上五色丝线，寓意为吉祥如意、身体健康。每到端午，大人早晨起床第一件事便是为孩子系五色丝线，一般他们会系在孩子的手腕、脚腕、脖子处。在拴绳时，孩子不可说话，不然无法产生保佑的效果，待到夏季第一场大雨或第一次洗澡时，再将五色丝线抛入河中，寓意河水将灾难、疾病全部带走，孩子可健康成长。

（六）跳钟馗

钟馗是中国古代驱邪除灾的神，他非佛非道，专门捉鬼除灾。随着社会发展，人们为钟馗增加了一项纳福的职能。而端午时节五毒与蛇虫并出，急需这样一个“庇佑者”，跳钟馗逐渐就成为端午的习俗之一。

跳钟馗属于傩舞，又被称为闹钟馗、请钟馗，主要分为南北两派，北派以陕西西安户县为代表，南派以安徽古徽州歙县为代表，源于宋元时期，盛行于明清，每到端午节，古徽州歙县都会进行此活动，以求纳福镇宅。

跳钟馗分为两种形式：第一种是群众性的祈福节庆活动，被称为跳钟馗大傩仪；第二种是家庭性的祈福镇宅活动，被称为跳钟馗小傩仪。整个过程以跳为主，并要有“醉”的美感，有蝙蝠引路、喷火、袪五鬼等形式形成，富有传统中国气息的民俗表演。

（七）采药与斗草

采药，即采集药草，是端午节最古老的习俗之一，由于端午是“阳极之日”，因此这天也是药类的药效发挥最好的一天，于是便有了“端午节前都是草，到了端午便成药”的说法。采药来源深远，《荆楚岁时记》记载：“采艾以为人，悬门户上，以禳毒气。”[①] 后来，这种采药习俗被东亚一些国家所借鉴。据史书记载，日本在飞鸟时代于五月五日有“药狩”活动，韩国与朝鲜也会在这天午时把艾草、益母草等物晾干制药。

斗草，又被称为“斗百草”，是端午民间的游戏，由端午采集草药习俗而

---

① 宗懔．荆楚岁时记[M]．北京：中华书局，2018.

产生，汉朝之前并未见斗草相关记载，最早的文献见于两晋南北朝时期，但具体的源流已不可考证。斗草在南北朝时被称作“踏百草”，到唐代被称为“斗百草”，此时的斗草多了一份赌博的色彩，到了宋代，斗草之风更盛，人们在端午之外的春社和清明亦有斗草活动。

斗草分为“文斗”和“武斗”。“文斗”就是对花草名，女孩子采集百草，互相报上草名，对仗水平高、采集草种多者便可获胜。“武斗”是双方采摘有韧性的草，相互交叉成十字进行对拉，谁选的草韧性大、拉力强，便可获胜。

（八）小结

端午节习俗众多，除了上述习俗，还有凤舟、写念符咒、采茶、制凉茶、驱五毒（蛇、蝎、蜈蚣、壁虎、蟾蜍）、“倒灾葫芦”、躲端午、端午雨、挂荷包、挂长命缕等。

通过研究端午节所有习俗，可以发现它们普遍具有以下几点特性：第一，具有祛病防灾、除毒驱邪、祈求平安的寓意；第二，具有医学研究价值和意义，虽有神秘主义存在，但不掩其科学性；第三，各种习俗的成因主要是端午节为“阳极之日”。

三、端午节的饮食

端午节有多种饮食习俗，大致包括吃粽子、饮雄黄酒、吃五黄、吃十二红、吃茶蛋、吃大蒜蛋、吃打糕、吃煎堆，其中粽子、雄黄酒是最普遍、最悠久的饮食传统。

（一）吃粽子

粽子最早记载于《说文解字》:“粽字本作糉，芦叶裹米也。从米，嵏声。”①西晋《风土记》又有“仲夏端五……享用角黍”的说法。在我国历史中，“角黍”为粽子的别称，可见粽子历史久远。传说，粽子是为了纪念伟大爱国诗人屈原而形成的端午食物，由粽叶包裹糯米蒸制而成。但毕竟这种说法源于传说，可靠性并不强，学术界则认为粽子起源于祭祀，它本是一种祭祀用品，最早与牛角有关，角黍的这种形状就是对牛角外形的模仿。西周时期，牛作为最高等级的代表性祭品，用来祭祀土神与谷神。春秋时期，人们开始使用菰叶包

---

① 许慎．说文解字[M]．汤可敬，译．北京：中华书局，2018.

裹黍米，逐渐使用角黍代替牛。这种说法可信度比较高，因为这符合我国的传统祭祀观，上古时期劳动人民就有牲畜祭祀之俗，牛角与角黍外形相似，而且名称均有“角”字，应当是根据角而衍生的产物。

中国大地幅员辽阔，粽子经过不同民族和地域的发展，产生出不同的形式。春秋时期，北方只是用菰叶简单地把黍米包裹制成角黍，而南方筒粽只是把黍米放在竹筒中，而汉朝已用草木灰浸泡黍米制成咸粽。魏晋南北朝时期，古人开始往粽子里加入其他材料，如果仁、肉类等，这样一来，粽子的口感和风味变得更加独特，对其延续起到很大的促进作用。唐朝时期，糯米代替黍米成为粽子的主要原料，形状也由角状变为锥形。宋元时期，用箬叶和艾叶代替菰叶包裹粽子，明清之际，粽子在口味上又有了更大的发展。可见，粽子从未在华夏大地消失过，粽子由内而外都随着时代而变化，可粽子所包含的中国味却从未更改。

（二）饮雄黄酒

雄黄是我国中医学的重要药材，古时也被称为“黄金石”“石黄”“熏黄”，性温，有大毒，但具有解毒杀虫、燥湿祛痰之功效，常用于蛇虫咬伤。由于端午节前后五毒并出，蛇虫咬伤在所难免，人们便做雄黄酒，用以祛病解毒。

雄黄酒是用磨成粉末状的雄黄泡制的白酒或黄酒，人们不仅在端午饮雄黄酒，还将这种酒涂抹于孩童的手足耳鼻等处，能够起到抑菌的作用。

雄黄酒在长江流域十分流行，有“饮了雄黄酒，病魔都远走”“五月五，雄黄烧酒过端午”的说法，这都体现出雄黄酒和端午节的密切联系。

经过当代科学分析，雄黄经过加热会形成三氧化二砷，通俗讲就是砒霜，饮用加热的雄黄酒实际上与服毒一样，轻度患者表现为恶心呕吐、腹痛腹泻，中毒患者可致死，所以把雄黄涂抹于身体，或直接服用都对人体具有极大的危害。

第四节　中秋节“秋夕祭月，天象崇拜”

“明月几时有？把酒问青天。不知天上宫阙，今夕是何年……”

相较于春节、清明节、端午节，中秋佳节被赋予更多诗意与浪漫主义色彩，历史上的文人骚客多以中秋、圆月为题而赋诗，表达中国古人对团圆美满的美好向往与憧憬，这也是中秋节的独特之处。

一、中秋节的起源

中秋节的起源和演变是学者热衷于研究的问题，但这一问题的答案也是莫衷一是的，主要因为中秋节的古籍、神话、传说、风俗、诗文众多，所以学者往往从不同角度对这一问题进行研究和解答。当前，中秋节的起源说法主要有五种：第一种是神话说，源于嫦娥奔月的神话故事；第二种是祭日说，源于五代十国时期君主的祭日和祭月仪式；第三种是习俗说，源于夏商周时期祭月的习俗；第四种是祭月说，源于古代帝王的祭月之礼；第五种是纪念说，源于唐玄宗纪念自己上月宫之日。

事实上，月崇拜观念是我国古代天象崇拜的重要内容，是人们祭月行为的内在动机，属于民间自然崇拜的一部分。可以说，中秋节与月崇拜是相辅相成、共同发展的，中秋节是月崇拜的载体，而月崇拜凭借它广泛的影响使中秋节成为我国重要节日。笔者认为，中秋节源于祭月活动更为贴切。

（一）祭月说

祭月说源于天象崇拜。天象是我国古代传统思想中的重要概念，指日月星辰在星空中有规律运动的现象。与西方天文学有相似之处，但又有所不同。《易·系辞上》记载："天垂象，见吉凶，圣人象之。"① 指天地宇宙之间的"象"就在那里，有极高明智慧的人能够发现其中蕴含的规律。月是古代天象中最具代表性的存在，在夜空中它永远最大、最亮，每逢月圆之际更让古人产生一种敬月之情。《国语·周语上》记载："古者先王既有天下，又崇立于上帝，神明而敬事之，于是乎有朝日夕月，以教民事君。"此处已经体现出人民对月崇"敬"的感情。原始人类没有照明工具，只有明月在夜晚为他们照亮前路，照亮光阔的大地和原野，月亮带来的不是洪水，不是狂风，而是柔和的光亮。于是，人们逐渐地对月亮形成崇拜仪式，是对"月神"的崇拜活动，最早的祭月节是秋分那天，随着历法融合与时代发展，祭月节改为农历的八月十五。据记载，最早的祭月仪式为跪拜。随着时间推移，跪拜变成统治阶层的祭祀活动。

（二）中秋

中国古代历法把一年分为春夏秋冬四季，又将每季分为孟、仲、季三个月份。而农历的八月为秋季的第二个月，被称为"仲秋"，而八月十五是八

① 姬昌．周易[M]．杨天才，张善文，译．北京：中华书局，2011.

月份的中央，即仲秋之中，更是秋季之中央，被称作“中秋”。《周礼》记载：“中春昼，击土鼓，龡《豳诗》，以逆暑；中秋夜迎寒，亦如之。”[①]这里所表现的是古人在中秋之夜击鼓奏乐的盛大场面。这天夜晚是一年之中月亮最美的时刻，漂泊异乡的人看到圆满的明月会想起遥远的亲人，久而久之，人们为中秋之夜赋予了“团圆”的含义，而中秋之夜与祭月节是同一天，随着历史的发展，中秋之夜在人们心中的分量逐渐加大，中秋与祭月便在汉代普及并演化合并为中秋节。在汉代，中秋之日流行敬老、养老、赐雄粗饼等活动，晋朝时出现中秋赏月习俗的文字记载。唐朝时期，统治者将中秋定为官方节日，有八月十五中秋节的说法，开元年间又有唐玄宗游月宫的神话传说，令中秋节逐渐盛行起来。明清时期，中秋节已经成为中国最主要的传统节日之一。时至今日，中秋节更是影响东亚、东南亚多国的重大传统节日。2006 年 5 月 20 日，经国务院批准，中秋节被列入首批国家级非物质文化遗产名录。

（三）中秋传说

关于中秋的传说众多，有嫦娥奔月、吴刚伐桂、玉兔捣药、玄宗游月、貂蝉拜月等。其中，嫦娥奔月流传最广，记载于《淮南子》等书中。

1. 嫦娥奔月

传说在古时候，天上突然出现了十个太阳，这些太阳把庄稼全部晒枯死了，把河流晒得全部干涸，黎民百姓苦不堪言，这时有一位名叫后羿的英雄，他尤为擅射，力大无穷，深知百姓疾苦，为了解救百姓，为了人们的生活能够恢复正常，他用尽所有力气拉开神弓，一口气接连射下来九个太阳，严令最后一个太阳遵循自然规律为人类造福，不可涂炭生灵，大地又重新焕发生机。

后羿有一位妻子名叫嫦娥，两人感情非常和睦，每日形影不离、如胶似漆。后羿射日后，很多人慕名前往拜师学艺，其中有居心叵测的逄蒙混入，他知道后羿家中藏有王母娘娘赠予的不死药，趁着后羿不在家竟威逼嫦娥交出不死药，嫦娥在情急之下吞下药，直接飘向天宫成为仙子。后羿得知此事仰天痛哭、悲恸欲绝，却无济于事。然后他发现月亮皎洁异常，月亮上似乎有个很像嫦娥的人影闪过，他便在院子里摆上嫦娥最爱吃的果品，百姓得知此事也自发在家中摆下香案，祈求嫦娥平安健康，这样一来，中秋节便逐渐形成了。

---

① 周公旦 . 周礼 [M]. 杨天宇，译 . 上海：上海古籍出版社 ,2016.

2. 玄宗游月

相传唐明皇与申天师、道士鸿都一起在中秋佳节赏月，突然唐明皇想要游月宫，于是天师施展法术，三人同时踏上云朵，飞向月宫。但是，月宫门前戒备森严，不允许凡间人士进入，他们三人便只能在月宫之外遥望仙境。突然，仙乐飘飘、清新婉转、沁人心脾，唐明皇精通音律，便把曲子默默记于心中，正所谓“此曲只应天上有，人间能得几回闻”，三人回到凡间后，唐明皇凭借自己的记忆创作出声名远扬的《霓裳羽衣曲》。

二、中秋节的习俗

（一）祭月

就中秋节而言，祭月既是它的习俗，又是它的起源。祭月习俗非常古老，至今仍在一些地区流传。祭月在上古时期最为兴盛，当时的人类没有充足的知识与经验，随着敬月意识的产生直接对月亮跪拜。周朝时，统治者强调君权神授，祭月成为天子才能做的活动。《礼记》有载：“天子春朝日，秋夕月。朝日以朝，夕月以夕。”[①] 其中，“夕月以夕”即夜晚祭祀月亮之意。到了魏晋时期，赏月的活动便出现了。唐代之后，人们的生产力与科技水平都有了空前的发展，祭月不再兴盛，逐渐演化为赏月，而寻常百姓也有赏月的权力，亲友常于中秋佳节相约赏月，放松身心、增进感情。

（二）赏月

唐代赏月之风盛行，赏月行为主要体现在文学上，很多脍炙人口的名篇皆与月相关。《玩月诗》中讲到冬季寒冷，不适宜户外赏月；夏季天空常有浮云；只有中秋才最适合赏月，每当中秋来临，全家在皎洁的月光之下摆齐供品共同赏月。宋朝更加盛行赏月，只是宋朝诗词与唐朝风格迥异，更有一种感时伤怀之情，不像唐朝诗词那样豪迈。到了中秋这天，东京汴梁的所有酒楼都要重新装饰一遍，好酒好菜全部拿出，夜市之中，人们络绎不绝，盛大之景不亚于春节。到了明朝，有人开始将中秋节称为“团圆节”，民间以月饼相赠，取团圆之意。这时的人们开始注意到，中秋的固有习俗祭月、赏月固然重要，但是以月寓情、融情于景的团圆情结也尤为可贵。这一时期，人口迁徙、官员升迁、军队行军都在所难免，人们更加渴望与亲人团聚。

---

① 戴圣．礼记[M]．胡平生，张萌，译．北京：中华书局，2017.

（三）玩花灯

中秋节是我国三大灯节之一。中秋节没有元宵节那样盛大的灯会，主要是个人家庭中的花灯，北宋的《武林旧事》中记载了中秋节玩花灯的习俗，如在佛山秋色会，有各式各样的花灯供孩童玩耍，有朴素简单的柚子灯、南瓜灯、橘子灯。柚子灯就是在掏空的柚子上刻画出简单的图案，用绳子穿起来，里面点上蜡烛，南瓜灯和橘子灯也是此理，制作简易又广受喜欢。此外，广西还有简单的户秋灯，是用六个竹篾圆圈扎成的灯，外糊白纱纸，里面插有蜡烛，也可供孩子玩耍。

三、中秋节的饮食

中秋节最重要的饮食莫过于吃月饼、饮桂花酒。月饼最初是用来祭月的供品，后来演变为人们赏月时的点心和互相馈赠的礼品，既有传统思想的痕迹，又有现代社会人际交往的内容。

（一）月饼

月饼，又名丰收饼、团圆饼、月团、小饼，是中秋佳节的代表性食物。月饼最早收录于南宋吴自牧的《梦粱录》中。上古时代，每逢中秋之际，人们就在家中的香案上摆放寓意丰收的蔬菜水果，跪拜月亮，祈求平安健康。宋代朝廷中流行吃一种“宫饼”，民间称其为“小饼”。《西湖游览志馀》中记载了月饼与中秋的关联。清朝关于月饼的记录越来越多，袁枚在《随园食单》中记载了“酥皮月饼”的相关内容，突出了清朝制作月饼手艺已经非常高超，其馅料与现代月饼也十分相似。

传统月饼分为四大派别，分别是广式月饼、京式月饼、苏式月饼、潮式月饼。广式月饼以皮薄、松软、香甜、馅足为特征；京式月饼以外形精美、皮薄酥软、层次分明为特征；苏式月饼以松脆、香酥、层酥相叠、重油而不腻、甜咸适口为特征；潮式月饼以皮酥馅细、油不肥舌、甜不腻口、口感柔软为特征。可见，几种月饼各具风味，形成我国的月饼饮食文化。

（二）桂花酒

桂花是中国传统十大名花之一，具有富贵吉祥、子孙昌盛的寓意，清可绝尘、浓可远溢。每当中秋时节，桂花盛放，用桂花做茶、做酒都是中国自古以来的特色文化。桂花酒曾出现于屈原的《九歌》中，即“援北斗兮酌桂浆”，到了清朝，中秋节饮桂花酒变成既定习俗。桂花酒与中秋联系在一起，不仅增加了节日喜庆的氛围，还体现出亲友之间深厚的情谊。古人认为，桂花酒具有“饮之寿千年”的功效，古人言论可能缺乏科学根据，但桂花酒所带来的佳节的喜庆氛围是毋庸置疑的。

关于桂花酒有一个神奇的传说，古时候有一个仙酒娘子，她酿酒技艺高超，酿出来的酒又香又甜，一次她发现自家门外躺着一个人，便把他背回家照料，可是第二天那个人却不辞而别，仙酒娘子外出寻找，偶遇一个白发老人，并说自己非常口渴，仙酒娘子把手指咬破伸到老人的嘴边，此时老人化作清风，天上飘来一个装满桂子的袋子，并留下一张纸条“月宫赐桂子，奖赏善人家”。原来老人是吴刚变的，仙酒娘子种下桂子，最后开出桂花，满院芬芳，人间便有了桂花酒。

第五节　中国传统节日文化对当代教育的启示

中华传统节日文化是华夏大地文明的浓缩，包含浓郁的中国色彩，具有深厚的文化底蕴和教育价值。了解中国传统节日，研究其与当代教育的关系，并从中获得启示，是新时代传统节日的题中之义。

中国传统节日课程化或许是一条可行的道路，但不应机械地将传统节日变成死板的教材，而应注意让受教育者切身体会到传统节日的深层内涵和意义，培养中国人对传统文化的感情。

一、传统节日文化与节日的课程化

以中国四大传统节日为例，中国传统节日的底蕴在于人民对美好生活的向往与希冀，它不单单反映在思维和精神上，更反映在古代劳动人民将这些美好向往付诸实践的努力奋斗中。人们希望能够辞旧迎新，开辟新的时代篇章，于是人们创造出动人的故事，创造出具有喜庆氛围的文化习俗，创造出蕴含劳动人民智慧结晶的各种美食，这种节日文化正是当代社会主义核心价值体系的雏形，也是当代所倡导的道德情操的思想渊源。因此，将传统节日课程化，对学校、社会中的人进行节日文化教育具有重要意义。

首先，中国传统节日教育是完善当代社会人格的必由之路。传统节日文化包含着浓厚的道德伦理观。举例而言，春节有和谐、美好、爱国、团结、迎新、和睦、生机等观念；清明有守望孝道、热爱自然、保护森林、强身健体等观念；端午有养生保健、驱除五毒等观念；中秋节有团圆、和谐、思乡之情。将传统节日文化融入教育中，可以持续促进学生人格和社会民族精神发展。

其次，中国传统节日教育能够促进人的全面发展。传统节日蕴含十分丰富的内涵，从人文历史到天文科技，从上古时期到当代社会，任何时候人都不可能与节日脱离，这是千百年来人类社会的精神寄托。历代文人墨客多以传统节日为题，留下数不清的壮美诗篇，在教学中加入文学教育，有利于学生对中国历史文化的学习，有利于学生良好行为规范的养成。传统节日作为世界非物质文化遗产的组成部分，包含的文化、审美、艺术对美育同样具有必要性。

最后，中国传统节日教育需要注重实践与理论相结合。以往传统节日教学课程采用机械的、单方面的讲授形式，这种方式虽然能够比较快速地将知识讲给学生听，但并不能在内心深处影响学生充分了解传统节日，不能更好地培养学生运用学科知识联系传统节日文化的能力。新型教育应当在促进学生认知能力发展的过程中，注重学生民族精神、爱国情怀、理想人格思想的完善化，而这些都需要实践的参与。传统节日源于生活，如端午源于湿热的气候，中秋源于祭月活动和赏月活动，所以中国传统节日教育要在生活中教育，要全面地将学生的感性经验与理性思索相结合，引导学生从内心真正关注、重视传统节日的重要价值，养成良好的行为习惯。

二、传统节日文化与民族精神教育

中国传统节日文化凝结着中华民族古往今来的民族精神，是民族团结一心、社会稳步发展的动力源泉。各个民族在文化的延续与继承中都保持着自己的特性，不断繁衍，自强不息。如此一来，铭记传统节日，发扬传统节日，彰显节日魅力，培养民族认同感、文化归属感、国家荣誉感变得尤为重要。当代社会出国人口众多，但无论身在何处，只要到了传统佳节之际，就会想起自己的祖国，想起自己曾经生活的故土，这就是传统节日的意义。

当今，外来文化渗入严重，很多人只过洋节，以洋节为美，甚至忘记传统节日。对于这一点，人们必须重视起来，必须树立爱国主义观念，尊重自己国家的文化价值，充分运用教育增强年轻人对传统节日文化的思想感情，从根本上抵制西方文化的泛滥。传统节日在一定程度上是民族精神教育的隐形载体，可以运用轻松活泼的形式加强对学生的民族精神教育，如端午节包含爱国主义精神文化，屈原、介子推、伍子胥等人都是国家的股肱，通过节日文化传播，学生可以通过历史人物了解到这种深入骨髓的民族精神；清明节同样如此，扫墓与祭祀革命先辈的习俗能够让学生追思那一段峥嵘岁月，通过忆苦思甜的活动，使学生内心生发出对革命烈士的无限敬仰之情，使学生内心的民族自豪感油然而生。

三、传统节日文化与思想政治教育

传统节日包含我国优良的传统道德观，而思想政治教育的内容与传统节日文化具有相似性。从广义上来看，思想政治教育是“树人”工程，可以从传统节日中取得很多借鉴性的内容。

首先，中国传统节日与思想政治教育紧紧相连，不可分割。传统节日作为传统文化的重要载体和组成部分，含有太多中华民族的精神文明，它旨在教育人、培养人、传承文化，用潜移默化的方法对人们进行教育。在具体教学过程中，传统节日文化与思想政治教育要平等对待，互相促进，不要存在孰轻孰重的问题。思想政治教育应当充分吸收传统节日文化元素，而传统节日文化要在教学中转化为更容易让人理解和吸收的知识体系，要更加系统化。

思想政治教育以其特殊性成为当代教育最具普遍性的学科，由于我国自古就重品德、重内在，其作用更加凸显。而传统节日文化蕴含有丰富的思想政治教育资源，对思想政治教育具有重要的现实意义，主要包括亲情、感恩、自然观等思想，多样性的传统节日文化都是民族文化和思想政治新思路的承载体，十分有利于推进社会主义现代化建设的伟大事业。

在传统思想作用下，华夏民族本就具有博大胸襟，普遍注重伦理道德和血缘亲情，所以传统节日中必然包含这种传统的伦理观。亲情与感恩作为中华民族传统文化的核心被表现得尤为突出。当代社会国家富强，大学生的物质生活、精神生活都有质的提升，但是人们对物质生活的关注要高于精神生活，使社会中形成一些不良的社会风气，如拜金主义、享乐主义、奢靡主义等。传统节日文化告诉我们，生活不是只有物质，更有精神世界的享受，有些人之所以崇高，不是因为他们富有，而是因为他们身上有作为人而最精华的东西，即感恩、孝亲等美德，而思想政治教育要教给学生的正是这种美德，它正好可以弥补人们当下精神世界的空虚，对价值观有矫正的作用。

举例而言，中秋佳节是我国团圆的日子，中秋有赏月、祭月、吃月饼等习俗，该节日最初确实源于人类的自然崇拜，但是随着时代发展，中秋被赋予更多团圆、盼望的美好内涵，告诉中华儿女饮水思源，无论走多远都要记得家里翘首以望的亲友。此外，清明节彰显传统伦理、缅怀先辈的道德观，这不仅有利于培养全面发展的新青年，更是思想教育的题中之义。

四、传统节日文化与家庭教育

（一）家庭教育

家庭教育一般指家庭中的父母双方对未成年孩子进行教育的过程，为孩子将来更好地接受教育打下坚实的基础。家庭教育具有早期性、连续性、权威性、感染性、即时性等特点。家庭教育近年来被广泛关注，这既是时代发展的需要，又是教育转型的必由之路。苏联教育学家苏霍姆林斯基曾把儿童当作一块大理石，而将大理石塑造成美丽的雕塑需要六位雕塑家，这六位雕塑家分别是家庭、学校、儿童所在的集体、儿童本身、书籍、偶然因素。可以看出，这些“雕塑家”中，家庭排在首位，所以家庭教育极其重要。在传统节日文化教育与指导过程中，家庭教育更是不可忽视的成分。

（二）家长应当注意家庭教育

家长应当发挥自己在家庭中的教育主导作用，充分吸收和了解中国传统节日文化的精神内核，并通过日常的言传身教将其传递给自己的孩子。可以说，家庭是个人社会化的第一个主要单位，父母是孩子的第一任教师，所以孩子的教育源于家长和家庭。另外，中国重要的传统节日，如春节、清明节、端午节、中秋节的法定节假日加到一起有将近二十天，这在家庭的假期中占了很大比重。家长以节日为契机对孩子进行传统节日教育切实可行。在国外，很多家庭早已经开展了双亲教育模式，自从孩子生下来，父母就对孩子进行各种耳濡目染的教育，他们的父母经常在工作之余带孩子参观展览，或者旅行，进行节日文化实践活动。

而在中国，很多家长不注重对孩子进行传统节日教育，主要原因有以下两点。

（1）家长自身对传统文化不甚了解，不具备为孩子讲授传统节日文化的能力，这就要求家长努力提高自身的人文修养和素质，只有自身修养提高了，才能更好地教育孩子。

（2）家庭环境与氛围不适合传统节日文化的教学。在有些家庭中，父母不习惯打扫卫生，不习惯收拾家务，家里乱作一团，没有传统节日文化所要求的环境，只有对生活随意处之的平淡。

古人云："家齐而后国治。"家庭才是个人教育与社会发展的前提和基础，所以家长一定要充分认识家庭教育的重要性，把传统节日教育融入其中，让孩子在长期文化熏陶下成长为祖国未来的合格建设人才。

第六章　中国传统戏曲文化

中国戏曲文化博大精深、源远流长、种类繁多，是中国传统文化精神与艺术的宝库。全国很多地方都有自己的剧种，每个剧种都能体现出当地独具特色的风土人情与文化底蕴。因此，中国戏曲在世界剧坛独树一帜，具有最鲜明的中国特色和中国美学特征。强调神似、注重写意是中国戏曲文化与他国戏剧的最大不同。作为中国传统文化的重要组成部分，戏曲文化以它自身的艺术特点影响中国人民千年，而中国人民对戏曲文化的发展和塑造又为戏曲文化赋予了更大的生机。对传统戏曲文化进行研究，发现其与当代教育的内在联系，不仅能发扬与充实戏曲文化，更对当代教育具有深远意义。

中国戏曲与古希腊戏剧、印度梵剧并称为世界三大古典戏剧，其中只有中国戏曲仍焕发勃勃生机。中国戏剧有趣且剧种繁多，有说有唱，有文有武，主要由民间歌舞、说唱、滑稽戏三种不同形式组合而成，集“唱、做、念、打”于一身。

春秋战国时期是我国戏曲文化的萌芽时期，此时宫廷和贵族中出现了一批专门供统治者声色娱乐的艺人，各诸侯国都有集歌舞、器乐表演于一体的艺术形式，如祭祀的傩戏，这是汉族祛病除灾的古老舞蹈。随着时代的发展，一些技能娴熟的民间艺人创造出戏曲这一艺术产物，如“角抵”“参军戏”等都是萌芽时期的戏剧模式。

汉朝时期，中国歌舞表演艺术进入大融合时代，国家设立“乐府”，汉武帝建立“采诗夜诵”的制度，并设“协律都尉”之职。这一时期的歌舞百戏包含舞蹈、杂技、说唱、器乐等，舞蹈又包含鼓舞、长袖舞、剑舞等形式，最为盛行的舞蹈是鼓舞、公莫舞。另外，此时出现了说唱的俳优，俳优又被称为优人，他们的说唱故事多为结构简单、引人发笑的讽刺性寓意故事，这对当时戏曲艺术的发展有很大意义。

两晋南北朝时期国家分崩离析，连年战争不绝，对戏剧艺术的传承起到一定阻碍作用，但这并未断绝文化的延续。从这一时期的史料看，乐舞基本沿袭汉朝模式，装扮人物、神仙、动物的歌舞戏明显增多，出现《文康乐》《上云乐》等作品。这时的俳优将汉朝劝谏君主的主题改变为讽刺臣子的主题，产生了如《戏博士》《馆陶令》等作品。另外，北方少数民族南下，吸收中原艺术文化，后来产生的吹奏与弹拨乐器多与此相关。

唐朝后，戏曲取得飞跃式发展。在唐朝丰厚的国家财力背景下，戏曲艺术开始自立门户，唐玄宗建梨园也最大限度地提高了艺人们的演出水平。

宋元时期，尤其是元朝，戏曲文化趋于成熟，并产生元杂剧。元杂剧是一种高级戏剧形态，具有艺术独创性，产生于北京，后流传至全国。元杂剧多数为“四折一楔子”，整体演出风趣幽默、体制规整。

明清至近现代，戏剧文化由成熟发展到繁荣阶段，先出现了“传奇”，即宋元时期南戏的衍生艺术，曾被称为“南戏中兴之祖”，后又出现了折子戏，是从有头有尾的全本传奇剧目中摘选出来的曲目。后来，戏剧发展至近现代，与当代戏曲艺术基本相同，体现出综合性、虚拟性、程式性的特征，一批批优秀剧目令人耳目一新，感触万千，如京剧《将相和》《白蛇传》《白毛女》、评剧《刘巧儿》《秦香莲》、越剧《西厢记》、豫剧《朝阳沟》等，时至今日也是颇受人们喜爱的传世佳作。

第一节 京剧“流派纷呈，唱腔各异”

京剧，又被称为平剧、京戏，是中国影响力最大的剧种，以北京为中心，遍及全国，“流派纷呈，唱腔各异”是它的标签。京剧是一门综合性极强的表演艺术，集“唱、念、做、打”于一身，在演出过程中通过一定程式化的表现手法，讲述和演绎指定故事情节，并着重突出对人物内在思想感情的刻画。表演者对剧中人物喜、怒、哀、乐、惊、恐等感情都要准确拿捏，力图做到“不差分毫”。要取得以上效果，表演者需要在“唱、念”上下功夫。“做”主要指肢体行为，剧中的行为与日常行为不同，是经过艺术加工的特殊动作，具有夸张、幅度大的特征。“打”是传统武术的舞蹈化和表演化，如摔跤、挣扎等。表演者只有具有浓厚功底，才能表现出流派纷呈、唱腔各异的京剧文化。那么，京剧是何时产生，它的渊源来自何处呢？

一、京剧的渊源与流派

京剧形成于清朝嘉庆、道光年间，是徽班与汉班合流的产物，衍生出以皮黄腔为主的声腔体系，后来又融合北京语言，引入伴奏乐器胡琴，吸收昆曲和“乱弹”诸腔的特点，使唱腔更加婉转动听。

（一）起源于汉剧、徽剧等

京剧起源于徽戏、秦腔、汉调。徽戏即徽剧，是中国安徽地方戏曲剧种，产生于明朝，兴盛于清朝，代表性剧目有《七擒孟获》《昭君出塞》《龙虎斗》等。徽剧包含弋阳腔和昆腔两种声腔，其中弋阳腔用金鼓铙钹按节拍，用人声帮腔，贴近广大民众的生活，深受欢迎，在演出时，经常加入土语，通俗易懂，风趣而蕴含哲理；昆腔的语言比较晦涩，而曲调婉转悠扬，有迁客骚人所追求的风雅之感，为喜欢附庸风雅人士所偏爱。

清朝乾隆年间，徽剧已基本形成。1790 年，徽剧著名艺人高朗亭入京演出，产生巨大反响，此时还有三庆、四喜、春台、春班四大徽班，徽剧如日中天。而到 19 世纪中后期，徽剧班社明显减少，原先徽商的地位被新兴近代资本主义工商业所取代，徽剧发展受到极大的限制，没有经济支持，徽剧只能在安徽附近传播，呈现衰颓之势。

汉剧，古称楚调、汉调，是湖北武汉经襄阳南下演变而来的剧种，1912 年更名为汉剧，后来传到北京，与徽剧逐渐融合成京剧，代表性剧目有《两狼山》《斩李虎》等。汉剧声腔以西皮、二黄为主，兼有歌腔、昆曲、杂腔、小调，可谓唱腔各异，流派众多，声情并茂，以声传情。

（二）流派

流派指在学术、文化艺术方面具有独特风格的派别，是文化艺术发展到一定阶段的必然产物，它是艺术高度发展的体现，是艺术繁荣与昌盛的标志。戏曲艺术、音乐艺术、美术艺术都有不同的流派，这根源于不同的社会阶层、文化底蕴、艺术目的，京剧也是这样，而且京剧的流派更是异彩纷呈。流派的首要前提在于“流”，“流”即源流，有源流才能有派别、有传承。那么，京剧都有哪些流派呢？

老生行中出现了谭派、汪派、余派、高派、马派、言派、麒派、杨派等等。旦角中有梅派、程派、尚派、荀派等。净行中有何派、金派、裘派等。丑行中有萧派、盛派等。

随着京剧艺术的逐渐发展，在老生行中，谭派成为京剧史上分布比较广的流派，以技艺全面，注重刻画人物内心和性格为主要特征。谭鑫培是其代表人物。他的演唱玲珑活泼、行腔多变，武功根底坚实纯熟、身手矫健，在艺术上有革新精神，对艺术有自己独特的加工方式，扬其所长、避其所短。谭鑫培的代表剧目有《定军山》《战太平》《四郎探母》《空城计》《李陵碑》等。谭鑫培为京剧老生开辟出了新的模式，在京剧历史上起到承上启下的作用，使老生艺术更加稳定化、体系化、规范化，后世很多派别都是从谭派发展演化而来的。

旦角中，最具代表性的派别为梅派，代表人物为梅兰芳。他早年师从吴菱仙、陈德霖，曾给谭鑫培配戏。他勇于创新，能够从艺术作品中吸取值得借鉴的资源。雍容华贵、典雅清丽是他演出的特征。其代表作品有《孽海波澜》《霸王别姬》《洛神》《天女散花》等。在后期，梅兰芳在京剧音乐中加入二胡、笙、云锣等伴奏乐器，同时编创新腔，使旦角唱腔越发婉转动听，对京剧影响深远。

净行中，何桂山是早期代表人物，后期金派与裘派都是他的弟子。代表作为《遇皇后》《双包案》《太行山》《龙虎斗》等。

二、京剧的特点

（一）西皮与二黄巧妙融合

西皮，即黄陂调，是京剧的主要唱腔之一，源于秦腔。这种唱腔的特色为声色明快，嗓音高亢，很适合表达人物喜庆、欢乐、洒脱的思想感情。明清时期，秦腔从我国西部传往东部，在保留原有特色的基础之上，结合湖北民间曲调，演变成西皮。西皮的板式有原板、快板、慢板、流水、导板、散板、滚板、摇板、二六、回龙、快三眼、娃娃调、反西皮等。

按照节奏划分，西皮可以分为以下不同的板式，即唱腔的板眼。

“西皮慢板”：又称“西皮三眼”，打一板，鼓师则需要在固定节奏中敲击三次再收板，“一板三眼”即小段落，这三眼为“头眼”“中眼”“末眼”。

“西皮原板”：表演者从演出开唱就在眼上，节奏为“一板一眼”。

“西皮流水”：流水即加快版的西皮，在这种节奏下，打击过程省略了眼，仅有板，眼不通过打击体现出来，需要演唱者通过经验和自身的节奏感来体现。相较于“西皮原板”，“西皮流水”则更需要艺术功底与舞台经验。

“西皮二六”：这种板眼节奏一般比“西皮原板”稍快，有的则一样，而有些则有板无眼。总的来看，“西皮二六”的节奏不像其他西皮板式一样固定。

“反西皮”：这种板式一般使用率不高，通常只有摇板和散板，无须赘述。

从以上叙述可以发现，西皮板式众多，适用于不同背景、不同情绪下的作品，如《空城计》“本是卧龙岗散淡的人”即“西皮慢板”；《女起解》“苏三离了洪洞县”即“西皮流水”。

二黄源于安徽。在清朝中叶时期，二黄与西皮逐渐合流，后来一同使用，并称“皮黄”，共同成为京剧的重要唱腔。二黄与西皮一样包含导板、慢板、原板等板式，只是相较于西皮更加沉重，显得严肃稳重，而非轻快明亮。

相比于西皮，二黄唱腔的京胡定弦为 5 ～ 2 弦，西皮唱腔的京胡定弦为 6 ～ 3 弦。两者不同的定弦源于声腔不同的高度和特性，正如前文所述，西皮原型为陕西秦腔，旋律高亢激烈，具有明显的抑扬顿挫、高低起伏、明快响亮之感，具备显著的北方特色。二黄源于南方，伴有南方音乐婉转沉稳、严肃庄重等特色，从这个角度区分西皮与二黄比较简便。此外，两者经过长期地融合，在很多方面已经出现西皮、二黄互相吸收的情况，所以有时西皮与二黄的旋律结构、音乐风格又有相似之处，这更需要从业人员长时间耐心地学习与钻研。

作为中国的国粹，京剧对中国、对世界都有极大的意义与价值。在古代与近代社会，京剧常用于宫廷或民间演出，是人们休闲娱乐的艺术形式，而现在京剧更体现出国家的文化底蕴，对文化行业、教育行业的发展十分重要。当前，我国举办的京剧比赛、京剧大会越来越多，这足以体现我国对京剧文化的重视。

（二）脸谱种类繁多

脸谱是传统戏曲演出中绘画于演出者脸上的画，不同行当有不同的脸谱，且采用不同的绘画方式。在我国众多戏曲中，京剧集合各剧精华，脸谱种类十分齐全，脸谱可以巧妙地展现剧中角色的善恶。京剧的脸谱博大精深，是中国传统文化的荟萃，它把人物内在思想特征以色彩展现出来，是对剧中人物精神的“具象化”。

最初，脸谱仅用来表示人物的身份地位与职业，后来扩充到包含人物的品德、气质在内的诸多内容。这与我国传统文化中的“君子”思想十分相似，最初“君子”也仅仅代表一种身份、一种地位，随着时代更替，人们思想转变，“君子”成为一种时代的楷模，是集全德于一身的理想人格，这不仅是思想家的精神成果，还是所有国人的精神追求，这种向往“善”、向往美好的中国文化才是中华民族的根。在戏曲中，通过脸谱展现人物的“忠奸”，让人们认清不同人物的定位，对于观众理解剧情，以及唤起审美心理都具有重要作用。

1.脸谱的历史

当前学界对脸谱的起源说法不一。一种说法认为，脸谱起源于面具。面具指遮盖全部或部分脸，并有眼睛处开孔的覆盖物，出现于上古时代，主要作为护脸器具、伪装面具，而脸谱正是源于此。但是认为这种假面与脸谱在结构、作用、目的上均不同，假面仅是助长部队声威，鼓舞士气的一种工具，并不是表达戏曲中人物内在情感的艺术产物。另外，假面是一种壳状物体，而脸谱是用油彩画在脸上的艺术形式，两者在本质上也是不同的。可以说，假面文化对脸谱文化有些许影响，但并不能直接让它成为脸谱文化的本质内核与源头，这是学问研究过程中应当避免走入的误区之一。

所以，脸谱的起源需要更加全面地研究。据记载，元曲的兴起使我国戏曲文化取得长足的发展，这时出现许多涂面的习俗，副净用粉墨两种颜色涂抹脸部已经司空见惯。近年，考古界发现了元代戏曲壁画，里面的人物有些挂了髯口，有些在额头涂抹黑色的墨，还有些壁画将人物眉毛画得如两道利剑，同时脸部黑白分明，使用不同色彩突出色差。这些发现可以证明，戏曲中的脸谱已经初具雏形。明清之际，戏曲脸谱艺术便逐渐趋于成熟，如明朝时期对奸臣涂粉墨已经成为常态，清朝乾隆年间，脸谱取得很大发展，人们开始用红色表示忠诚，用黑色表示刚直，用紫色表示果敢，用黄色表示残暴，用金银表示神仙鬼怪。综上所述，我国戏曲脸谱从元朝开始兴起，经历明朝的“花脸”，到乾隆时期形成比较全面和自成体系的脸谱文化。

2. 脸谱的适用范围

脸谱是戏曲中的妆容，是对戏曲表演者进行的化装。但是一般来讲，脸谱只用于净、丑两种行当，净行俗称“花脸”，丑行俗称“小花脸”。脸谱的基本风格、目的与生行、旦行也是统一的，如生行的抹彩、旦行的拍粉晕脂及画眉都是为了突显剧中人物的肤色与五官。一提到脸谱，人们脑海中就会浮现出五色斑斓的形象，它脱离于现实生活，给人一种夸张的艺术体验，但它又源于现实，需要以现实作为基础。

3. 脸谱的类型

京剧脸谱种类繁多，学界将其归纳为 16 种类型，分别为“整脸”“三块瓦脸”“花三块瓦脸”“六分脸”“十字门脸”“花脸”“元宝脸”“花元宝脸”“歪脸”“象形脸”“神仙脸”“僧道脸”“太监脸”“揉脸”“英雄脸”“小妖脸”。

“整脸”是给表演者的整张面部涂抹一种底色，然后在这一底色的基础上，根据剧中人物的内心活动勾勒出他的神态和五官。

“三块瓦脸”，即脑门、左脸蛋与右脸蛋。这种类型需要在以上三处涂抹三块主色，这种涂抹更能突出五官和骨骼。

“花三块瓦脸”是在“三块瓦脸”的基础上发展而来的，在各个部位加上“副色”“实色”“衬色”“界色”即可。

“六分脸”指主色占整个面部的十分之六，这是为了突显老年人的面貌，显现出老人鼓鼓的额头、秃短的眉毛等特征。

“十字门脸”，也是由“三块瓦脸”演化而成的，去掉左右脸上的主色，保留并减少脑门的主色，由鼻端往上勾勒出一道色条。

“花脸”，由“花三块瓦脸”演化而来，保留脑门的主色，去掉脸蛋的主色，同时在其他五官处加以纹理，能够突显剧中人物的性格。

“元宝脸”，由“三块瓦脸”演化而来，脑门保留原有肤色或勾红、揉红，而脸蛋涂抹成白色，形似元宝。

“花元宝脸”，由“元宝脸”演化而来，在原有基础上增加一些肌肉纹理。

以上分类方式以及其中几种主要脸谱的特征对推动脸谱知识的发展具有一定的意义。

第二节　昆曲“行腔婉转，表演细腻”

昆曲，在我国古代又被称作“昆山腔”，或简称“昆腔”，是中国最古老的戏曲剧种之一，现在职业剧团中大多称之为“昆剧”。昆曲历史悠久，随着时间推移，人们给了昆曲“百戏之祖”和“百戏之乳”的美誉。纵观戏曲界，很多剧种里都可以看到昆曲的影子，将它称为“百戏之祖”并不过分。2001年，昆曲被联合国教科文组织列为“人类口述和非物质遗产代表作”，2006年被列入第一批国家级非物质文化遗产名录。

一、昆曲的渊源与发展

（一）昆曲的渊源

昆曲历史悠久，据史料记载，距今已经有大约六百年的历史。昆曲最早只是中国民间的小曲，并算不上体系完整的戏剧，元朝末期起源于浙江的海盐腔、余姚腔和起源于江西的弋阳腔，演出过程比较随意，有很大的活泼性、自由性。公元14世纪中期，昆曲于江苏苏州昆山一带逐渐兴盛起来，此时正是元朝末年，南戏与江苏昆山当地的语言、音乐相结合，至此形成了独特的“昆山腔”。明朝万历年间，“昆山腔”主要流行于苏州，后来慢慢发展为明代的“四大声腔”之首。

在明朝嘉靖年间，以魏良辅为主的各大艺术家共同对昆曲进行了加工与再造，让昆曲在体系上更加完整，在曲调上更加婉转，极大突显了南戏柔美的特点。首先，布调收音，要求行腔的高低起伏与平、上、去、入的字调相符合，而不能相差甚远，否则会影响曲调的美感与协调感；其次，水磨腔，要求在原有的基础上进行细腻的艺术处理，让曲调更能表现清丽柔和的特色；最后，冷板曲，就是将原来曲调搭配的拍子节奏放慢，这一变化与水磨腔是互相协调的，都是为了突现昆曲清丽柔和的一面，如果曲调过于急促则会打破南戏字少而腔多的音韵美感。

（二）昆曲的兴盛与发展

明朝时期，中国民间艺术家对昆曲的发展起到至关重要的作用，创作了《绣襦记》《玉簪记》《宝剑记》《浣溪沙》《凤鸣记》等佳作，前两部作品的主旨为歌颂爱情，后三部作品主要围绕宫廷政治生活展开，此后产生了以爱情与政治为主题的作品。

在昆曲稳步发展的过程中，汤显祖于 1598 年创作出《牡丹亭》，将此前从来没有展现过的闺门少女爱情以戏剧形式表现出来，引起戏剧史上的巨大轰动。《牡丹亭》对于当时封闭、落后的中国来说具有划时代的意义，它突破中国传统伦理纲常名教的束缚，表达“生者可以死，死者可以生”的伟大爱情思想。与此同时，另一位昆曲名家沈璟对昆曲的发展也起到了至关重要的作用。如果说汤显祖是浪漫主义艺术家，那么沈璟就是现实主义艺术家。沈璟的戏剧艺术不像汤显祖一样随性而洒脱，他的思想具有中国传统思维特性，偏向保守，对当时社会体制持肯定的态度，如《义侠记》比较写实地反映社会中奸佞当道、作奸犯科、官商勾结的现实状况，他客观而勇敢地指出社会存在的弊病，通过自己的努力，在吴江地区影响了大批的吴江派作家。

继吴江派之后，苏州又兴起一个作家群体——苏州派，他们将吴江派的写实风气加以发扬，更加注重现实，面对明末社会动乱的大潮，希望能够改变人们心中错误的道德观，以挽救时弊。进入清代之后昆曲仍然保持着其顽强的生命力，在社会与宫廷之中盛行。清康熙年间，洪昇与孔尚任分别创作出《长生殿》与《桃花扇》，这两部昆曲作品可以说是三百年来昆曲发展的集大成之作，为昆曲增添了新的生机。可见，明朝到清朝康熙年间，昆曲一直保持着蓬勃发展的势头。然而，到了清代中叶，昆曲逐渐走向式微，陷入“花雅之争”。

（三）“花雅之争”

“花雅之争”是我国清代中叶戏曲花部与雅部的竞争，雅就是正的意思，雅部为昆曲，花就是杂的意思，花部是京腔、秦腔、弋阳腔、梆子腔、罗罗腔、二黄调等，通称为乱弹。随着生产力逐渐发展，社会中各行各业的兴起，资本主义萌芽产生，人们对花部的需求增加，代表封建思想的雅逐渐没落。

花与雅的区别主要体现在行当不同、声腔不同、戏班不同。在最初争斗中，弋阳腔压倒昆曲，顺利进入朝廷，成为官方声腔，但由于逐渐雅化，便衰落下去。随后，秦腔进京与昆曲竞争，赢得胜利，导致“闻歌昆曲，哄然散去”。后来鉴于一边倒的风气，清政府禁止秦腔演出，秦腔的发展暂告一段落。1790年，正值清乾隆皇帝八十大寿，高朗亭率徽班演出，安庆花部、高腔、秦二腔共同组成三庆班，后来又有四喜班、春台班、和春班，与京、秦、昆共同表演，构成清朝戏剧胜景。经过激烈的“花雅之争”，昆曲呈现衰颓之势，不过清朝后期昆曲凭借“折子戏”等短剧又焕发出艺术生机。1949年中华人民共和国成立，国家大力扶持中国传统文化，这才让昆曲焕发出新的生命力。如今，昆曲已成为我国戏剧文化的鲜明代表。

二、昆曲的特点

纵观历史，昆曲从明代中叶开始，独领中国戏曲风骚几百年。与京剧一样，昆曲也对“唱、念、做、打”有很高要求，但是在唱腔和表演上，不同于京剧，有行腔婉转、表演细腻的特征。另外，昆曲最大的特点在于抒情性极强，动作、歌唱、舞蹈结合巧妙而和谐。

（一）声情并茂

1.文学

中国戏曲文学是古代诗词文学与南北朝美文学的传承，从先秦时期的《诗经》“蒹葭苍苍，白露为霜”，到唐诗“日照香炉生紫烟，遥看瀑布挂前川”、宋词“帘卷西风，人比黄花瘦”、元曲“投至两处凝眸，盼得一雁横秋”，经过千年文化积淀，文学的精华都为戏剧艺术所吸收，所以昆曲的文学底蕴深厚，在此之上，又具有温婉大气、婀娜多姿的特色。戏曲综合了演唱、动作、唱词，唱词不仅能够表达感情，还能衬托和渲染气氛。在昆曲的唱词中，佳句名篇数不胜数，如《牡丹亭》中的“原来姹紫嫣红开遍，似这般都付与断井颓垣。良辰美景奈何天，赏心乐事谁家院”。《牡丹亭》还有一个显著特点，在每出戏将要结尾之际，作者都会用前人诗句进行概括总结，这种写法让戏剧艺术整体更具诗意和文学性，更富有美感。

2.音乐

昆曲的音乐具备兼容并蓄、融通四方的特征。

昆曲的板式总体可分成五种，分别为赠板、三眼板、一眼板、干板、散板。

昆曲的乐器有笛、箫、唢呐、大锣、小锣、月琴、三弦等众多种类。

可见，昆曲把各式各样、风格独特的乐器融汇到一起，形成规模宏大的音乐格局。此外，南昆与北昆的区别也十分明显，南昆五声音阶，北昆七声音阶，南昆曲调平缓，北昆曲调层次分明，南昆能够改变调式，北昆不可。这都突显出昆曲兼容并包的庞大体系。

3. 演唱

在演唱过程中，昆曲相较于其他戏剧更注重对声音和声调的把控，同时注意发音咬字的准确性，不可含混不清。在演唱中，表演者所发出的声音要与剧中人物的性格、身份、所处情况相符合，不同的角色有不同的唱法。

4. 舞蹈

昆曲的舞蹈与音乐一样，吸收和发展了民间众多传统舞蹈的宝贵经验，通过糅合与创作，昆曲的舞蹈十分适合不同戏曲场景的舞蹈需要，“舞”与“戏”的完美结合，为昆曲增添了更多抒情的色彩。在众多折子戏的演出之中，“舞”与“戏”均实现了完美融合，如《宝剑记·夜奔》《拜月亭·踏伞》《精忠记·扫秦》等。

（二）“二十家门”

任何戏曲种类都具有行当，主要分为生、旦、净、丑四大主要行当。由于昆曲属于南戏体系，沿袭南戏的行当传统，昆曲早期有七个行当，又由于昆曲兼容并包，借鉴元杂剧的成分，后来共计有十二行，分别是生、旦、净、末、丑、外、贴、小生、小旦、小末、小外、小净。但到了清朝末年，由于戏曲分工的出现，昆曲行当与戏曲分工结合后共分为二十小行，即“二十个细家门”。

生行分为官生、巾生、鞋皮生、雉尾生。官生扮演走上仕途的成年男子，又可细分为大官生、小官生，而巾生扮演风流俊俏的才子书生。官生表演形式洒脱大方、真假嗓结合，巾生的演唱声音清脆响亮。

旦行分为老旦、正旦、作旦、四旦、五旦、六旦、贴旦。其中，老旦是老年妇女，正旦俗称青衣，是身份贫寒的已婚女子，音色要明亮，表演要朴实大方。作旦是天真烂漫、跳脱活泼的少年男子。

净行分为大面与白面，大面的脸谱有红、黑、紫、蓝、粉，各有不同性格，白面大多为反面角色。

末行分为老生、末、老外，昆曲中的老生不区分文武。

丑行分为副、丑，一般扮演插科打诨的滑稽角色。唐玄宗李隆基喜欢扮演丑角，只为博得杨贵妃一笑，但是堂堂国君扮演丑角有损国威，便在鼻子上放了一块白玉，久而久之，丑角的鼻子上便有了抹白粉的习惯。

杂行，指戏剧演出中无名无姓的龙套角色。

第三节　豫剧“铿锵大气，抑扬有度”

豫剧以唱腔铿锵大气、抑扬有度、生动活泼著称，因其早期音乐伴奏运用枣木梆子打拍，故得名为河南梆子，也有“高调”“靠山吼”“河南讴”等叫法。中华人民共和国成立后，河南称为“豫”，河南梆子便称为“豫剧”。2009 年 11 月，豫剧保护单位为河南省非物质文化遗产保护中心。

一、豫剧的渊源与发展

（一）豫剧的起源

在史料中，关于豫剧起源的记载较少。从 20 世纪二三十年代开始，有些学者对豫剧的起源发表自己的见解，但最终没有形成统一的答案。纵观豫剧起源，主要有以下几种说法。

有些学者认为豫剧是河南本地土生土长的艺术形式。徐珂在《清稗类钞·戏剧类》中记录了“土梆戏”的概况，他认为“土梆戏”即豫剧的起源，而“土梆戏”源于开封。郑剑西在《从民间艺术谈到河南戏剧》中认为河南歌曲源于千年前的郑卫，郑卫是春秋战国时期郑国和卫国的统称。据史料记载，郑国和卫国分别是现在的新郑与鹤壁。邹少和在《豫剧考略》中认为“梆剧发源于郑卫之乡”，与郑剑西观点相似。周贻白在《中国戏曲史发展纲要》中认为河南农村有一种叫作“河南讴”的山歌，这种山歌吸收秦腔，经过融合形成现在的河南梆子。

根据清代文学家严长明的《秦云撷英小谱》有学者认为豫剧源于秦腔，严长明在《秦去撷英小谱》中有“秦声与昆曲体固同也”之说。后来，齐如山、范紫东在《戏剧丛刊》中认为中国绝大多数的梆子均源于秦腔。冯纪汉在《向优秀的传统学习》中认为，河南梆子吸收了秦腔和当时河南流行的戏剧，是在开封形成的中原剧种。

笔者认为，豫剧的主体源于河南民间，但在产生之后受到秦腔等戏曲文化的影响。随着研究的深入，相关人员在研究《中国戏曲志·河南卷》之时，经过广泛查证，认为豫剧诞生于古都开封附近。宋代《东京梦华录》曾记载，北宋都城汴京有桑家瓦子、北瓦、次里瓦，勾栏瓦舍遍布全城，开封已经有了《目连救母》的演出。

（二）豫剧的发展

根据《杞县志》记载，人们喜欢用“梆”这种物品演戏，这里的“梆”便是河南梆子，当时这种戏曲已经十分盛行，而《杞县志》成书于1777年，所以河南梆子兴起之时一定早于乾隆初年。据记载，清乾隆时期，开封南边的朱仙镇和北边的清河集都是培养豫剧演员的场所，至清朝后期，豫剧已经成为河南当地的重要剧种，受到民众的强烈追捧。《重修明皇宫碑记》记述了清同治年间在朱仙镇重修明皇宫的情况，说有72个戏班“捐输”，而且这些班社也不是清同治年间才刚刚组建的，由此可以看出，当时豫剧流行地区班社数目众多。

清朝灭亡后，孙中山成立中华民国，推翻封建帝制，提出三民主义，当时社会的民主氛围十分浓郁，发展戏曲、改良戏曲成为时代的呼声。这一时期，不仅农村、乡镇，就连省会开封也出现了很多豫剧班社，表现出新时代豫剧发展的盛况。1926年，义成班在开封相国寺建立永安舞台。1934年，樊粹庭在开封创办豫声剧院。这段时期，豫剧发展十分迅速，唱腔融合活动也非常普遍。

抗战到内战期间，虽然国家困苦，但是《涤耻血》《伉俪箭》《克敌荣归》等抗战豫剧剧目被推出，以宣传抗日、募捐抗日，支援抗日战士，被称为热心救国之模范。

中华人民共和国成立后，豫剧团如雨后春笋般相继创办，全国的豫剧职业演出团体开辟出一条豫剧的现代道路，创造出以《朝阳沟》为代表的反调唱法。1956年，河南豫剧院正式落成，旨在传承戏曲文化，培养新生力量，以传统文化复兴为己任，使豫剧发展到历史的新高度。虽然豫剧在此后一段时间内呈现衰败之势，但是“伤痕文学”推动了一些令人耳目一新的豫剧作品的产生。豫剧新剧目从作品内容到表现形式、从艺术实践到理论研究等各方面都有了新的探索和实践。

二、豫剧的特点

（一）班社众多，风格多样

在历史不断的更替中，豫剧也发展出具有自己特色的各种班社，包括“窝班”“龙虎班”“江湖班”“玩会班”。

1.窝班

窝班是河南具有特色的人才培养组织，与科班含义类似。创办窝班的人被称为“班主”，“班主”聘请精通豫剧的民间艺人进行戏曲的教学、管理、指导工作，他们被称为“掌班”，从事普通教学活动的被称为“师傅”。

在一般的招生过程中，窝班每批招生约30人，这些人都有唱豫剧的天分与潜力，或者对豫剧文化十分热爱。招收过来后，“师傅”对他们进行教学，教学活动一般全部为口授，没有教材，“师傅”讲戏的时候学生认真听，“师傅”示范戏曲动作的时候学生要认真模仿。窝班采用类似“因材施教”的教学模式，在学生入学一段时间后，“师傅”根据对他们的了解进行个别、具体的教学，当教学满100天后要对学生进行考查，即“卖戏”，相当于演出实践。“卖戏”可谓一举多得。首先，窝班可以更加详细地了解每个学生的长处与短处，有利于以后教学方针的调整和制定；其次，窝班可以通过“卖戏”获得一定的经济报酬，对窝班和豫剧之后的发展很有帮助；最后，就学生个人而言，他们能更清楚自己的目标以及自己加入这一艺术行业的决心。

通过不断的学习与演出，3年后学生便可结业，结业后需要效师一年。这里体现出我国传统文化的“孝”。“孝”不仅体现在孝敬父母上，还体现在感恩“师傅”上。效师期满则为正式毕业，学生可以根据自己的想法选择未来的戏曲之路，可与朋友一起创办组织，也可作为工作人员留在窝班。中国豫剧便是在这种模式下不断传承与发展的，但是很多窝班的“寿命”都不长，有的窝班只是昙花一现。究其原因：一是“班主”对戏曲的热爱程度不够；二是窝班所需要的人员与经费问题；三是转型为“江湖班”，直接开始演习赚钱。其中，存在时间较久的窝班有清河集的天兴班、密县的太乙班、商丘的“十四科”等。综上所述，窝班对推动我国豫剧发展有着至关重要的作用，在窝班的培养下，河南涌现出一批又一批的戏曲人才。不过，随着时代的进步，它的教学方针和制度已经落伍，于1949年被废除为戏曲学校所取代。

2.玩会班

玩会班又名玩友班，顾名思义，班子里的成员以豫剧演出作为一种娱乐消遣方式，当作“玩”，这种把娱乐观念与豫剧文化结合的组织具有一定的艺术纯粹性，里面的成员大多是对豫剧十分热爱，甚至痴迷的人。一般来讲，一个玩会班的规模为 3 ～ 10 人。玩会班由这些人共同创办，创办之后再通过大家共同选举的方式选出一名“会首”，“会首”相当于窝班“班主”，只是不像“班主”那么正式和官方。

与窝班不同，窝班的目的在于人才培养、戏曲传承、获得报酬，而玩会班的目的在于以下几点：第一，在闲暇时间进行豫剧演唱，陶冶情操，自娱自乐，他们时而席地而坐开始演出，时而在闹市演出，随性而洒脱；第二，在民俗佳节到来之际进行喜庆的节日庆祝活动；第三，受红白喜事之邀进行演唱。但是，玩会班的所有演出均不收报酬，偶尔收些“礼品”，或者吃一顿饭即可。客观地讲，这种豫剧的演出组织对戏曲文化的传播也有很大的影响，比如，很多“龙虎班”“江湖班”都是由玩会班发展而来的。

3. 龙虎班

说到豫剧的龙虎班，要从它这一名字的由来讲起。河南自古就是农业大省，有人戏称河南的土地养着全国的人民，虽有些夸张，但是河南人对农业的重视是毋庸置疑的，在他们眼中种地、农耕为“龙”，唱戏为“虎”，将种地和唱戏结合即“龙虎班”。可见，“龙虎班”的成员既进行劳作，又进行戏曲演出，是一种半职业化的豫剧班社。在每年的农忙时节，大约在五、六、十月份他们会回家务农，其他时间比较闲暇，他们则进行豫剧演出。

龙虎班的组成人员多是豫剧爱好者，偶尔会有专业的戏曲人员，即便如此，他们的演出技术水平也非常成熟，小到折子戏，大到整本的戏都可拿捏自如，这与农业人员敢于吃苦、艰苦奋斗的精神不无关系。龙虎班规模约为 10 ～ 20 人，比玩会班规模大些，他们的演出目的介于窝班与玩会班之间，既希望获得些报酬，又希望将传统豫剧发扬光大，但是对两者的要求又不太强烈。例如，有时候龙虎班演出并不明确标明戏曲价格，由观看者随意馈赠，他们还会将收入的一大部分用于戏曲事业的发展。龙虎班具有半职业性，并且需要付费，最初在社会中的影响力并不大，后来他们开始寻找一些有名气的专业演员搭班演出。通过这种方式，龙虎班逐渐声势壮大，慢慢成为豫剧行业中具有影响力的演唱组织。

4. 江湖班

虽然上述三种戏班都对豫剧的发展起到一定的推动作用，但江湖班才是豫剧文化发展史上的中坚力量，它是豫剧的职业班社。江湖班，顾名思义，就是为了谋生、为了赚钱而东奔西走、天南海北地进行戏曲演出的戏班。当时的江湖班组织严密、人数较多，一般为 40 人左右，最多的将近 50 人，从天真活泼的作旦到老态龙钟的老旦，从英俊潇洒的巾生到插科打诨的丑行，应有尽有，人尽其才、物尽其用。江湖班的管理结构也比较健全，里面包括“管主”“掌班”“演员”“场面”“箱倌”等人员。

上述内容即豫剧班社早期的结构和人员情况，随着社会的发展，豫剧班社的分工更加细化，人员越来越多。可以说，豫剧正在以它独有的旺盛生命力逐渐走向世界。

（二）豫西调、豫东调、祥符调、沙河调

河南地大物博，据统计，河南省地理面积约为 16.7 万平方千米，人口众多，由于政治、经济等多方面原因，河南境内很多人员采用河南方言。又由于河南地区自古以来就是兵家必争之地，千年来为王侯将相争夺不休，人口迁移更替严重，方言种类较多，有淮北方言、淮南方言等语言。因此，很多具有区域性特色的豫剧流派和唱腔。

清朝末年，豫剧被分为豫东调和豫西调。中华人民共和国成立后，专家学者将这两种流派进行了更为细致的划分，把豫东调分为祥符调、豫东调、沙河调。至今，豫剧共有开封等地的祥符调、洛阳等地的豫西调、商丘等地的豫东调、沙河一带的沙河调四种唱腔。

豫剧的唱腔特点为铿锵有力、大气磅礴，充满起伏感，饱含浓厚情感。如果说昆曲的唱腔像江南地区的秦淮河，那么豫剧的唱腔就像黄土高原上奔涌的黄河水，波澜壮阔、气象万千。

1. 豫西调（西府调）

豫西调起源于河南西部城市洛阳，故名豫西调，百姓称其为“靠山吼”。因为洛阳曾为十三朝古都，故豫西调又名西府调。相传豫西调是朱仙镇蒋门的一个分支。杨小德为豫西调的典型代表人物，他对豫剧唱腔进行一系列的改革，使豫西调的嗓音更加浑厚悲壮、苍劲有力，并且改唱“下五音”。这样一来，音调浑厚而悠扬，与其他唱腔大有不同。

2. 豫东调

豫东调源于河南商丘地带，人称“河南讴”，又因为商丘处于河南东部，故得名豫东调。此地紧邻山东，与山东梆子（高调梆子）互相影响，它吸收了山东梆子高亢、激昂、夸张的特点，形成“上五音”，是河南豫剧流传范围最

广的唱腔派别。豫东调早期科班有府八班、夏邑三班、虞城刘家班、永城县衙六班、柘城县大公议班等，代表人物有唐玉成、黄儒秀、赵义庭、李斯忠、马金凤等人。

3. 祥符调

祥符调源自河南开封祥符县，是豫剧唱腔中历史最悠久的一支，被誉为“豫剧之母”“中州正韵”。公元1008年，宋真宗改年号为大中祥符元年，开封县更名为祥符县，这一带的梆子便开始被称作祥符调。

祥符调成为“中原正统唱腔”是文化与历史选择的必然结果。首先，开封自宋朝以来发展速度日益加快，到明朝伴随手工业者大批涌现，开封的繁盛程度甚至有赶超都城之势；其次，开封作为八朝古都，有深厚的历史文化底蕴，这里发生的孟子游梁、窃符救赵等典故都为它增添了文化色彩；再次，魏晋南北朝时期，佛文化对这里影响颇深，如北周在此建立著名的大相国寺，增加了开封的文化包容性，无疑为豫剧的产生和发展提供了“养料”与“土壤”。在祥符调的发展过程中，可谓名家辈出、群英荟萃。清朝年间有孙延德、常金荣、常金香、刘永春等人，清末民初有林黛云、时倩云、王絮亭等人，民国后又有王小焕、马双枝、司凤英等人。在一批批艺术家的努力下，祥符调以它丰富的张力、独具的地域特色、独特的审美价值大大推动了中国戏曲的发展。

4. 沙河调

沙河调，又名豫南调，流行于河南周口、漯河一带，是南阳调与豫东调的交融产物，因临近安徽北部，又被称作淮北梆子，距今约300年历史，与昆曲产生的历史时期相近或稍晚。沙河调产生于农村，这一地带平原众多、水土肥沃，人们在闲暇之余便养成唱曲、听曲的爱好。经过长期的演唱，沙河调形成唱腔粗重急促、色彩浓厚的特点，这种风格适用性比较强，既能表达愉悦舒缓的心情，又能渲染慷慨激昂的紧张气氛。按照曲调划分，沙河调大致分为慢板、流水、飞板、跺子等十多种曲调。著名的沙河调艺术家有刘发印、雷振启、燕守立、顾锡轩、王琳、刘玉梅等人。

第四节　中国戏曲文化对当代教育的启示

翻开史料，我国古人对“乐”的说法浩如烟海。《礼记·乐记》云：“乐也者，情之不可变者也。”意为音乐是人的性情，是人情感的直接表达，不掺杂任何矫揉造作的成分，表明中国古人对“乐”的重视程度。在先秦时期，“礼乐”就是国之大体，道德之本，它包含道德教化的成分。古时最重要的学科为“诗、书、礼、乐、易、春秋”，“乐”占其一。《晋书·乐志》又有：“是以闻其宫声、使人温良而宽大；闻其商声，使人方廉而好义；闻其角声，使人倾隐而仁爱；闻其徵声，使人乐养而好使；闻其羽声，使人恭俭而好礼。”更加体现了音乐的教化功能。

那么，何谓“乐”？古时候的“乐”包含音乐与舞蹈，而中国戏曲文化产生于北宋年间，至元朝成熟，既有婉转多变的唱腔，又有华丽的服装和生动的动作，它必然属于“乐”的成分。

一、戏曲文化与学生的美育教育

美育是指培养学生发现美、认识美、爱好美、创造美的能力的教育，又被称为美感教育、审美教育。1793 年，美育思想第一次在世界上被提出，它出现在德国美学代表人席勒出版的《审美教育书简》一书中，书中全面说明美育的紧迫性与价值，使美育开始进入人的视野，国外教育界开始有了将美育与学科教育并重的趋向。

我国美育思想首位提倡者是蔡元培，他提出了著名的“五育并举”，著有《以美育代宗教》《对于教育方针之意见》等书，这在一定程度上颠覆了人们之前的宗教观，让人开始把目光转向音、体、美等学科。

中国戏曲集古代音乐、舞蹈、艺术之大成、融百家之长，形成中华民族独特的审美意趣。戏曲是传统艺术文化最具代表性的形式，无论是从戏曲自身看，还是从美育的本质属性出发，戏曲与美育都有不可分割的关系。戏曲应当成为美育的重要组成部分，缺乏戏曲的美育是不完整的，而美育也应当把戏曲教育容纳其中，获取更多养料，为现代化文明发展贡献更多力量。

首先，应当在美育过程中强调戏曲文化，它是民族文化的精华，值得学生进行系统化、全面化学习。当今社会音乐滥觞，然而底蕴最深厚的音乐莫过于戏曲，对学生进行戏曲教学，可以让他们在快乐的音乐享受中了解中国几千年的灿烂文明，了解历史上的那一段峥嵘岁月，了解戏曲那兼容并蓄的文化韵味。

其次，部分戏曲剧种出现式微状况，很多年轻人对自己民族的传统文化不甚了解，这需要政府和教育相关部门大力发展相关教育，改善这一情况，需要让戏曲在新时代走出一片更广阔的新天地。身为华夏儿女，我们身兼继续弘扬和传承戏曲文化的责任。

最后，戏曲可以在美育中影响学生的内在价值观念。中国戏曲文化是丰富的精神宝库，它包含我国传统儒家文化、道家文化、佛学文化等诸多思想，把忠义世无双的关公当作世人的楷模。戏曲文化的核心即“忠”“义”，如《忠孝节》中的爱憎分明、《赵氏孤儿》中的舍己为人、《文昭关》中的舍生取义，这都是戏曲文化中传统道德思想的明确体现。戏曲通过对反面人物的揭露，以及对高尚道德人物的歌颂，表达对政治清明、理想社会的强烈渴求，这也正是当代每一个学生、每一个国人的共同追求。

二、戏曲文化与学生的人文精神

戏曲是人类的创造，是社会存在的一种反映，所以戏曲文化既是人类存在方式的反映，又具有切实的价值与意义。可以说，戏曲文化是文化土壤中成长和孕育的精神艺术之花，它所蕴含的内部文化都显著体现出中国固有的人文精神。

首先，戏曲文化具有兼容并蓄、海纳百川的磅礴胸襟，具有难能可贵的包容精神。纵观历史长河，我国各区域处于不断地交流融合之中，现在的北京地区、江浙一带、川陕山地都曾有许多政治、文化等领域的密切交流，促使中国人产生“和谐”“包容”“中庸”等思想，这一点在戏曲中体现得更加明显。戏曲文化以它的包容性一直保持旺盛的活力。举例而言，国粹京剧包含徽剧、汉剧和昆曲等多种戏曲元素，也正因如此它才能成就自己更为辉煌的篇章；豫剧从清朝乾隆年间开始兴起，广泛吸收“罗罗腔”、弋阳腔、昆曲、京剧、同州梆子、鲁西梆子等戏曲的精华，仅用了二百年时间便成为国家最重要的戏曲流派之一，这归功于它那无所不包、有容乃大的包容性。戏曲文化教育能让学生体会这种包容精神，对学生的成长、发展都有极大的帮助。

其次，戏曲文化含有“匡扶正义、惩恶扬善”的正义观。自古以来，我国就是传统小农经济，并且处于长期的宗法制度模式下。“仁”与“礼”是中国传统伦理的要点，人们都要遵循以血亲为纽带的伦理道德观。在这种思想观念的引领下，戏曲文化具有鲜明的正义思想，如“包公戏”“海瑞戏”“水浒传”“瓦岗戏”“窦娥冤”等，都把斗争的矛头指向不可侵犯的至上权威——皇权，颂扬舍生取义、敢于反抗的人物精神。当代戏曲教育能培养学生顽强、励精图治、锐意进取的精神，能够让学生体会离骚“哀民生之多艰”的深刻意蕴，具有催人奋进、引人向善的重要作用。

最后，戏曲具有“梅花香自苦寒来”的刻苦精神。俗话说“台上一分钟，台下十年功”，本意为在台上表演虽仅有短短一分钟的时间，但表演者为了这宝贵的一分钟，曾经在台下付出过十年的努力。寓意辉煌的成功背后必然有刻苦的努力。适合用这十个大字来形容的莫过于戏剧表演者。

三、戏曲文化与学生的文学教育

文学是什么？文学是用语言文字当作精神的载体，生动形象地反映客观现实事物，进而表达作家心灵世界的艺术行为。但是，文学的意义远远不止这些。通过文学，可以使人类的感情得到升华，可以使平淡的生活变得多彩。文学的真正价值在于它那“看似无用，实乃大用”的精神文化。精神二字，内涵甚广。笔者认为精神是人内在思维与感性情绪的统一，同时也是一种自我超越和精神产物创造的过程，所以文学作品属于人类精神的精华。

现在，文学是我国重要的社科文化，一切文化相关产业都以文学为基础。中国文学可分为古典文学、现代文学、当代文学，而古典文学中的重要范畴就是戏曲。戏曲虽然是唱出来的，但其唱本始于文学，没有文学的戏曲只能算是“吼”。可见，文学与戏曲紧密相连。与此同时，文学是我国当代教育事业的重点，这从高考语文科目中文学的分数比重即可看出，所以当代中国若要提高学生的文学水平，使他们将来能够创造更具活力的中华民族文学，进行戏曲文化的教学是必不可少的。一般而言，戏曲学校为中专院校或艺术学校，这些学校与普通学校相比具有很多特殊性，在教育过程中需要注意以下几点。

首先，在戏曲教学过程中，要明确人才培养目标。当代戏曲学校的教育目的是继承和发展传统戏曲文化，院校必须以提高学生的专业技能、文化素质、政治觉悟为目标，打造出新时代全方位发展的戏曲人才。古时候的“角儿”仅仅是通过师傅口口相传加以大量基本功练习而成的演绎型人才，现在需要的则是社会服务型戏曲人。

其次，在当代戏曲教育体制下，为了符合公共教育的统一规范，在模式上采用公共教育的相应学制，与普通院校具有基本相同的课程时长、学分设置、考试要求。事实上，当前戏曲教育模式与戏曲水平的发展规律并不相符，完美的戏曲表演需要“唱、念、做、打”集于一身，要通过长期地练习让肌肉保持自己的记忆，让表演者整个人的情绪随时随地保持在最好的状态，而戏曲学校与普通学校一样，有比较长的寒暑假，这使训练间断，对戏曲学习十分不利。

最后，时下戏曲教育缺乏“因材施教”的教育方法。豫剧的窝班都有“因材施教”的观念，但是现代化戏曲教学却“一视同仁”，这种情况需要人们重视。因为戏曲与语数外等学科不同，戏曲文化讲究天赋、天分，以及爱好程度，很多学生天赋平平，他们需要的是教师更加耐心地持续教导，而不是被“牵着鼻子”赶课程进度，这样下去只能是“竹篮打水一场空”。

第七章　中国传统医学文化

中国传统医学文化是中国传统文化的重要组成部分，被称为“中医”。实际上，“中医”这一称呼是相对西方医学而言的。在西学医学进入中国之前，中国的医学早已形成，并具有非常丰富的内涵。为了便于解释与论述，本书用“中医”两字进行论述。

中医与传统文化息息相关，中医理论中的运气学说、精气学说、阴阳学说、五行学说、脏腑学说等，都与中国传统文化紧密相连，互相影响。本书的绪论部分已对传统文化及其根源进行了详细说明，此处不再展开，仅简要论说。中国古代悠久厚重的农耕文明使人们安于现状、故步自封，缺乏探索的精神，同时古代中国血缘宗法制，这种制度把人与人、人与社会联系成一个整体，使中国人产生“推己及人”的心态，善于将万物纳入一个整体，进行思维分析，而非实践研究。即便如此，中国人仍以充足的智慧形成了当今影响世界的伟大医学理论。传统中医文化主要遵循两大原则，一是整体观念，二是辨证论治。

第一节 “阴阳交感，万物一体”的整体观

在中医看来，人体虽是独立个体，但是“天”“地”“人”三者存在内在联系，所以强调天人合一、形神一体，在治疗过程中，不可割裂人与自然的联系，这是传统中医特点的重要体现。

一、中医整体观的来源

中国传统医学的整体观源于古时阴阳学说、五行学说、《易经》及儒家、道家思想等。其中，阴阳学说、五行学说奠定了中医理论的基调，儒家、道家等思想虽对中医整体观有一定影响，但作用缓慢。故仅对阴阳学说、五行学说进行解读。

（一）阴阳学说

1.“阴阳”

“阴阳”萌发于西周时期，在春秋战国诸子争鸣时代取得极大进展。《说文解字》对“阴”解释为“暗也，水之南、山之北也”。[①] 可见，阴阳是相反的一对概念。

此外，它们又不可分割，这在我国古老的文献中有诸多体现。在绝大多数情况下，“阴阳”总作为一个整体同时出现，体现了“阴阳”相互依存的特征，如“一阴一阳之谓道”“阴阳和而万物得”“阴阳不测之谓神”“考其阴阳，以观其诚”等。可以看出，“阴阳”常常指相反相成的两面，没有“阴”便没有“阳”，没有“阳”便没有“阴”，如天地、日月、昼夜、君臣、夫妇、男女、动静皆为“阴阳”。关于“阴阳”的相互关系以及阴阳所涉及的世间万物即为阴阳学说。

① 许慎．说文解字[M]．汤可敬，译．北京：中华书局，2018.

2. 阴阳学说

阴阳学说是中国特色的古老文化，是中华文明整体观的开端，它寓于中国所有的文化之中，对中国人民的生活与发展起到潜移默化的作用。可以说，中华文明就是从阴阳学说出发并逐步确立和发展的。对阴阳不断深入的研究，中国人民形成了传统哲学思维，并开创出包含中医在内的各种学科。

顾名思义，阴阳学说就是研究阴阳两者内涵、关系、规律的学说，并运用这种思想指导现实生活，掌握客观规律。古时人们通过观察发现世界既有男人又有女人，既有天又有地，既有高山又有湖泊，男女交合繁衍子嗣，天地交合化生万物，于是他们产生了一种思维，即阴阳包容万事万物，形成整个大千世界。久而久之，阴阳学说便成为中国人民公认的学说。历史中多名思想家、哲学家对阴阳有鞭辟入里的见解。

荀子云："天地合而万物生，阴阳接而变化起。"①

老子云："万物负阴而抱阳，冲气以为和。"②

周敦颐云："无极而太极。太极动而生阳，动极而静，静而生阴，静极复动。一动一静，互为其根。分阴分阳，两仪立焉。阳变阴合，而生水火木金土。"③这是周敦颐对道教陈抟所作《无极图》的深刻诠释，而《无极图》正是中国对传统阴阳观念的展现。

综上所述，关于阴阳两者，古人认为它们是相互对立统一，又相互转化的关系。首先，阴阳两者互相对立，它们的本质与属性完全相反、相对，具有内在的矛盾性、斗争性；其次，阴阳两者相互统一、相互联系，老子说："故有无相生、难易相生长短相形、高下相倾、音声相和、前后相随"④，老子提到的双方均为对立面，但它们却互相依靠而存在，这体现出对立而统一的关系；最后，阴阳两者还能互相转化，如"物壮则老""乐极生悲""过犹不及"都形容事物发展到极端后则会向相反的方向转化。

（二）五行学说

1. "五行"

"五行"是中国古典文化的核心要素，与"阴阳"一样，也主要用来研究

① 荀况 . 荀子 [M]. 安小兰，译 . 北京：中华书局 ,2018.

② 老子 . 老子 [M]. 饶尚宽，译 . 北京：中华书局 ,2018.

③ 周敦颐 . 太极图说 [M]. 扬州：江苏广陵出版社 ,2019.

④ 老子 . 老子 [M]. 饶尚宽，译 . 北京：中华书局 ,2018.

万事万物的运动变化规律，大约产生于西周，它与“阴阳”相辅相成。“五行”中包含“阴阳”，“阴阳”中包含“五行”，共同指导人们的生活，为传统医学提供理论支撑。

人们通过对现实生活的仔细观察，将客观世界的事物归纳为“水、火、木、金、土”五种元素，根据这五种元素的特性类比事物的属性。《尚书·洪范》对“五行”均赋予独特的属性，强调整体，旨在描述运动形式等关系。在此基础上，“五行”还发展出系统的学说，这对中医药学、中医理论都大有裨益。

2. 五行学说

传统五行学说包含相生与相克的定律。相生，即两类不同五行事物的相互促进作用，有木生火、火生土、土生金、金生水、水生木。相克，即不同五行事物的相互抑制作用，有木克土、土克水、水克火、火克金、金克木。从五行生克的理论视角出发，五行是紧密联系的整体，相生与相克运动也是紧密联系的整体，没有相生则没有事物的产生，没有相克则没有事物的消亡，就无法维持事物的平衡稳态。

（三）小结

在古人看来，五行与阴阳同样是一个密切联系的整体，但是它们缺乏现代意义上的科学支持与逻辑论证，主要凭借古人主观思维和社会实践中的经验。古人将从事物中获得的感性经验，发展为五行阴阳学说，将五行与阴阳合二为一，变成一个整体，共同解释普遍规律性的问题，具有朴素的特点。在西方的古希腊哲学中，也具有类似的朴素哲学思想，如泰勒斯的水本原、赫拉克利特的火本原、阿那克西米尼的气本原，以及恩培多克勒的水火土气四根说，但是与中国相比，他们缺少这种普遍联系的整体观。在中国，阴阳五行学说明确解释了“水、火、木、金、土、阴、阳”元素之间的相互依存、相互转化、相互对立的整体性特征，展现了中国特色思维方式，体现出共性思维方式，认为一切事物均是你中有我，我中有你的一个整体。

在这种思维下，中医理论则认为人、自然、人体内部均为一个整体，即“天、地、人”合一，在治病的时候，需要考虑阴阳五行与脏器的关系，还要考虑人与气候的关系，因为很多疾病的发生常常与自然界的区域环境、季节变化有关，这就涉及中医整体观的内容。

二、中医整体观的内容与运用

（一）中医整体观的内容

中医整体观，即以统一性和完整性认识人体与外界事物关系的观念。

人体与内部环境的整体观认为人与脏腑、器官共为一个整体。在结构上，人体内部的脏器、骨骼、皮肤等部分均属于一个整体，不可割裂；在功能与作用上，人体内部的所有器官均协调一致，共同为整体运转，五脏六腑配合经络血液，为全身输送气血，形成一个完整的人体；在精神上，中医主张“形神合一”，形体与精神也是一个整体，两者结合才能产生运动。举一个简单的例子，当一个人服用药品之时，药品先经过口腔的吞咽动作经由食道进入胃部与肠道，经分解吸收后再通过血液输送至病灶处，这一系列活动正是整体观的生动反映。

人体与外部环境的整体观认为人与自然世界属于一个整体。人类生活于自然界中，自然界给人类以适宜的生存条件，同时自然界的一切现象制约着人类，包括四季演变、昼夜交替、环境变更等，人类则能动地适应客观环境。

《黄帝内经》记载：“人与天地相参也，与日月相应也。”“故阴阳四时者，万物之终始也，死生之本也，逆之则灾害生，从之则苛疾不起。”意为人生活在天地之间，形神功能都受到自然环境和社会环境的影响。春夏秋冬阴阳四时处于不休的变动之中，与万物的终始息息相关，是生命存在与死亡的根本。如果违背它就会有灾害发生，顺从它就不会产生疾病。以上都表明人与自然联系的普遍性。于是，古人根据这种整体的观念创造出中国传统医学，在医学具体运用上，也有细致地划分。可以说，整体观作为中国医学文化的重要方面，蕴藏着丰富的宝藏，它脱离于实践，又指向实践，它对现代医学发展具有很大的理论与指导意义。

（二）中医整体观的运用

在运用中医诊治疾病的过程中，人们对传统中医进行了不同的分科，有八科、十科、十一科、十三科等，虽然科数不同，但都用整体观作为指导。中医认为，五脏是整个人体的核心，人体是通过经络系统把六腑、五体、五官、九窍、四肢百骸等全身组织器官联系起来的有机体，并通过精、气、血的流通作用完成机体统一的机能活动。因此，人体局部发病后，会对整个机体造成影响，通过精、气、血的流通作用对人体造成危害，甚至引起整体功能的失调。

在治疗过程中，中医着眼总体，把局部病理反应与整体结合，看到病处情况的同时，能认识到其他脏腑所受到的影响，根据阴阳平衡与五行生克思想，找到最好的治疗方法。

举例而言，假如有人胃部不适，有胃寒之感，久而久之就会由于胃病导致吸收不好，让整个机体缺乏营养，免疫力下降，可能导致各种疾病。而且，胃寒亦会牵扯到胃上部的心与肺，让它们也出现寒证，患者会更加容易感冒，时常出现面色苍白、气血不足的症状，这就是疾病的整体效应。而根据这种病症，中医要运用整体观念，将脾与胃结合治疗，胃部不适往往伴有脾的虚弱。脾主运化水谷精微，具有统血生血的作用，胃又被称为“水谷气血之海”，两者联系紧密。在治疗中应当以食补为主，运用阴阳与五行生克学说，食用具有“阳”与“火”特性的食物，如胡椒、大枣、羊肉、猪肚等，这便是中医整体观在诊疗上的典型运用。

（三）中医针灸

中国传统针灸也运用了中医整体观。按照整体观，针灸将毫针刺入患者体内，运用捻转与提插等手法刺激穴位，从而治疗疾病。简言之，针灸是一种“内病外治”的治疗手法，包含“针”与“灸”两个部分。

针灸最早见于《黄帝内经》，书中“藏寒生满病，其治宜灸”说的便是针灸之术。而关于其起源要追溯到上古时期，当时的人类常被硬石划破身体，其中有些部位会带来异常的痛感，而有些部位会让人感到舒适，久而久之，人们开始研究这一问题，后来制作了专门用于针刺身体的砭石，这便是“针”的雏形。另外，随着火的使用，人们发现火在某些时候可以缓解伤痛，甚至可以使疾病加快好转，于是便学会用树皮包裹烧热的石块进行局部热熨，慢慢发展成点燃树枝与干草烘烤治病的方法，再后来，人们用温通筋脉的艾叶作为灸治的材料。经过发展，砭石与艾灸便逐渐演化成针灸疗法。

针灸疗法具有疏通经络、调和阴阳、扶正祛邪之功效。在整体观指导下，针灸文化研究出脏腑与体表的联系，如针灸经渠穴可治疗咳嗽、喉痹；针灸太渊穴可治疗心脉痛涩与喘息；针灸合谷穴可治疗咽喉肿痛、耳聋、口眼歪斜、痛经等症；针灸足三里穴可治疗胃脘痛、呕吐、中风瘫痪。

当代针灸具有多种类别，如艾灸法、梅花针疗法、皮肤针刺法、皮内针刺法、电针刺法、温针疗法、芒针刺法、火针刺法、埋线疗法、耳针法、头针法、声电波电针法、穴位电离子透入法、穴位磁疗法等，并于2006年被列入第一批国家级非物质文化遗产名录。

（四）中医养生

根据整体观念，中医形成独特的养生方式，这种养生方式主要取决于“阴阳”二气与“五行”，将“阴阳五行”与人体内的脏腑、器官、组织相对应，形成“天人合一”的理论体系与养生模式。

何为养生？养生就是颐养生命，防止疾病的发生。当今社会很多慢性病发病率极高，很多人处于亚健康状态，养生的紧迫性便日益凸显出来。中医关于养生的论述最早见于《素问》，其中有“人以天地之气生，四时之法成”“天食人以五气，地食人以五味”的记载。这都说明人类的生命源于天地，人必须顺应自然四时与阴阳变化，才能获得健康，此为养生的重要法则。

在养生过程中，除了要运用整体观思想，还要注意人与自然、人与社会的关系。在自然界中，季节变化与天气变化都会明显影响身体的技能，《史记》云：“夫春生夏长，秋收冬藏，此天道之大经也。”[①]指出春夏的特点为生发，秋季的特点为丰收，冬季的特点为储藏。反映到人体上，在春夏时节，人体的阳气上升，新陈代谢和身体细胞更替速度加快，人的伤口愈合速度会随之加快，幼儿的成长速度也会加快，如果体内有虚寒之病征可以在春夏时节进行调养，能够取得事半功倍的疗效；在秋冬时节，人体的阴气上升，阳气下降，在心理层面容易情绪低落、感时伤怀，在身体上容易产生“燥”，这就可以解释为什么很多人在秋冬季节总是感觉口干舌燥，这时应当注意顺应秋冬的规律。在社会中，人是社会关系中的一部分，与社会环境构成一个有机整体，在这一整体中，人要经常与身边的人打交道，有亲人、朋友、同事、陌生人等，在这样烦琐的人际交往下，难免会产生各种不良情绪，而不良情绪的累积会对身体健康造成消极影响。对于这一点，中医早有“情志致病”的说法，所以养生还要养情。这是因为“喜怒不节则伤脏”，古人认为惊恐的情绪会损伤肾，欢乐的情绪会伤心，气愤的情绪会伤肝，思念的情绪会伤脾，忧伤的情绪会伤肺，另外，各种情绪皆会使心受到影响。所以，在人际交往复杂的社会中要注意调节自己的情绪，任何情绪都不可以过度，否则会损伤脏腑、气机、精血，最后导致阴阳失调。

可见，中医养生之法博大精深，无论是社会、自然大环境，还是人体内部小环境，均需要讲究协调，顺应规律，只有这样才能使自身保持健康的体魄。

---

① 司马迁．史记[M]．张大可，译．北京：商务印书馆，2019.

但需要注意的是，养生强调的是“防患于未然”，若疾病袭来，则应当采取相应的治疗手段。在整体观的指导下，中医经过发展，产生“辨证施治”的思想与治疗手段，如果说整体观是中医的“里”，那么辨证治疗就是中医的“表”，两者结合，对病症分型论治，是中医文化的一体两面。

第二节 “辨证施治，普遍联系”的辨证观

“辨证施治”或“辨证论治”是中医重要的方法原则与行医特色，与中国传统文化中的辩证思维异曲同工，虽属于不同领域，但内核是相同的，均要求把事物看成普遍联系的整体，对于同一种病要全方位考察，要全面、辩证地看待病症。“辨证施治”的方法自古已有，但真正使之体系化的是张仲景。与此相关还有一个故事。

某一天，张仲景闲来无事正在休息，这时来了两个病人，他们都说自己头痛发烧，张仲景对他们进行询问后得知，两人都被大雨淋了，于是张仲景认为两个人都是感冒，给他们开出相同剂量的麻黄汤。但是，第二天发生了意想不到的事，其中一个病人虽然出了很多汗，但是病情比前一天更加严重了。张仲景很奇怪，赶紧跑到另一个病人家中，可是此人已经快要痊愈了。张仲景疑惑不解，他苦思冥想、反复思索，突然想到，昨天在号脉的时候，第一个病人脉搏比较弱，手上还有虚汗，第二个病人脉搏强壮、体魄比较强壮。张仲景突然茅塞顿开，原来是因为第一个病人本就体质虚弱，服用驱寒发汗的药物，体内津液外流，会导致身体更加虚弱，虽然对治疗感冒有益，但是对病人的身体无益。于是，张仲景改变方法，换了一种药方，病人很快就恢复健康了。

此后，张仲景在诊断病症之时就格外注意“辨证施治”，学会从每个病人的独特性入手分析病症。他认识到，倘若病症一样，表征不同，就代表不能使用相同的治疗办法，万万不可墨守成规。那么，辨证到底是什么方法，它包含什么内容呢?

“辨证”，即看问题时眼光要全面，通过一系列思维方式全面反映客观事物的发展过程，强调从本质上系统地、完整地认识对象。而中医上的辨证，是以脏腑、经络、气血、津液、病因等为依据，对患者望、闻、问、切搜集症状、体征等因素，经过归纳分析、判断推理，辨明内在联系，从而了解疾病并

对其做出诊疗。这种辨证观萌芽于远古时期，形成于先秦时期，在近代祝味菊的《伤寒质难》中被正式提出。

中医的辨证观主要包含八纲辨证、六经辨证、气血精液辨证、病因辨证、脏腑辨证、卫气营血辨证、三焦辨证等，其中八纲辨证是各种辨证的总纲，与六经辨证、气血精液辨证共同构成中医辨证的最主要部分。

一、“八纲辨证”

（一）八纲的关系

八纲辨证即“阴阳”“表里”“寒热”“虚实”，分为四对概念，它们两两相对。需要注意的是，八纲并不是孤立存在的，而是处于错综复杂的关系之中，具体有相兼关系、夹杂关系、转化关系。

相兼关系：指两个纲及以上同时出现，如表热证、虚热证等。

夹杂关系：指互相对立的两个纲同时出现，如寒热夹杂、表里夹杂、虚实夹杂。

此外，八纲并非固定不变，在一定条件下会互相转化，如风寒感冒会引起发热，此为由表寒证转为里热证。

（二）表里辨证

关于“阴阳”前面已有说明，此处不再赘述。“表里”指的是病变局部深浅程度与病情的轻重程度，皮肤、毛发属于“表”，脏腑、血脉、骨髓属于“里”。

1.表证

表证是六淫邪气通过皮肤系统、呼吸系统进入人体，病位浅在肌肤的一类证候，是外感病邪的初期，一般起病急、病程短、病位浅。它包含表寒证、表热证、表虚证、表实证。

2.里证

里证是疾病已深于内里（脏腑、气血、骨髓）的一类症候，多由于病邪不解，或外邪直中脏腑，或七情内伤，使脏腑气血功能受损而致。里证以脏腑的证候为主，一般病程长，不恶风寒，脉象不浮，多有舌质、舌苔变化。另外，表证与里证有表里同病与表里转化关系。表里同病，即表证、里证在一个人身上同时出现，一般由于表证不愈而病邪入里，或旧病复发，同时受到外邪；或病邪同时入侵机体表里。表里转化指表证与里证的转化关系。

（三）寒热辨证

寒热是辨别疾病的纲领，分别反映机体阴阳的偏盛与偏衰。辨寒热就是辨阴阳的盛衰。

1. 寒证

寒证是感受寒邪或者机体阳虚而出现的证候，一般表现为恶寒喜暖、面色苍白、大便稀溏等。

2. 热证

热证是感受热邪或者机体阴虚而出现的证候，一般表现为恶热喜凉、口渴喜冷饮、大便干结等。

寒证与热证除了有阴阳盛衰的区别，还存在内在联系，它们可以在同一个病人身上同时出现，亦可相互转化，与表里辩证一样。此外，还可能会出现假象。当同时出现寒热证时，要区分表里上下、经络脏腑，还要区分寒热在不同经络脏腑的多寡，从而开出特殊的处方药。

（四）虚实辨证

虚指正气不足，实指邪气盛实。虚证取决于正气虚的方面，实证取决于邪气盛的方面。

1. 虚证

虚证指人体正气不足，脏腑生理功能衰退而表现出的症候。常见原因为先天不足与后天失调，包括饮食失衡、七情内伤、房事过度等。而虚又分为气虚、血虚、阴虚、阳虚等。

气虚证是机体元气不足或脏腑机能减退的症候。血虚证是血液亏虚，不能滋养脏腑、经脉、组织、器官而出现的症候。阴虚证是机体阴精亏虚、阴不制阳而出现的症候。阳虚证是机体阳气不足，失于温煦推动，脏腑机能衰退而出现的症候。

2. 实证

实证指邪气过盛，脏腑功能亢盛表现出的症候。常见原因为外感六淫之邪亢盛，正邪剧争，或脏腑功能失调。一般表现为发热、精神烦躁、大便秘结、舌苔厚腻等。

虚证与实证同样处于复杂的关系之中。由于个体体质、治疗、护理等因素不同，虚证与实证常发生虚实夹杂、虚实转化等症候，在诊断过程中，需要加以细致观察。

（五）阴阳辨证

阴阳辨证是八纲辨证里最根本、最具概括性的一对纲领。阴阳是八纲辩证的总纲，包括阳（表、热、实）、阴（里、寒、虚）。

1.阴证与阳证

阴证指体内阳气虚衰或寒邪聚集的症候，机体表现衰退，如萎靡不振、面色苍白、舌苔白等。

阳证指体内热邪壅盛或阳气亢盛的症候，机体表现亢盛，如烦躁不安、面红耳赤、舌苔黄等。

2.亡阴证与亡阳证

亡阴证与亡阳证比阴证、阳证更加严重，常由于高热大汗、吐泻过度，失血过多而导致。其中，亡阴证是机体阴液损耗过多出现的阴液衰竭症候，亡阳证是机体阳气损耗过多出现的阳气虚脱症候。两者同样存在辩证关系，亡阴证与亡阳证可互相转化。因此，在治疗过程中，必须及时准确找到亡阴亡阳何者为主，才能辨证施治，否则只能治标不治本，治表不治里。

总的来看，“八纲辨证”虽为四对纲领，但又可细分为很多内容，其中不免有夹杂与转化的过程，行医者需要准确掌握相关理论知识才能准确诊断。

二、“六经辨证”

六经辨证，始见于《伤寒论》，是东汉医学家张仲景在《素问·热论》等篇的基础上，结合伤寒病征的转变特点所创立的一种论治外感病的辨证方法。它以六经（太阳经、阳明经、少阳经、太阴经、少阴经、厥阴经）为纲，将外感病演变过程中所表现的各种症候，总结归纳为三阳病（太阳病、阳明病、少阳病）、三阴病（太阴病、少阴病、厥阴病），分别从邪正盛衰、病变部位、病势进退及其相互转变等方面阐述外感病各阶段的病变特点。凡是抗病能力强、病势亢盛的，为三阳病证；抗病力衰减，病势虚弱的，为三阴病证。六经病症是经络、脏腑病理变化的反映。其中，三阳病证以六腑的病变为基础；三阴病证以五脏的病变为基础。

六经辨证是对阴阳辨证的深化、细化，是对八纲辨证的具体应用，在中医临床辨证中应用极其广泛。可以说，中医内科辨证中其他任何辨证体系能解决的问题，六经辨证都可以解决，其他辨证体系解决不了的问题，六经辨证也可能解决。反过来，六经辨证解决不了的问题，其他辨证体系也很难解决。六经辨证，不仅是治疗普通疾病的工具，更是解决疑难杂症的金钥匙。六经病症基本上概括了脏腑和十二经的病变。六经辨证不仅仅局限于诊治外感病，对内伤杂病的论治同样具有指导意义。

第三节　中国传统医学经典略论

中医属于传统文化的范畴，而中医经典名著更是传统文化的突出体现与集大成者。研读经典，有助于了解我国传统文化，理解古代文献中深奥的医理，从而掌握中医理论，学好中医对当今学术界的发展有重要的意义。

中国医学博大精深。几千年来，勤劳智慧的中国人编撰了多部医学经典著作，其中的中医名方以其简单的配比和出众的疗效让人拍案叫绝，如《黄帝内经》《难经》《伤寒杂病论》《神农本草经》《伤寒论》《金匮要略》《温病条辨》《诸病源候论》《医宗金鉴》《药性歌括四百味》《温热经纬》《王氏医案》等，它们对当今学术界的发展与研究具有重大意义，其蕴含的哲理、辩证思维对人类社会文明发展也大有帮助。其中，尤以《黄帝内经》《难经》《伤寒杂病论》《神农本草经》为人熟知，并被学界誉为中医四大经典，它们在中国医学文化史上具有里程碑式的意义，本节将对四大经典进行介绍。

一、《黄帝内经》

《黄帝内经》是我国最早的医学典籍，该典籍分为《灵枢》与《素问》两部分，奠定了人体生理、病理、诊断、治疗的认识基础，是中国影响最大的医学著作之一，因此被称为“医之始祖”。《黄帝内经》不仅包含医学知识，还包含道家关于人与自然关系的深刻思想，它在黄老道家理论的基础上建立了中医的根本理论，如“阴阳五行学说”“脉象学说”“藏象学说”“经络学说”“病因学说”“病机学说”“病症”“诊法”“论治”“养生学”“运气学”等。

《黄帝内经》受先秦宋尹学派影响，认为“气”是宇宙的本源，认为这些气是万物化生之始。由于气的运动，便有了星河、七曜，有了万物。阴阳五行的运动，总统着大地的运动变化和万物的发生与发展。

（一）《黄帝内经》成书时期考证

《黄帝内经》的名称最早见于西汉末年刘歆的《七略》，后载于东汉班固的《汉书·艺文志》，但是没有提到作者与成书时间，使后世医学家、学者对成书时间产生很大分歧。关于《黄帝内经》的成书年份，学界自古就有较多研究，在历史上普遍有以下三种观点。

第一种观点认为成书于上古时期。晋代皇甫谧，宋代林亿、高保衡等人认为如此富有哲理又规模宏大的巨著非黄帝而不能及。

第二种观点认为成书于先秦时期。宋代邵雍、程颢、朱熹和明代方以智、方孝孺等人支持该观点，理由有三：首先，《素问》与《周礼》对比，《周礼》出自战国时期，而《素问》与《周礼》存在较多相似，甚至相同之处；其次，《史记·扁鹊仓公列传》与《素问》相比，扁鹊的医学理论内容显得更加原始与朴素，扁鹊处于春秋战国的交替时期，《素问》既然比扁鹊的医学理论更加完善，则成书应在战国以后，又因为《史记·扁鹊仓公列传》是扁鹊与西汉淳于意的医学思想合著，其中的医学思想比《素问》有所进步，那么，《素问》的成书年代应在战国至西汉初年之间；最后，先秦的文体韵语较多，而《素问》同样有此特征，所以便有了《黄帝内经》成书于战国时期的说法。

第三种点观认为《素问》产生于西汉时期。明代郎瑛为这种观点的代表，他根据夏禹时仪狄造酒的传说和“罗”出现于汉代而做出此推断。当代学界大部分学者也认为《黄帝内经》成书于西汉时期。

综上所述，人们对《黄帝内经》的成书时期众说纷纭，大部分都有自己的依据，可谓“仁者见仁，智者见智”。事实上，第一种观点的可能性较小，黄帝在中国历史中本就是半传说性质的神话人物，认为《黄帝内经》由一位半虚构人物所撰写并不可靠；第二种观点有一定的可靠性，但韵语在春秋战国以后仍在使用，而且这种观点仅对《素问》进行论说，而忽略了《灵枢》部分的内容，再有，《史记·扁鹊仓公列传》所记载的比《素问》更加体系化的医学思想不一定大部分出自淳于意，也可能出自扁鹊，并不能由此推断《黄帝内经》成书于扁鹊与淳于意所处时代之间的时期；最后一种观点认为《素问》成书于西汉时期，比较可信，但是《黄帝内经》这样的医学巨著出自一人之手可能性不大，并且由于时代进步与医学发展该书一直处于变化之中。笔者认为《黄帝内经》应自战国末年开始创作，经由多人之手，或多人协同编撰，该书所阐述思想与战国时期稷下学宫和诸子百家有所关联，真正汇编成书，成就体系应在西汉文景时期。

正如戴良在《九灵山房集·沧州翁传》中所说：“《内经素问》……非一人之手。”又如《礼记》之萃于汉儒，而与孔子、子思之言并传也。

（二）《黄帝内经》的书名渊源

《黄帝内经》的“内”与“外”相对，与当代的上篇下篇意思相似。“经”指经典，所以“内经”即“上篇经典”之意，“外经”早已失传，无从考证，便不做论述。

《素问》最早出现在《伤寒杂病论》的自序中。后来，晋代皇甫谧在《黄帝三部针灸甲乙经·序》中写道：“撰用《素问》《九卷》《八十一难》……为《伤寒杂病论》合十六卷。”晋代皇甫谧在《甲乙经·自序》中又写道：“按《七略》《艺文志》，《黄帝内经》十八卷。今有《针经》九卷、《素问》九卷，二九十八卷，即《内经》也。”南北朝齐、梁时期，《素问》被称为《内经训解》，隋朝时，太医侍御杨上善对《素问》进行勘校，编纂成《黄帝内经太素》三十卷。可惜的是，以上版本均已失传。

唐朝，太仆令王冰笃好易老之学，讲求摄生，究心于医学，尤嗜《黄帝内经》，经历十二年，于公元 762 年著成《素问》二十四卷，但其中“刺法论”与“本病论”仅存有篇名，内容却已丢失。时至宋朝，高保衡与林亿等人对王冰著成的《素问》进行校正，纠正书中错字约 6 000 个，新增注解约 2 000 条，成为当代《黄帝内经》流传最广的版本。

《灵枢》又名《黄帝内经·灵枢》，汉魏以后，由于长期抄传出现多种不同名称的传本。《灵枢》的书名始见于王冰《黄帝内经素问·序》，书中说道《汉书·艺文志》有《灵枢》九卷，《灵枢》的内容古已有之，《伤寒杂病论·序》已有记载，但这二字最初见于王冰著作中，王冰以前的医学家称之为“九卷”“针经”“九灵”“九墟”等。

（三）《黄帝内经》的思想体系

《黄帝内经》的基本思想包括整体观念、藏象经络、阴阳五行、病因病机、诊法治则、预防养生和运气学说等。

其中，“整体观念”强调人体与自然界是一个整体，同时人体结构和各个部分都是彼此联系的。“藏象经络”是以研究人体五脏六腑、十二经脉、奇经八脉等生理功能、病理变化及相互关系为主要内容的。“阴阳五行”是用来说明事物之间对立统一关系的理论，后来成为中医学最根本的理念和原则。“病因病机”阐述了各种致病因素作用于人体后是否发病以及疾病发生和变化的内在机理。“诊法治则”是中医认识和治疗疾病的基本原则。“预防养生”系统地阐述了中医的养生学说，是养生防病经验的重要总结。“运气学说”研究自然界气候对人体生理、病理的影响，并以此为依据，指导人们趋利避害。

历代医家用分类法对《黄帝内经》进行研究。其中，分类最细的是杨上善，分做 18 类，分类最简的是沈又彭，分作 4 卷。各家对脏象、病机、诊法、治则四大学说的认识较为一致。

1. 脏象学说

脏象学说是研究人体脏腑组织和经络系统的生理功能、相互之间的联系以及在外的表象乃至与外环境的联系等的学说。它以五脏六腑、十二经脉为物质基础。

《黄帝内经》充分认识到“有诸内者，必形诸外”的辩证法则，使脏象学说系统而完善。脏象学说主要包括脏腑、经络和精气神三部分，脏腑又由五脏、六腑和奇恒之腑组成。

五脏，即肝、心、脾、肺、肾。六腑，即胆、胃、大肠、小肠、膀胱和三焦。奇恒之腑也属于腑，但又异于常。系指脑、髓、骨、脉、胆和女子胞。胆即六腑之一，又属于奇恒之腑。脏腑虽因形态功能的不同而有所区分，但它们之间却不是孤立的，而是相互合作、相互作用的。

经络系统可以分经脉、络脉和腧穴三部分。经脉有正经十二：手太阴肺经、手阳明大肠经、足阳明胃经、足太阴脾经、手少阴心经、手太阳小肠经、足太阳膀胱经、足少阴肾经、手厥阴心包经、手少阳三焦经、足少阳胆经、足厥阴肝经。十二经脉首尾相连如环无端，经气流行其中周而复始。经脉之间相交通联络的称络脉。其小者为孙络不计其数；其大者有十五，称十五络脉。腧穴为经气游行出入之所，腧穴最早见于《素问·气穴论》，后见于《素问·气府论》，两论皆言三百六十五穴。实际《素问·气穴论》载穴三百四十二，《素问·气府论》载穴三百八十六。

精气神为人身三宝。精，包括精、血、津、液；气，指宗气、荣气、卫气；神，指神、魂、魄、意、志。精和气是构成人体的基本物质，气和神又是人体的复杂的功能，也可以认为气为精之御，精为神之宅，神为精气之用。

2. 病机学说

病机学说是研究疾病发生、发展、转归及变化等内在机理的学说，又被称为病理学说。《素问·至真要大论》所说“审察病机，无失气宜”“谨守病机，各司其属”都是此学说的内容。

病因：引起人发病的原因有很多，《黄帝内经》将其归纳为两类。风雨寒暑是对“六淫”的概括；阴阳喜怒是对“七情”的概括；饮食居处即“饮食劳倦”。

发病：正邪双方力量的对比，决定着疾病的发生与发展，这就是“正气存内，邪不可干”之意。

病变：疾病的变化是复杂的，《黄帝内经》从多方面对病变进行了概括，比如从阴阳、表里中外寒热、虚实等。

3. 诊法学说

望、闻、问、切是《黄帝内经》诊法的精髓。

望诊：包括观神色、察形态、辨舌苔。

闻诊：包括闻声和嗅气味。闻声即听患者的声音而诊断病情。嗅气味，如《素问·金匮真言论》所说，肝病其臭臊，心病其臭焦，脾病其臭香，肺病其臭腥，肾病其臭腐。

问诊：问讯患者的自觉症状，以诊断病情。

切诊：包括切脉与切肤。《黄帝内经》言切脉最详，主要有三部九候法、人迎寸口脉法、调息法、谓胃气脉、六纲脉。切肤中的肤泛指全身肌肤，按肌肤而协助诊断的内容很多，如“按而循之”“按而弹之”等，但最详细的当数切尺肤，因为脉象与尺肤有必然的联系，故诊病时亦可互相配合。

4. 治则学说

研究治疗法则的学说被称为治则学说，主要包括以下内容。

防微杜渐：包括未病先防和已病防变，如“春夏养阳、秋冬养阴”等皆言预防疾病，有病早治防其传变。

因时、因地、因人制宜：因时制宜是告诫医者用药勿犯四时寒热温凉之气。因地制宜是指治疗时不可一概而论，必须加以区别。因人制宜如《素问·五常政大论》和《素问·征四失论》所载，根据病患个体差异进行医治。

标本先后：即因病之主次而先后施治。有关标本先后施治的大法在《素问·标本病传论》中叙述最详。

治病求本：这是《黄帝内经》治疗原则中最根本的一条。《素问·阴阳应象大论》说：“治病必求于本”。

辨证施治：《黄帝内经》虽未提出“辨证施治”一词，却有辨证施治之实。上述几点均含此意，而书中已有脏腑辨证、经络辨证、八纲辨证、六经辨证的内涵。此外，还有因势利导、协调阴阳、正治反治等原则，都需要医者进行深入研究。

二、《难经》

《难经》，原名《黄帝八十一难经》，是中医现存较早的经典著作，四大医学经典之一，是在《素问》《灵枢》基础上提出八十一个问题进行重点讨论，然后归纳总结而成的著作。《难经》的“难”为多音字，如果读四声，即问难之意，是对中国医学古书《黄帝内经》进行提问，求知之意，于逻辑上是行得通的。如果读二声，是难易的难，该词意组合逻辑不通，所以应读四声。此书相传为战国时期扁鹊所作，但学界关于作者与成书年代历来有不同的看法，一般认为其成书不晚于东汉。

（一）《难经》的历史渊源

《黄帝八十一难经》之名最早见于东汉张仲景《伤寒杂病论·序》。张仲景在撰写《伤寒杂病论》时曾引用了《黄帝八十一难经》文字，这些文字与今本《难经》有所出入。晋代王叔和的《脉经》收录了一些《难经》原文，但这些原文均不见于今本《难经》，估计另有传本。

《难经》最早见于《隋书·经籍志》，其中提到三国时吴太医令吕广曾注《难经》，这是已知的《难经》的最早注本。唐代杨玄操在吕广注本的基础上重新编次，并明确提出《难经》为扁鹊所作。

北宋初期，王九思、王鼎象、王惟一曾先后校勘《难经》，其中翰林院医官王惟一校勘的《难经》是在吕注本和杨注本的基础上完成的，曾刊印颁行。南宋时，李元立以秦越人原撰为基础，汇集整理南宋以前 9 家校注《难经》的著作，编撰为《难经十家补注》。后人据此书重刻改订，编成《王翰林集注八十一难经》，简称《难经集注》，为后世通行本。《难经集注》传世通行本传入日本而保存至今，国内上海涵芬楼影印本（1924）、中华书局《四部备要》排印本、人民卫生出版社影印本（1956），均根据日本人林衡的《佚存丛书》之《难经集注》编撰。

（二）《难经》的内容概述

《难经》全书共八十一难，采用问答方式，探讨和论述了一些中医理论问题，包括脉诊、经络、脏腑、阴阳、病因、病机、营卫、腧穴、针刺、病证等方面。

其中，一至二十二难论脉，二十三至二十九难论经络，三十至四十七难论脏腑，四十八至六十一难论病，六十二至六十八难论腧穴，六十九至八十一难论针法。

书中首创“独取寸口”、寸关尺”与“浮中沉”三部九候切脉方法，脉证相参的辩证观为中医脉学的发展做出了杰出贡献。

在藏象学说方面，《难经》突出肾的重要性，建立了以“肾（命门）—元气—三焦”为轴心的整体生命观。其创立的命门学说成为中医理论体系的重要组成部分。

在经络学说方面，《难经》简明而系统地阐述了任脉、督脉、冲脉、带脉、阳维脉、阴维脉、阳跷脉、阴跷脉八条奇经的功能特点、循行路线、病变症候及其与十二正经的功能联系等，“奇经八脉”这一名称在现存古籍中由《难经》最先提出。

《难经》关于奇经的论述以及提出的八会穴等理论，充实了经络学说的内容；以五行生克规律为指导的整体防治观，说明经脉与腧穴的五行属性和生克关系，解释疾病的发生和传变规律，并用于针刺的补泻；以天人相应的内外统一整体观，论述疾病与季节关系、脉象的四时变化以及针刺因时制宜。这些内容对后世医学理论的发展有深远的影响。

三、《伤寒杂病论》

《伤寒杂病论》是主要论述外感病及内科杂病治疗方法的医学巨著，为张仲景所作，此书较为系统、全面地分析了伤寒病的原因与处理方法，在方剂学上比《黄帝内经》更进一步，创立出许多剂型，对外感病有奇效，并且创立“六经辨证”，成为与中医学“八纲辨证”同等重要的治疗原则。

根据记载，张仲景还著有《辨伤寒》十卷、《评病药方》一卷、《疗妇人方》二卷、《五藏论》一卷、《口齿论》一卷，可惜都早已散失不存，仅存有《伤寒杂病论》。那么，《伤寒杂病论》何以流传至今，它有怎样的历史渊源呢？

（一）《伤寒杂病论》的时代背景

据史料记载，《伤寒杂病论》由张仲景于公元 3 世纪初撰写而成，被人尊称为“医圣”。

首先，他所处的南阳在西汉中期逐渐成为全国六大都市之一，与长安、洛阳、临淄、邯郸、成都齐名。东汉时期，南阳更是作为光武帝刘秀的故乡而号称南都，成为全国的政治中心之一，其城市规模与洛阳不相上下。这一时期，南阳公侯将相较多，各行业人士相互掺杂，使南阳经济、文化有显著的发展。

光武帝刘秀又十分重视教育，注重办学，于是南阳在文化方面也大有可观，正如班固云“四海之内……痒序盈门”。张仲景生活在繁盛的南阳地区，他受到的熏陶与教育无疑是全国最好的。

其次，东汉时期的医学技术已经比先秦时期有了很大“飞跃”，前文所论述的《素问》《难经》已经现世，另有《胎胪要录》《阴阳大论》《黄帝三部针灸甲乙经·序》等著作在世上广为流传，使古代医学理论体系、针灸学、药物学较为系统化，呈现日渐充实之态势。

最后，张仲景所处年代正是“党锢之祸”时期，各派纷争不断，尸横遍野，瘟疫横行，尤其是汉灵帝后期，张仲景生活的南阳地区更是苦不堪言，他的家族同样未能幸免。于是，张仲景痛下决心，潜心研究伤寒病的诊治，一定要制服伤寒症这个瘟神。于是，他行医游历各地，目睹了各种疫病流行对百姓造成的严重后果，也借此将自己多年对伤寒症的研究付诸实践，进一步丰富了自己的经验，充实和提高了理性认识，终于写成《伤寒杂病论》。

该书完成十几年后，张仲景去世，《伤寒杂病论》在没有印刷术的时期流传十分困难，完全凭借手抄，部门内容难免有所遗失。随着历史变迁，晋朝时期王叔和发现残存的《伤寒杂病论》，他当时正担任太医令之职，运用自己所有的能力在全国搜寻该书的各种手抄本，最终搜集到大部分内容，经过夜以继日地整理，《伤寒杂病论》得以重现于世，名为《杂病论》，共计 22 篇，记述了 397 条治法，载方 113 首，总计 5 万余字。之后，《杂病论》在民间广为流传，成为学医行医必学的知识，受到后世医界人士广泛推崇，陶弘景曾评论张仲景为“众方之祖”，可见《杂病论》对后世巨大的价值。

总的来看，《伤寒杂病论》是张仲景在特殊时代背景下，总结前人经验、博采众方，与人民群众共同对抗病魔的临床实践结晶，融理法方药为一体，是中医学的总结与再造。

（二）《伤寒杂病论》的理论渊源

首先，《伤寒杂病论》从《素问·热论》中吸取了很多有益思想。《素问》对于脏腑、经络、气血、阴阳皆有深刻解释，张仲景准确把握其中的精髓，开创性地提出六经辨证的思想，包含以下几个要点：第一，把药理、药法、药方三者结合起来，在整体观指导下，将三者有机连接为一个整体，并体现脉证并重的特征；第二，具有因法因证因方用药的特征，具有一定的灵活性与辩证性；第三，包含丰富的药剂类型，书中记载有汤剂、丸剂、含咽剂、灌肠剂、肛门栓剂等；第四，体现出对立统一的思想，在治疗过程中，注重正反两面转化状况，运用中医思维进行辩证分析；第五，全面而巧妙地运用汗、吐、下、和、温、清、补、消八法，不仅对之前医学有所发展，更是后世医学的典范。

其次，《伤定寒杂病论》将东汉以前的“医经家”与“经方家”结合起来。“医经家”侧重理论，“经方家”往往偏重实践，两者各有所长却有不足，张仲景将现两者结合，在注重理论的同时发展实践，把不足变为优势，为后世医学确立了理论与实际紧密相连的原则。

总的来看，《伤寒杂病论》是集秦汉以来医药理论之大成，并广泛应用于医疗实践的专书。该书的贡献主要在于确立并发展了中医辨证论治的基本法则，给中医临床各科找出了诊疗的规律，成为指导后世医家临床实践的基本准绳。另外，《伤寒杂病论》的体例是以六经统病证，周详而实用，除介绍各经病症的典型特点外，还叙及一些非典型的症情。《伤寒杂病论》奠定了张仲景在中医史上的重要地位，并且随着时间的推移，这部专著的科学价值逐渐显露出来，成为后世从医者人人必读的重要医籍。据不完全统计，由晋代至今，整理、注释、研究《伤寒杂病论》的中外学者记逾千人家。邻国日本自康平年间（相当于我国宋朝）以来，研究《伤寒论》的学者也有近二百人。此外，朝鲜、越南、印度尼西亚、新加坡、蒙古等国的医学发展也都不同程度地受到其影响及推动。

四、《神农本草经》

《神农本草经》，又名《本草经》《本经》，是现存最早的中药学著作，《神农本草经》全书分三卷，载药 365 种，以三品分类法，分上、中、下三品。在时代变迁中，该书经历较多版本的变化，最早著录于《隋书·经籍志》，载“神农本草，四卷，雷公集注”。《旧唐书·经籍志》《唐书·艺文志》均录“神农本草，三卷”，宋《通志·艺文略》录“神农本草，八卷，陶隐居集注”，明《国史经籍志》录“神农本草经，三卷”，《清史稿·艺文志》录“神农本草经，三卷”。传说《神农本草经》起源于神农氏，但学术界对此有不同看法，认为与《黄帝内经》一样，是后人假托神农之名而撰写的医书，之所以借神农之名，是因为中国历史上有“神农尝百草……一日而遇七十毒”的传说，反映了古代劳动人民在与自然和疾病做斗争的过程中发现药物、积累经验的艰苦过程，也是中药起源于生产劳动的真实写照。那么，《神农本草经》到底是何时成书，由谁所著呢？

（一）《神农本草经》的成书时间

关于《神农本草经》的成书时间，比较有代表性的说法为成书先秦说、成书两汉说、成书东汉说等。

成书先秦说：《中医文献学》中的观点表明，《神农本草经》绝非出自一人之手，必是经过多人编撰，延续多年才著成的，里面应包括夏商周各时期的医药典籍与医学经验，书籍的大致定稿应在战国末期，甚至更早。

成书两汉说：《中国通史简编》中的观点表明，《汉书·艺文志》是东汉班固根据刘歆《七略》增删改撰而成，专门记录六艺、诸子、方技等内容，《黄帝内经》也在其中，却唯独没有《神农本草经》。按照常理推断，如此恢宏的医学著作应收录其中，这在一定程度上表明《神农本草经》成书时间不早于东汉时期，或者此前曾用其他书名。经过调查研究，西汉确有《本草》一书，书中多见东汉时期中国地名，药物内容与《神农本草经》相似。可见，《神农本草经》很可能成书于两汉时期，具体是东汉还是西汉暂不可考。

总的来看，《神农本草经》原本失传太早，后世对其研究与推测甚多，难以证明哪一种观点正确，还需要进一步研究。不过笔者认为，《神农本草经》成书于汉朝的可能性较大，该书应该于汉朝初步定稿，在后世又多有补录，原因有以下几点。第一，采用反证法，假如《神农本草经》是先秦时期的作品，那么为何没有被先秦时期的诸子所引用，又没有被《史记》与《汉书·艺文志》等书所记载呢？汉成帝时期，刘歆的父亲刘向曾征天下之书，天下上缴书籍汗牛充栋、堆积如山，却仍无《神农本草经》，如果此时已经成书，肯定会被发现，然而该书并未得见。第二，长沙马王堆汉墓是西汉初期长沙国丞相、轪侯利苍的家族墓地，包括中草药在内的各种遗物共有 3 000 多件，里面有医书 15 种，对汉朝历史研究有极大意义，在这墓葬之中，也没有发现《神农本草经》的任何线索。第三，首位引用《神农本草经》的人是东晋葛洪，他曾论述《神农本草经》中上药、中药、下药的区别，所以该书应早于西晋。综上所述，《神农本草经》成书于西汉末年至东汉年间更为可靠。

（二）《神农本草经》的主要内容

由于《神农本草经》原本遗失过早，当代所见的内容多为明清时期医学者加工而成的作品，每个人思路有所不同，所以不同版本的书写体例、三品分类均有所不同，但总的来看，各版本《神农本草经》的主旨与基本思想体系是一贯的，并且都体现出《神农本草经》开创性的学术价值与成就。

第一，《神农本草经》规定了药物的剂型，强调了人体抵抗力的作用。有“药性有宜丸者，宜散者，宜水煮者，宜酒渍者，宜膏煎者，亦有一物兼宜者，亦有不可入汤、酒者，并随药性，不得违越”的说法。这一方面体现了在中药剂型方面的成就，另一方面体现了药物剂型工艺以及对哪些药宜用哪种剂型的研究经验。另有《神农本草经·序录》认为“凡欲治病，先察其源，先候病机，五脏未虚，六府未竭，血脉未乱，精神未散，服药必治。若病已成，可得半愈。病势已过，命将难全”，意为病须早治，并指出人体自身免疫力强弱对疾病的决定性作用。

第二，《神农本草经》指出用药需要考虑全面，保证规律，辨证论治。《神农本草经·序录》有：“疗寒以热药，疗热以寒药，饮食不消，以吐下药，鬼疰蛊毒以毒药，痈肿疮疡以疮药，风湿以风湿药，各随其所宜。”又有：“病在胸膈以上者，先食后服药；病在心腹以下者，先服药而后食；病在四肢血脉者，宜空腹而在旦；病在骨髓者，宜饮食而在夜。”以上内容强调了用与病症相克的药物进行辨证施治，才能取得更好的效果，还说明了服药时间与药物疗效之间的密切关系。

第三，《神农本草经》指出了药物有阴阳。《内经》首先提出了“阴阳学说”，《神农本草经》对这一理论加以深化，谓之“药有阴阳”。

第四，《神农本草经》认为药有“四气”“五味”“七情”。“四气”即《神农本草经》所言药物有“寒、热、温、凉四气”，指四性，是药物或食物的寒热温凉四种性质，与人们味觉可感知的五味相对而言，四气属阳，五味属阴，温性、热性为阳，凉性、寒性属阴。热甚于温，寒甚于凉。“五味”是“酸、咸、甘、苦、辛”五味，指人们可以品尝到的药物真实滋味以及其对人体气血阴阳的作用。“七情”，在《神农本草经·序录》中记载：“有单行者，有相须者，有相使者，有相畏者，有相恶者，有相反者，有相杀者。凡此七情，合和视之。”此为药物理论的“七情和合”，指不同药物间不同配比能够达到的促进或抑制的特殊功效。

第四节　中国传统医学文化对当代教育的启示

一、中医文化的医德与当代教育

在我国传统中医文化这一巨大思想宝库中，值得人们学习与继承的不只有医学技术、医学理论，还有“杏林医德”与“医者仁心”的高尚品德，这种医德才是中国传统医学的“魂”，是医学得以弘扬和传承的“根”。这种职业操守和仁爱之心构成的医德对当代医学专业的学生与从业者都具有很大的启迪意义。

（一）医德

那么，何为医德？中国的医德有哪些特点呢？可以说，中国的医德产生于几千年前的中国传统思想文化之中。中国自古就有“仁、义、礼、智、信”的美德，其中“仁”处于五德的首位，它包含“爱人、立人、达人”的高尚情操，是自孔子以后无数儒者以及各界学者纷纷推崇的美德，古人云“医出于儒”正是此理。中国古代的医者都具备“仁”的美德，从他们年轻的身影就可以看出，如少年张仲景面对黎民百姓与同乡村民被瘟疫折磨的情景，毅然辞官从医，对伤寒病的起因和治疗方法进行了细心的研究，他从前人留下的医学著作中继承了辨证论治的规律知识，又收集了民间的药方和治疗方法，结合自己的医疗经验，加以总结提高，一边为人治病，一边从事著述，写出了《伤寒杂病论》。又如少年李时珍不顾家人反对，不顾医生地位卑微，只为能够救死扶伤，14 岁中秀才后弃文从医，经过 27 年的不懈努力，于明神宗万历六年，即公元 1578 年完成《本草纲目》初稿。再如少年华佗生于动乱的东汉末年，为了救民于水火而在外游学，钻研医术而不求仕途，行医足迹遍及安徽、山东、河南、江苏等地，发明了“麻沸散”，开创了世界麻醉药物的先例。以上医者都展现着传统医学医德，他们把患者当作根本，把研究医学作为自己的毕生使命，书写了不朽的杏林诗篇。

当代社会，人民安居乐业，医德也有了新的内涵，它表现为医务人员与病人、医务人员之间以及与社会之间关系的行为准则，是一种职业道德，医者要具有尊重病人、文明礼貌、廉洁奉公、以人为本等品格。明代龚廷贤认为“病家求医，寄以生死”，这也说明医患之间应当有一种相互信任的态度与关系，医生要对患者负责，而患者也要相信医生。

在医学事业中，应加强学生和医务人员的美德教育。不可否认，在计划经济向市场经济快速转型的今天，人们过于看重金钱，很多人把金钱当作衡量成功与否的标准，忽视人之为人的本质，即品德，很多医务人员唯利是图、重利轻义，“治病先要钱，没钱不治病”成为常态。在这一紧要关头，发扬传统医德文化是引导医务工作者和学生认同传统医德，继承传统医德的重要途径。

（二）医德教育

医德教育指为了培养富有高尚医德的高素质医学工作者而进行的原则与规范教育。医德教育是培养和提高医学生和医学工作者的医德品质，增强他们医德原则和规范自觉性的重要教育方式，这种教育的意义在于能够培养医德风尚，通过这种医德风尚产生一种巨大力量，让医生把全心全意为人民健康服务当作工作中的第一主旨，这对医疗事业的发展有积极作用。可以说，医德教育是形成和完善医德风尚的题中之义。其积极作用在于以下几点。第一，有利于全面提升医务工作者的职业道德素养。经过医德教育，医务工作者能够运用医德原则、规范自觉地养成道德习惯，增强内在品质，能够正确处理医疗工作中的伦理道德问题。第二，能把学生培养成勇担重任的合格医者。医德教育既对学生有丰富指导和教育作用，反过来受到良好教育的学生将来也能更好地为医学发展和人类健康事业出一份力，医德风尚已经寓于他们的内心，在正确人生价值观引导下，他们能为医学事业不遗余力地奋斗、奉献着。

那么，医德教育具体应当怎么做呢?

首先，需要让学生与医务工作者对中华传统文化产生认同感与自豪感，从内心深处把传统文化当作“民族之魂”，不可“表面化”与“口号化”，要配合中国古代传统文化知识施以教育。其次，加强学生和医务工作者的共同情感、责任感等情绪的培养。毫无疑问，发自内心最真诚的情绪是医疗任务、医护任务成功与否的关键，当一个人抱着不达目的誓不罢休的决心去迎战病魔时，可以取得超乎寻常的效果，对他们进行这种情感和情绪的培养，对推动医疗事业人性化蓬勃发展具有重要意义。再次，磨炼医德信念，医德信念是医务人员发自内心地对医生职业的真诚信仰与强烈责任感，是医德认识、医德情感、医德意志三者的统一，他们能够依照医德教育勇于捍卫新时代医德的新内涵。最后，着力培养学生与医务工作者的医德习惯，医德习惯是医务人员在长期医学实践中慢慢形成的自我约束力，这种约束力是自我道德的体现，也是对病人负责的体现。只有这样，才能更好地将医德风尚由意识转化为行为，从而在任何情况下都能完全自觉履行当代医德规范。

二、中医文化的辩证思维与当代教育

（一）中医内在辩证思维的重要性

辩证思维是一种全面看问题的方法。自马克思起，辩证法逐渐成为世界普遍认可并且使用的方法论。实际上，两千多年前的古代中国早就将辩证法熟练运用于生活实践中，尤其是中医实践中。《黄帝内经》《难经》《伤寒杂病论》《神农本草经》无一例外都蕴含辩证看待问题的思维方式，它们不仅认为一切事物都有共同的物质根源，还认为所有事物都处于不断运动变化之中，把生命的健康与病态当作相互转化的两面。例如，万物的阴阳转化、气的转化都体现出从矛盾、整体、运动角度看问题的思想，这被统称为中医辩证思想。在当代教育中，以中医学为媒介和载体，深刻讲解其中蕴含的辩证法思想，可以让学生了解这一伟大的哲学智慧。通过这种思想，学生可以充实自己的心灵世界，将其作为自己的行为准则，做到凡事防止“过犹不及”，永远保持一种恰当的状态。

首先，辩证思想教育有利于塑造学生理性的思维方式与豁达的人生态度。人生在世，不如意事十之八九，当代学生处于异常激烈的社会竞争与信息大爆炸时代中，他们看到与接触到的新兴事物种类繁多，且都具有极大的诱惑性，而学生的能力极其有限，当欲求得不到满足时会产生愤世嫉俗或悲观厌世之情，这对学生自身、家庭、社会都是极为不利的。在这种情况下，对学生进行中医学的辩证思想教育，能够让他们对人生有更加清晰和理性的认识，能够意识到人生总是处于“有失必有得，有得必有失”的转化之中，人与人的关系也总是处于“分久必合，合久必分”的情况。身为新时代青年必须认清这一点，在变动中找到自己“一以贯之”的人生态度，保持这种态度不断努力才是人生价值的实现之路。

其次，辩证思想教育有利于学生处理各种实际问题。学生处于不成熟向成熟阶段的成长期，这一时期普遍表现为情绪易激动，思维较活跃，容易被突发事件冲昏头脑。当学生在社会中遇到特殊情况不知该如何处理时，可以运用辩证思想，静下心来仔细分析事情的发展规律，从而制订出有效的解决方案。

（二）辩证法教学实践

首先，通过传统医学的典故进行教学，如张仲景、扁鹊、华佗、陶弘景等历代著名医学家，都有很多流传千古的故事，他们利用自己渊博的医学知识与辩证的思维方式，解决了世间很多疑难杂症。对他们的生平进行展示，能够清晰生动地展现他们的思维方式。

其次，在医学课程上，对学生进行药物鉴别教学，让学生了解药物的特性、药效等知识，之后进行药物混合教学，让学生认清不同药物之间的不同关系和作用，懂得如何使药性增强，如何使药性减弱，这都需要辩证思想的指导。不懂得药物配合的理念，只能是隔靴搔痒，根本无法获得传统医学的精髓。

第八章　当代继承发扬传统文化的途径

“迢迢复兴路，熠熠民族魂。”中华传统文化是中华民族赖以生存和发展的精神支柱，是我们难能可贵的思想力量，更是一个民族旺盛生命力的展现。中华民族精神生长于中华民族数千年文明进步的历程中，内化为中华民族的性格特质和意志本色，是中华民族之魂，是中华民族生命力、凝聚力和创造力的不竭源泉。

在中华五千年的历史长河中，数不尽的华夏子孙辛劳耕作、努力进取，创造出源远流长、博大精深的中华传统文化，为中华民族不断发展壮大提供了不竭动力。中华优秀传统文化中的思想观念、人文精神、道德规范不仅承载着古代思想家的思想精华，还是滋润当代中国人精神世界的源头活水。

尊重中华优秀传统文化，认可中国文明，就是尊重中华民族的历史根脉，就是尊重中华儿女的勤劳奋斗与实践探索，就是尊重中国人的不懈追求与文化需要。抛弃中华优秀传统文化，我们将成为无源之水、无本之木。

所以，当代中国需要更加重视传承与弘扬中国民族精神与传统文化，习近平总书记在中国共产党第十九次全国代表大会报告中指出：“文化是一个国家、一个民族的灵魂。文化兴国运兴，文化强民族强。”而弘扬传统文化需要创造精神、奋斗精神、团结精神、梦想精神的统一，在民族精神的强力指引之下，我国的政府、教育、学术部门都应当发挥自己的能量，为弘扬传统文化出一份力。社会各界应把落脚点放到现实中，为继承与弘扬中国传统文化，尽最大的努力。

第一节　政府部门加大宏观调控

在弘扬传统文化过程中，政府应起引领作用，带动其他行业运转。政府应当妥善引导社会中各界的力量，用引导的方式搜集各界资源，丰富传统文化内涵，以期文化以良性发展。中国传统文化重伦理、道德、礼仪，政府部门应当引导人与人之间以和为贵，引导人与自然和谐相处。本节系统研究了传统文化弘扬体系的构成、特点，探讨了政府文化治理的相关职能。

一、政府应当继续弘扬社会主义核心价值体系

事实上，传统文化与当代社会主义核心价值体系具有不可割裂的密切联系。总的来说，社会主义核心价值观是当代社会最重要的价值体系，它的核心来自遥远的传统文化，它的时代精神来自那一批又一批无私奉献的“中国巨人”，除了我们熟悉的焦裕禄、王进喜、雷锋等人，还有詹天佑为国不计名与利修铁路，袁隆平淡泊名利、播撒智慧、收获富足，他们都是“中国的脊梁”，这种无私奉献、为人民服务、任劳任怨的美德正是通往“国家富强、民族复兴、人民幸福”的必由之路。

具体来说，当代社会主义核心价值观的重点在于“富强、民主、文明、和谐；自由、平等、公正、法治；爱国、敬业、诚信、友善”，这看似简简单单的十二个词语，背后却凝聚了太多中国传统文化的精髓。富强、法治体现出我国传统法家思想，认为“依法治国”是国家昌盛的关键，主张“改革图治”“变法图强”“以法治国”“法不阿贵”。民主、文明、和谐、敬业、诚信、友善体现出我国传统儒家思想，认为“推己及人”“仁者爱人”才是社会稳定的核心，主张“民为邦本”“文质彬彬”“和而不同”“人无信不立”。自由体现出我国传统道家思想，认为“逍遥”与“无为”乃“至人”之事，主张与世无争、随性洒脱。平等、公正体现出我国传统墨家思想，认为人生

而平等，人与人皆兄弟，主张“兼相爱”，排斥“交相利”。

从中可以看出，传统文化是当代核心价值体系的基础，而核心价值体现的是传统文化的发展。传统文化由于其年代久远，文字较为晦涩，很多人没有兴趣阅读和钻研，但是核心价值体系对传统文化进行了一系列完善与概括，是现代化的传统文化，它所蕴含的精神更适合这个时代。

所以，政府部门近年来对社会主义核心价值体系大力支持和宣传正是对传统文化的方式。在全面脱贫攻坚、“决胜十四五”这一伟大的历史转折点上，政府绝不能动摇大力弘扬社会主义核心价值体系这一方针政策，应进一步加大对社会主义核心价值体系的推广与宣传力度。

二、传统文化的主旨精神与国家治理政策相结合

传统文化包含千百年来中华民族的智慧结晶，其中包含中国古代伟大思想家关于治国理政独创性的思路与实践过程，这些内容对当代国家治国理政具有极大的现实意义，而国家把传统文化寓于治国政策之中也能更好地传承与弘扬中国优秀传统文化，在现实社会层面把传统文化的智慧展现给世人。因此，探索出一条符合中国社会发展规律，同时顺应中国文化传承方向的道路尤为重要。

笔者认为，两者相结合的过程中必须要坚持当代国家治理政策的主体性。按照唯物辩证法的观点，任何事物都处于不断发展变化的运动之中，发展的本质恰恰是以实践为基础的传承与发展。治国政策吸收传统文化思路的过程中需要辩证的思想：如果不加区分地全部丢掉、全部舍弃，便会使中国未来的发展成为无源之水、无根之木，使中华民族的发展失去活力，进入机械化的被动性发展之中，使每个为社会出力的人无法体会到践行传统文化的成就感；如果不跟随特殊的实际情况全盘接受，由于传统文化不可能完全适应当代国家的发展模式，国家发展会走向封闭、僵化的道路。所以，批判继承传统文化，让其为中国当代政策制度提供思路，同时政府通过制度的实施展现传统文化的精髓才是最符合中国特色的文明发展之路。

在社会治理中，国家要注重文化与治理的良性互动。现代国家的发展不单纯在于物质层面的开发与建设，更应当看中制度背后更为根本的精神软实力。《旧制度与大革命》一书曾表明一种观点，相对于法律、制度等硬性要求，社会的精神走向与个人的内在品性具有更为根本的意义，所以国家治理最需要的应当是中华优秀传统文化。例如，我国山东省曲阜市历来作为“至圣先师”孔

子的故乡而倍受人们推崇，其通过制定国家政策，开展文化与政策相结合的活动。当地以传统儒家的“仁、义、礼、智、信、恭、宽、信、敏、惠、诚、孝”等伦理德性作为核心思想，大力开展“爱聚孔子故里，诚播文化名城，孝传千家万户，仁撒和谐社会”主题实践活动，在当地各行业间全面建立“善行义举四德榜”和“日行一善榜”，这便是国家文化与治理良性互动的最好体现，此活动也取得十分良好的社会效果。所以，国家应当通过制度建设更好地弘扬传统精神，培育社会中良好的“仁德之风”，从而为国家、社会、个人提供更具文化意义的现实指导。

三、政府要注重节日的独立性及节日文化互鉴

（一）发挥政府对文化自上而下的支持与引领作用

政府应当丰富节日文化的内涵，提倡节日仪式感，对节日文化的群体性、传承性、全民互动性加以支持。事实上，近年来国家已经开始重视传统节日的发展，社会各个群体也积极响应国家的号召，这在许多领域活动中均有所体现。例如，国家领导人对传统节日提出的美好展望，国家文化部以及相关部门对非物质文化遗产的保护工作，社会群众自发组织的传统文化保护协会，以及“中国民间文化遗产抢救工程”的全面展开。可见，在政府引领下，社会各界开始普遍重视传统节日文化。国家的大政方针可以自上而下增强人民群众对传统文化的保护意识，这都为传统文化增加了更多保障。

同时，文化是古老而悠久的，社会是发展和进步的，我们可以将文化与当代社会的时代性相结合，在宣扬古老节日传说的同时，适当为传统的中国节日增添些新鲜感，如给节日融入时代元素。在这一过程中，各级政府与相关部门要以发扬传统节日为己任，重视节日氛围，拓展节日活动的空间，着重开发多姿多彩的、适合不同年龄段人群参与的节日项目。人都有一颗童心，让公民在快乐中感受节日的氛围是对节日最好的宣传，如果仅仅是单纯的“坐而论道”，只会令人乏味。联想到一些西方的洋节，我们可以发现，他们普遍注重那种开心与欢乐的氛围，如圣诞节，人们都聚在一起，吃火鸡、互送礼物、一起狂欢；万圣节，人们都扮成各种鬼怪，一起狂欢。所以，在中国节日期间，我们不需要引进外来节日，但是可以学习那种制造欢乐的能力，能够带来欢乐的节日才具有真正的意义。

（二）注重世界国家之间的传统节日文化交流

当代世界正在向“地球村”迈进，国家之间的地理距离虽然没有变化，但是信息传递的效率越来越高，人们内心的距离也越来越近了。形成这一现象的主要原因是文化的特性。文化是“民族之魂”，是人类的精神家园和灵魂守望。在信息化高速发展的今天，文化的重要地位已经显现出来，在国家与国家的交往之中，文化已经成为不可或缺的重要元素，所以各国政府应当注重国家之间的文化交流，而世界人民共有、共通的古老文化便是传统节日文化。节日是世界各族人民对“真”“善”“美”的向往，节日文化的交流能使各国文化间产生全新的精神火花，彼此能取长补短，互相促进。中国作为世界中发展速度最快、最具影响力的国家之一，正受到世界各国的重视。中国十分注重文化，提倡文化传播与融合。在节日文化方面，中国同样贯彻这种思想。中国传统文化年就是让中国节日文化“走出去”，把国外值得借鉴的文化“引进来”的明确展现。国际交流平台有利于世界各国文明相互交流，不仅为我国打开丰富传统节日文化的大门，更为世界各地带去宝贵的“精神财富”。我国政府必须坚持这种方针，让中国传统节日文化成为国际交流大舞台中冉冉升起的新星，通过它独特的魅力与极大的包容性，带动世界文化交流与融合，形成新时代的最美“地球村”。

（三）应当普及传统节日的背景知识与文化内涵

文化需要传承，知识需要普及。虽然中国的节日文化已经取得不小的成就，但是放眼当代社会，很多人对传统文化仍一知半解，虽然知道春节、清明节、端午节、中秋节等中国传统节日，但并不知道这些节日的由来、历史渊源、具体习俗。这种现象普遍发生在各行各业人士以及不同年龄段的人身上，在年轻人身上体现得更加明显。

针对这种情况，政府需要普及传统节日的背景知识与文化内涵，从内在层面增强民众对传承与延续文化的自信心与责任感。在文化知识匮乏的社会背景下，我国应当提升人们对传统文化的认识，这就特别需要提高文化的宣传力度，能够让文化内涵深入每个国人心中。此外，政府还应当在政治、经济、社会等多个层面为节日文化增添更多现实内容，如清明节纪念祖先，为革命烈士扫墓；中秋节发扬传统“月文化”，在优美的诗词中品味月饼的清香；春节时，晚辈更要为长辈送上最诚挚的新春祝福。如此一来，依靠节日特有的礼仪、习俗，将节日承载的伦理、道德等传统思想深入人心，逐渐形成稳定和谐的传统节日文化新局面。

四、构建传统文化与产业的融合发展新模式

文化产业属于当代社会的软实力，软实力需要与我国的硬实力相结合，才能发挥出它在当代社会最大的效用，构成其在当代社会最有效的竞争力。21世纪是以企业文化发展为核心的新时代，文化与其他产业融合的重要性变得尤为突出，文化与经济相融合或成为释放传统文化巨大能量的必由之路。

从人类社会发展史上看，人类通过文化而创造出的各种财富，由最初的只为处理人与人、人与社会、人与自然之间关系为目的，变得更加趋向于以现实性的成果与报酬为目的。在这种社会发展趋势下，传统文化的经济产品能够为其增添新的活力，所以构建中国传统文化产业与其他行业的融合发展新模式是一条新的道路。具体来看，可以分为三条道路。第一，通过全面深化改革，从顶层设计和制度安排方面向文化产业倾斜，努力构建传统文化与现代产业的相互适用体系，加速构成有利于激发文化的时代新内涵的创新文化产业格局，大力支持龙头文化企业发展，努力增加文化相关产业的产品研发、生产、创新等一系列环节的开拓能力；第二，通过文化产业资源合理配比，最大限度优化和提升产业的结构层次，让文化产品能够涵盖社会中更广阔的群体，以及不同的社会阶层，这需要加快文化结构升级转型的速度；第三，新时代文化产品必须保持体现传统文化精髓这一主旨，只有这样才能真正弘扬中国传统文化。当今社会面对西方世界文化产业的冲击，必须发掘中华文化的精华，打造中国风尚、君子风尚等美德，要在文化产品中全力将其体现出来。

第二节　教育部门引领文化风尚

一、保持并提高传统文化教育的重视程度

我国教育部门一直高度重视传统文化，教育部早在2014年就颁布了《完善中华优秀传统文化教育指导纲要》，其中提到要加强中华优秀传统文化教育，是深化中国特色社会主义教育和中国梦宣传教育的重要组成部分，是构建中华优秀传统文化传承体系、推动文化传承创新的重要途径，是培育和践行社会主义核心价值观、落实立德树人根本任务的重要基础。在当代社会，教育相关部门必须真正贯穿落实传统文化的保护与传承工作，具体需要做到以下几点。

首先，要注重传统文化的全面宣传与弘扬工作，必须推动中国传统文化的全面普及化教育进程。要深入贯彻落实党的十九大精神，全面贯彻党的教育方针，从行动上根本践行社会主义核心价值观。把“以人为本”“全面发展”与传统文化教育相结合，并作为传统教育中的根本任务，以弘扬爱国主义为核心的民族精神与以艰苦奋斗为核心的实践精神作为精神传承的主旨，注重提升各级学校传统文化教育的力度，同时更要注重各级学校的统一性，不管大中小学都要以传统文化中的德育为主，这是由传统文化的特殊性所决定的，传统文化是传统思维方式与传统思想共同“纠缠”发展而成的。要做到整体规划、分层设计、有机衔接、系统推进，全方位推进学生全面发展的工作进程，把培养具有民族自信心和爱国主义精神的社会主义事业建设者和接班人作为传统文化发扬工作的主旨。

其次，要注重社会主义核心价值体系的本质不能偏离传统文化的核心。注重传统文化的同时，要格外注意传统文化与当代社会主义核心价值体系不能脱节。正如前文所述，这两者具有紧密的辩证关系，必须紧密结合，要坚持与培育和践行社会主义核心价值观相结合，坚持与时俱进的时代精神与传统文化的历史精神相统一，坚持学校教育、家庭教育、社会教育相结合，坚持针对性与系统性相结合。

再次，要注意开展中华优秀传统文化教育，要以弘扬爱国主义精神为核心，以家国情怀教育、社会关爱教育和人格修养教育为重点，着力完善青少年学生的道德品质，培育理想人格，提升政治素养。强调分学段有序推进中华优秀传统文化教育，把中华优秀传统文化教育系统融入课程和教材体系，全面提升中华优秀传统文化教育的师资队伍水平，着力增强中华优秀传统文化教育的多元支撑。

最后，各级党委教育工作部门和教育行政部门要把加强对青少年学生进行中华优秀传统文化教育作为一项战略任务，与宣传、文化、新闻出版广电等部门以及工会、共青团、妇联等群团组织密切配合，建立健全党委统一领导、党政群齐抓共管、有关部门各负其责、全社会共同参与的工作机制，形成中华优秀传统文化教育合力。完善中华优秀传统文化教育的评价和督导机制，加强中华优秀传统文化教育教学研究，为完善中华优秀传统文化教育提供坚强保证和良好条件。

二、课程建设中融入中国传统文化内容

要把中国传统文化融入学生群体教育的全部过程，包括小学到大学的一切阶段，要围绕“以人为本”“立德树人”的主旨，探究我国学生实际和成长认知水平的融合路径，立足于把传统文化融入各个教育学段，这一点将在后面进行具体论述。要注重传统文化的立体式、贯穿式教育，通过教育能够不断完善传统文化，培养出热爱祖国、勇于吃苦、敢于奉献的社会主义接班人，营造一种以传统文化为主体氛围的良好互动模式。在这种模式下，学生群体能够感受传统文化深厚的滋润，激发强烈的历史使命感，逐渐成为今后传统文化传播的主力军。

同时，教育要适当适时启动课程标准修订和课程开发的研究论证、试点探索和推广评估工作。在中小学德育、语文、历史、艺术、体育等课程标准修订中，增加中华优秀传统文化的内容比重。地理、数学、物理、化学、生物等课程应结合教学环节渗透中华优秀传统文化相关内容。鼓励各地各学校充分挖掘和利用本地中华优秀传统文化教育资源，开设专题的地方课程和校本课程。开展职业院校民族文化传承与创新示范专业点建设。鼓励有条件的高等学校统一开设中华优秀传统文化必修课，拓宽中华优秀传统文化选修课覆盖面。各级各类学校重点建设一批中华优秀传统文化精品视频公开课。加强中华优秀传统文化相关学科建设。

修订相关教材和组织编写中华优秀传统文化普及读物。根据修订后的中小学课程标准，修订相关教材。制作内容精、形式活、受欢迎的数字化课件。在高等学校统一推广使用马克思主义理论研究和建设工程重点教材——《中国文化概论》。鼓励有条件的地方结合地方课程需要编写具有地域特色的中华优秀传统文化读本。组织知名专家编写多层次、成系列的普及读物。

充分发挥中小学德育课和高校思想政治理论课的重要作用。促进思想政治教育与中华优秀传统文化教育的紧密结合，以爱国主义教育为核心，深入挖掘中华优秀传统文化中蕴含的丰富思想政治教育资源，进一步丰富中小学德育课和高校思想政治理论课的教学内容，创新教学方法和手段，提升教学效果。

第三节　学校与教育机构改变教育模式

在弘扬传统文化这一任务上，学校的重要程度不亚于政府。学校是学生接受教育的地方，当代中国有在校生将近3亿人，约占中国全部人口的四分之一，所以学校要对全国四分之一的人进行系统性教育。针对这种情况，学校应当考虑如何使中国传统文化教育更加系统化，之前虽然在教材中也有所体现，但缺乏系统性，学生对传统文化总是处于一知半解的状态，学校应该把传统文化作为一门单独的学科来对待，不能放任自流，忽视其重要性。

一、要全面提升传统文化的师资水平

要全面提升传统文化教学的师资水平。教师是教学过程中的主干，必须受过专业性、系统性的传统文化知识教育，学校要着力打造出一支中华优秀传统文化教育骨干队伍。

可以在全国教师资格考试中增加中国传统文化知识的分数占比，并增加师范院校中国传统文化课程的课程量。鼓励民间艺人、技艺大师、非物质文化遗产传承人参与职业教育教学。建立非物质文化遗产传承人“双向进入”机制，设立技艺指导大师特设岗位，鼓励有条件的职业院校成立大师工作室。在长江学者奖励计划、新世纪优秀人才支持计划、高等学校青年教师培养计划等各类人才计划，以及“万人计划”教学名师评选中，增加传统文化教学和研究人才比重，培养和造就一批中华优秀传统文化教学名师和学科领军人才。这批文化专业性人才可对大批职业教师进行常规集体培训，同时这种培训还可提高整个教师群体的传统文化知识储备。另外，文化与哲学素来是人文思想的一体两面，可以在哲学社会科学院中挑选高校思想政治理论课骨干教师，让他们为传统文化教育出谋划策，制订高校教师文化培养计划。

二、教育过程要结合现代信息化技术

第一，努力形成适应时代需要的中国传统文化网络资源平台，将已有的全国文化资源共享工程、公共电子阅览室建设工程、数字图书馆推广计划等数字文化惠民工程的数据资源成果形成合力，共同带动传统文化的信息化传播活动。

第二，聘请技术人员制作信息化的传统文化宣传软件，或者构建文化信息网站，通过网站中的文化共享，传播文化的各种内容。要大力支持校园网络建设，依托高校网络文化示范中心、大学生网络文化工作室等，拓宽适合青少年学生学习特点的线上传统文化教育平台。抽取具有代表性的传统文化经典诗词佳作，建设“中华经典资源库”，形成典范效应。

第三，加强传统文化校园网络教育活动。利用学校信息化博物馆、校史馆、高校大学生数字图书馆以及档案馆等，共同发挥它们传播传统文化的功能。深入开展传统文化传承活动，邀请传统文化的研究人员与学者、非物质文化遗产传承人进入校园。

第四，充分利用当代多媒体博物馆、图书馆、美术馆、音乐厅、剧院等场所，对学生进行信息化文化教学，建立中小学生规律性参观博物馆的制度。积极配合文化、新闻出版广电等部门，提倡和扶持弘扬中华优秀传统文化的各类文艺作品创作，在评奖、宣传等方面加强引导，办好青少年电视频道，做好图书出版规划，创作、出版一批青少年喜爱的影视片、音像制品和文学艺术作品，为加强中华优秀传统文化教育提供丰富、生动的教育资源。

二、传统文化教育注重年龄阶段的划分

由于人体的生理发展规律，人的生长发育具有明显的阶段性，不同年龄段具有不同的特性，也具有不同的接受能力，小学阶段的学生只能领会比较浅显、形象的知识。设想，对小学生讲“孔老庄”，讲“玄之又玄”的“道”，他们一定是一头雾水，对大学生讲“百家姓”，他们又会觉得太过简单，所以教育部门在传播传统文化的过程中，要注重制定针对不同阶段学生的不同材料。

（一）小学阶段

对于 6 ～ 10 岁的学生，要把培育学生对中华优秀传统文化的亲切感为重点，开展思想启蒙阶段教学活动，努力让学生爱上中国传统文化。

让学生在拼说读写中了解汉字，增加汉字学习的趣味性。趣味性可以激发孩子的积极性，这种积极性能让孩子更加独立自主地学习识字，让他们从一生中最初的学习阶段便开始体会和感受汉字的美感，这不仅有利于传承传统汉字文化，也有利于提高孩子美学修养。教育孩子学习一些简单的故事，通过诵读让孩子体会古诗中蕴含的意境之美，如“孤舟蓑笠翁，独钓寒江雪”，用通俗语言给孩子讲解那种江雪之下的美感，甚至可以让孩子拿起手中的画笔，对江

雪的情景进行绘画，进而促进孩子获得更深层次的情感体验，感受语言的优美。教育孩子了解中国历史上仁人志士的热血故事，包括近代英雄黄继光、古代爱国英雄屈原等，让他们了解传统节日的相关知识，从自己的故乡开始了解不同地域的生活习俗，明白自己是中华民族的一员；初步了解传统礼仪，学会待人接物的基本礼节；初步感受经典的民间艺术。引导学生孝敬父母、尊敬师长、友爱同学、礼貌待人，养成勤俭节约、吃苦耐劳、言行一致的生活习惯和行为规范，培育热爱家乡、热爱生活、亲近自然的情感。

对于 11 ～ 13 岁的学生，需要着重提高学生对传统文化的感悟力，此时的孩子已经具备一定的理性思维和推理能力，他们能够思考基本文化内容背后蕴含的深刻思想。对孩子进行传统思想文化教育，能够让他们了解到中华五千年文明博大精深、包罗万象的特征，增强中华民族自信力。让学生熟练掌握汉字的书写技巧，并在多次书写中理解汉字的字形所代表的含义；诵读古代诗文经典篇目，理解作品大意，体会其意境和情感；了解中华民族历代仁人志士为国家富强、民族团结做出的牺牲和贡献；知道重要传统节日的文化内涵和家乡生活习俗变迁；感受各民族艺术的丰富表现形式和特点，尝试运用喜爱的艺术形式表达情感；培养学生对传统体育活动的兴趣爱好。引导学生学会理解他人，懂得感恩，逐步提高辨别是非、善恶、美丑的能力，开始树立人生理想和远大志向，热爱祖国河山、悠久历史和宝贵文化。

（二）初中阶段

初中阶段，要把强化初中生对传统文化的理解作为教育重心，不能再继续采用小学阶段的教育方法，应当增强初中生对传统文化的认同感，全力引导初中生真正理解我国作为古老农耕文明古国的宝贵文化传统，以及多民族大杂居小聚居的特殊国情。学习临摹名家书法，体会书法的美感与意境；诵读古代诗词，初步了解古诗词格律，阅读浅易文言文，注重积累、感悟和运用，提高欣赏品位；要教育学生，让他们了解中国历史发展过程中的转折点，了解中华民族千年不衰的根本原因在于民族的传统文化，要帮助学生理解国家统一与民族团结的重要性，认识中华文明的历史价值和现实意义；欣赏传统音乐、戏剧、美术等艺术作品，感受其中表达的情感和思想；参加传统礼仪和节庆活动，了解传统习俗的文化内涵。引导学生尊重各民族传统文化习俗，珍视各民族共同创造的中华优秀文明成果，培养作为中华民族一员的归属感和自豪感。

（三）高中阶段

高中阶段，要以增强学生对中国传统文化的全面认识为核心，在主题层面深化传统文化的影响力。着力引领学生感悟中国传统文化的思想内核，增强学生对传统文化的热爱与自信。当学生阅读篇幅较长的传统经典作品之时，教师应当为学生按照各个段落的主旨大意区分章节，让学生在层次分明的结构下阅读文章，了解里面蕴含的人文感情。要提高古典文学和传统艺术鉴赏能力，如中国古诗词、戏曲文化，我国的传统美在于诗情画意，人与自然的合一；认识中华文明形成的悠久历史进程，感悟中华文明在世界历史中的重要地位；在政治学的哲学部分课程中，教师要让学生认识人民群众创造历史的决定作用，了解中国劳动人民对历史所做的杰出贡献，善于汲取和转化历史前辈的智慧结晶，培养豁达乐观的人生态度和抵抗困难挫折的能力；感悟传统美德与时俱进的品质，自觉以中华传统美德律己修身；了解传统艺术的丰富表现形式和特点，感受不同时代、地域、民族特色的艺术风格，接触和体验祖国各地的风土人情、民俗风尚，了解中华民族丰富的文化遗产。引导学生深入理解中华民族最深沉的精神追求，更加全面客观地认识当代中国，看待外部世界，认识国家前途命运与个人价值实现的统一关系，自觉维护国家的尊严、安全和利益。

（四）大学阶段

大学阶段，以提高学生对中华优秀传统文化的自主学习和探究能力为重点，培养学生的文化创新意识，增强学生传承弘扬中华优秀传统文化的责任感和使命感。深入学习包含中国古代思想文化的重要典籍，理解中华优秀传统文化的精髓，强化学生文化主体意识和文化创新意识；深刻认识中华优秀传统文化是中国特色社会主义植根的沃土，辩证看待中华优秀传统文化的当代价值，正确把握中华优秀传统文化与中国化马克思主义、社会主义核心价值观的关系。引导学生完善人格修养，关心国家命运，自觉把个人理想和国家梦想、个人价值与国家发展结合起来，坚定为实现中华民族伟大复兴的中国梦不懈奋斗的理想信念。

第四节　学术组织宣传文化教育

学术组织是从事专项研究，推动所研究行业技术发展的团体，它们以知识的继承与创新为目标，主要包括学术研究机构、学术团体、学会等。中国传统文化研讨会即文化领域重要的学术组织之一，为传统文化传播与弘扬发挥着巨大作用。当代社会，应当鼓励学术组织的构建与学术组织活动的开展，通过其开展一系列的活动，能够促进传统文化在社会中影响力的加深，能够使传统文化在一次又一次的宣传活动中获得更加广阔的发展空间。

一、加强传统文化学术研究

传统文化学术组织在高速发展的社会应当保持初心，以发扬传统文化为宗旨，从一而终。要在加强与各行业友好合作交流的同时，全力弘扬中华民族的传统文化，振奋民族精神，加强民族团结，促进祖国统一，增强民族的战斗力、向心力、凝聚力。传统文化学术组织的工作人员应当时刻学习传统文化知识，保持自己对知识的热爱，要加强对传统文化的学术研究。

首先，时常研读经典，丰富自己的理论体系。理论是实践的基础，实践是理论的检验，要不断深化中国传统文化的现代性研究，要努力发掘传统文化中饱含的社会、国家、公民的相关思想，做好传统文化与现实社会接轨并完美融合的准备，在融合中不断构建弘扬中国传统文化的新手段。

其次，要不断完善信息化传统文化资源的构建，开创传统文化弘扬的体系与模式，建设中国特色化新型智库，要善于学习有利于传统文化发展的各类经验与知识，从而促进学术组织能够永远保持旺盛的发展势头。

最后，在学术组织内部提高对学术研究的要求，对于学术成就较高的人，搭配整套人才培养机制，如培养儒学人才、道教人才、戏曲人才等，为他们提供进入更高学府接受进修教育的机会，从而形成一种关于传统文化研究的奋勇争先、力争上游的良好局面。例如，山东省曲阜市孔子研究院就开展了此类活动，并取得了丰厚的学术成果，对学术组织今后的发展具有很好的指导意义。

二、加大传统文化宣传力度

（一）编写中国传统文化教育读本

社会上的学术组织对社会的影响具有广泛性，通过编写传统文化读本，可以最大化发挥其职能的作用。值得注意的是，编写这种读本一定要通俗易懂，言简意赅，深入浅出，让读者能在较短时间内体会传统文化的精髓所在。通俗指浅显易懂且符合大众的水准，绝对不能过于艰深晦涩，只有这样才能发挥它的社会影响力，才能为更多人所接受。

首先，学术组织要明确撰写内容，内容应当选择中国传统文化中最精髓的部分，如中国思想的核心儒家传统、节日文化的核心春节、医学文化的核心《黄帝内经》等，万万不可将野史中名不见经传的著作写在读本之中，那将容易误导广大群众。

其次，撰写的内容不要过长，也不要过于专业化，但一定要具有正确性。举例而言，对传统节日文化进行讲解可以从节日的历史故事入手，这样既充满趣味性，又容易让人印象深刻。另外，要认清一点，描写历史人物是为了宣传民族精神，所以在刻画历史人物、讲解人物故事的时候不要注重太多的细枝末节，要突出人物宝贵的精神内核。

最后，传统文化读本应当结合生活实际，对大众具有一定的生活指导和教育作用，这样更有利于人们正确价值观的形成。例如，讲到“孔颜乐处”传统故事的时候，要将颜回那种不因外物干扰自己内心喜乐的高尚情操拉回到现实世界，让人们看到当代社会物欲横流与君子人格高尚情操的强烈反差，从而给大众带来精神上的震撼，感到人生的价值不仅在于外物，还应关注自己内心的世界，要有人之为人的气节，正所谓“富贵不能淫，贫贱不能移，威武不能屈”。

（二）开展传统文化教育讲座

传统文化学术组织要善于利用报告会、多媒体、广播等方式进行传统文化知识的讲座活动。例如，针对历史上伟大学者之一荀子开办一场讲座，讲座免费，只需要提前网上预约即可，讲座可以与学院联合举办，或是邀请研究荀子的相关研究人员在研究机构或剧院开展，针对荀子的哲学思想、政治思想进行讲解，让人们更清楚地了解相关文化知识。这种活动对文化宣传推广具有一定的积极意义。

学术组织还可凭借自己在学术领域较大的影响力，邀请学术界的名人在社会举办名人讲座，依托名人效应，吸引和号召广大群众。例如，知名大学教育工作者、文化领域的领军人物等，他们将学术前沿的知识以大众易接受的方式讲解出来，亲和力会更高，能起到向大众更好传统文化的效果。

总的来看，传统文化博大精深，值得每一位国人学习与传承。在当代社会，我国的各界力量都应重视中国传统文化的理论内涵与现实意义，制定有效的保护方针与传播途径。力图通过传统文化的传播，在国内提升华夏儿女的凝聚力和向心力，提高中华人民的整体素养与责任意识，激起中国莘莘学子学习之路的不灭斗志，在国外能够树立中国文明古国的形象，竖起“爱人”“立人”“达人”的旗帜，使中国“礼仪之邦”的大国形象成为世界各国效仿的时代“新风尚”。

结 语

长江黄河奔腾不息，哺育亿万华夏儿女；华夏文明源远流长，述说中国千年历史。中国传统文化为中国人民提供了丰厚的灵魂滋养，为炎黄子孙提供了广阔的精神家园，为民族团结与国家统一提供了坚实的理论基础，更为国人应对现代社会的复杂多变提供了可靠的指导方针。作为“四大文明古国”之一的中国，正是由于中国传统文化才能以崭新的姿态屹立于世界的东方。所以，无论何时中国传统文化都是中国的精神瑰宝，在以知识经济为主的现代社会同样如此，对传统文化进行深刻、系统、全面地研究于中国具有无与伦比的重要意义，于当代文化教育、当代道德培养更具非凡的积极意义。

在世界多极化的今天，各族文化相互激荡、相互交融，我国文化也受到来自西方国家、日韩等国的强烈冲击，在一定时期内，我国传统文化曾陷入一种尴尬的窘境之中。然而，习近平总书记提出远见卓著的“文化战略思想”，告诉我们文化是中华民族的灵魂，是民族凝聚力与创造力的重要源泉，中国必须保护和弘扬中国传统文化，这为社会各行业，乃至每个人都敲响了警钟，人们开始越来越重视中国传统文化，把传承中国文化变为多项政策的题中之义。

首先，对待传统文化，我们要坚持去粗取精、去伪存真的辩证态度，弘扬其中最为宝贵的成分为我所用，对不合时宜的成分则要辩证地扬弃。其次，传承中国文化的重点在于教育，要把传统文化与当代教育紧密结合。一方面，传统文化是当代教育不可或缺的内容，为教育增添更多理论基础与文化内涵；另一方面，当代教育是保护、弘扬、创新传统文化的重要途径，在教育过程中，当代大学生不仅能通过学习而尊重、保护传统文化，还能以蓬勃朝气、创新精神为中国传统文化赋予新的时代内涵。

总之，中国传统文化沉淀了太多中国人民的智慧结晶，是中华民族独有的精神标识，我们必须要做到“古为今鉴、古为今用”，把传承中国文化当作己任，走出一条真正的社会主义现代化之路。

参考文献

[1] 汤一介 . 中国传统文化的特质 [M]. 上海 : 上海教育出版社 ,2019.
[2] 司法部监狱管理局 . 中华优秀传统文化 [M]. 成都 : 四川大学出版社 ,2019.
[3] 张忠纲 . 中华优秀传统文化 [M]. 济南 : 山东文艺出版社 ,2019.
[4] 张义明 , 易宏军 . 中国传统文化概论 [M]. 西安 : 西北大学出版社 ,2019.
[5] 袁荣高 , 张波 , 欧鋆 . 中国传统文化教育 [M]. 成都 : 电子科技大学出版社 ,2019.
[6] 栾福志 , 马红莲 , 程月 , 等 . 中华传统文化教育 [M]. 北京 : 北京理工大学出版社 ,2019.
[7] 王卫平 . 中华优秀传统文化 [M]. 苏州 : 苏州大学出版社 ,2018.
[8] 孙佳希 . 戏曲的跨文化传播策略研究 [M]. 北京 : 新华出版社 ,2020.
[9] 万文斌 . 汤显祖诗学理论研究 [M]. 北京 : 社会科学文献出版社 ,2020.
[10] 陈芷 . 中国节日文化 [M]. 上海 : 上海外语教育出版社 ,2020.
[11] 周云磊 . 中华服饰与礼俗 [M]. 北京 : 北京师范大学出版社 ,2020.
[12] 于向阳 . 中医养生宝典 [M]. 南昌 : 江西科学技术出版社 ,2020.
[13] 李庆生 . 中医和调思想与疑难病诊治 [M]. 北京 : 中国中医药出版社 ,2020.
[14] 毛嘉陵 . 中国中医药文化发展报告 [M]. 北京 : 社会科学文献出版社 ,2020.
[15] 肖碧跃 , 彭亮 . 二十四节气养生 [M]. 北京 : 中国中医药出版社 ,2020.
[16]《中国科学院上海生命科学图书馆古籍普查登记目录》编委会 . 中国科学院上海生命科学图书馆古籍普查登记目录 [M]. 北京 : 国家图书馆出版社 ,2020.
[17] 牟榆 . 中国优秀传统文化与高校思政课教学融合路径研究 [J]. 佳木斯职业学院学报 ,2020,36(12):25–27.
[18] 何梦然 . 幼儿道德情感培育的三种路径探析 [J]. 佳木斯职业学院学报 ,2020,36(12):126–128.
[19] 张春岩 . 马克思主义中国化进程中的文化传承与发展探究 [J]. 佳木斯职业学

院学报,2020,36(12):38–40.

[20] 叶春玲."一带一路"背景下《杏花村志》的译介研究[J].佳木斯职业学院学报,2020,36(12):110–112.

[21] 张娜.中华优秀传统文化的当代价值及其传承发展[J].佳木斯职业学院学报,2020,36(12):35–37.

[22] 陆斐,沈东霞.关于壮族节日禁忌的分类与作用的探讨[J].品位经典,2020(12):56–59.

[23] 马乾天.中华优秀传统文化中"无极"思维的探讨[J].品位经典,2020(12):64–65.

[24] 杨琳.现代环境艺术设计中的传统文化构思[J].品位经典,2020(12):66–68.

[25] 陈丹彤,俞羚.传统文化学生社团建设路径研究[J].品位经典,2020(12):109–111.

[26] 黄蕾.融媒体时代戏曲节目主持人的文化自信[J].视听界,2020(6):109–110.

[27] 刘利民,田一颖.梁漱溟对中国文化第三条道路的探索及当代启示[J].山东农业大学学报(社会科学版),2020,22(04):100–103.

[28] 王海霞.习近平意识形态教育观:意蕴、价值和特征[J].山东农业大学学报(社会科学版),2020,22(04):104–113.

[29] 杨小曦,杨艳丽,杨军辉.大学生文化安全认知特征与提升策略研究[J].黑龙江高教研究,2020(12):63–67.

[30] 刘小华.新时代文化自信视域下高校思想政治教育创新论析[J].黑龙江高教研究,2020(12):118–121.

[31] 辛治杰.社区文化与社区教育融合发展路径及实践[J].安徽广播电视大学学报,2020(04):19–24.

[32] 黄蕾.融媒体时代戏曲节目主持人的文化自信[J].视听界,2020(6):109–110.

[33] 胡珊珊.神庙戏台的功能探析[J].戏剧之家,2020(36):19–20.

[34] 袁志明.打击乐在戏曲艺术中的重要作用[J].戏剧之家,2020(36):21–22.

[35] 李鹏飞.京剧三弦演奏的若干特点与风格分类[J].戏剧之家,2020(36):23–24.

[36] 张安.京剧表演中的艺术之美——以梅兰芳古装新戏和新编传统戏为例[J].戏剧之家,2020(36):31–32.

[37] 付建华.中国戏曲人物行当划分与妆容区别[J].戏剧之家,2020(36):35–36.

[38] 吴佳臻,段友芳.黄梅戏经典唱段《对花》的教学分析[J].戏剧之家,

2020(36):39–40.
[39] 邓良玉 . 国产动画电影的戏曲元素的应用与审美——以《骄傲的将军》与《大闹天宫》为例 [J]. 戏剧之家 ,2020(36):53–54.
[40] 付建忠 . 浅谈学、演京剧《挑滑车》的体会 [J]. 戏剧之家 ,2020(36):55–56.
[41] 何荣任 . 戏曲表演专业现代学徒制的研究与实践——以广西艺术学校为例 [J]. 戏剧之家 ,2020(36):59–61.
[42] 徐建国 . 论道咸时期清宫“串头本”[J]. 中国典籍与文化 ,2020(4):151–159.
[43] 张丑平 .《陶庵梦忆》与明后期演剧活动的艺术审美特征 [J]. 戏剧之家 ,2020(35):10–11.
[44] 于强福 . 非遗戏曲“走出去”译介研究述评 [J]. 戏剧之家 ,2020(35):15–16.
[45] 梅映 . 多维度评价 人性化关怀——生本理念下小学戏曲 (婺剧) 课堂教学评价的实践与思考 [J]. 北方音乐 ,2020(22):88–90.
[46] 李蓓 . 听弦知语声 ——胡琴艺术与地方戏曲风格相辅之道 [J]. 北方音乐 ,2020(22):239–243.
[47] 吕达 , 刘立德 . 教育出版家熊承涤 : 贡献与启迪 [J]. 中国教育科学 (中英文),2020,3(6):108–123.
[48] 杨源禾 . 中国古代茶书中的德性伦理思想略述 [J]. 农业考古 , 2020(5):126–130.
[49] 曲淑华 . 中国古代法律平衡思想的历史探究 [J]. 政法学刊 , 2020,37(5):123–128.
[50] 韩雨楼 . 中国古代官箴文化的清廉思想及其启示 [J]. 河北省社会主义学院学报 ,2020(4):91–96.
[51] 赵莹 . 中国古代文艺理论与诗意审美 : 来自《偶然与永恒》的启示 [J]. 中国图书评论 ,2020(10):114–119.
[52] 王延波 , 张纯燕 . 中国古代“天人合一”思想对新时代生态文明建设的启示 [J]. 山西高等学校社会科学学报 ,2020,32(09):6–9+59.
[53] 张劲松 . 继承和发展传统生态哲学的路径探微 [J]. 汉字文化 , 2020(18):150–151.
[54] 白光霁 . 从文化传播角度理解孔子思想的意义 [J]. 华夏文化 , 2020(3):48–49.
[55] 陈宁 . 中国古代思想中的形而上学与历史理性 [J]. 北京师范大学学报 (社会科学版),2020(5):117–132.

[56] 刘帅，单春晓．中国古代政治文化研究及当代价值——以王夫之民本思想为例 [J]. 文化学刊，2020(9):100–102.
[57] 陈静．中国古代官德思想及其当代启示 [J]. 唐山学院学报，2020,33(5):30–36+43.
[58] 杨淑鹏．对儒家话语权与中国古代文学史的相关探讨 [J]. 戏剧之家，2020(26):210–211.
[59] 杨瑞雪．中国古代儒道两家关于个人与社会关系思想的区别 [J]. 决策探索（下），2020(9):79–80.
[60] 冯晶晶．中国古代思想中有无真理论——评查德·汉森之观点 [J]. 新经济，2020(9):61–65.
[61] 何剑．浅析宋代一般画论与文人画论思想异同 [J]. 美术观察，2020(9):75.
[62] 牛守强．中国古代法中礼与法关系的演进探思 [J]. 法制博览，2020(25):88–89.
[63] 王新燕，韩立婷．论“以人民为中心”的四个维度 [J]. 渤海大学学报（哲学社会科学版），2020,42(5):34–38.
[64] 杜明星．治器显道——从古代造物看中国传统造物思想 [J]. 湖南包装，2020,35(4):11–13.
[65] 赵千菁，贾琦．中国古代纸甲构成分析及其造物思想研究 [J]. 服饰导刊，2020,9(4):5–10.
[66] 王娇梅，周雨卉．红色文化融入大学生思想政治教育的价值意蕴和路径探究 [J]. 佳木斯职业学院学报，2020,36(12):1–2+5.
[67] 侯羿君．新时代大学生社会责任教育的发展向度 [J]. 佳木斯职业学院学报，2020,36(12):63–65+68.
[68] 邓云晓．论以人民为中心的大学生思想政治教育——基于主体性教育的视角 [J]. 重庆交通大学学报（社会科学版），2020,20(6):6–11.
[69] 王叶红．民族院校大学生对手机新媒体思想政治教育认知评价 [J]. 品位经典，2020(12):85–87+164.
[70] 侯静．当代大学生友善观教育的困境与创新路径探究 [J]. 品位经典，2020(12):112–115.
[71] 崔友兴．论大学生劳动教育的具身转向及其实现路径 [J]. 黑龙江高教研究，2020(12):22–27.
[72] 王珠．我国大学生心理健康教育演变与展望 [J]. 黑龙江高教研究，2020(12):135–139.
[73] 党阳，马云霞．短视频在大学生思想政治教育中的实践运用 [J]. 牡丹江大学